高等学校交通运输专业系列教材

轨道交通人因工程

郭孜政　史磊　冯果　◎　编著
张侃　◎　主审

西南交通大学出版社
·成都·

图书在版编目（CIP）数据

轨道交通人因工程 / 郭孜政，史磊，冯果编著. —成都：西南交通大学出版社，2021.4
ISBN 978-7-5643-8017-5

Ⅰ. ①轨… Ⅱ. ①郭… ②史… ③冯… Ⅲ. ①城市铁路–轨道交通–人因工程–研究 Ⅳ. ①U239.5

中国版本图书馆 CIP 数据核字（2021）第 072016 号

Guidao Jiaotong Renyin Gongcheng
轨道交通人因工程

郭孜政　史　磊　冯　果/编著

责任编辑/罗爱林
封面设计/曹天擎

西南交通大学出版社出版发行
（四川省成都市金牛区二环路北一段 111 号西南交通大学创新大厦 21 楼　610031）
发行部电话：028-87600564　028-87600533
网址　http://www.xnjdcbs.com
印刷　四川森林印务有限责任公司

成品尺寸　185 mm×260 mm
印张　15.75　字数　392 千
版次　2021 年 4 月第 1 版　印次　2021 年 4 月第 1 次

书号　ISBN 978-7-5643-8017-5
定价　48.00 元

图书如有印装质量问题　本社负责退换
版权所有　盗版必究　举报电话：028-87600562

PREFACE 序

随着科学技术的发展，脑科学、认知神经科学、脑机接口技术和人工智能等有关人脑的研究日益被人们所了解和接受，大家越来越认同一个观点：人脑是复杂的，我们对它知之甚少，所有与人有关的科学都充满挑战和变数。人类虽然发明了强大高效的计算机，但相较于由几百亿个脑细胞组成的人脑来说，机器显是那么简单明了。要知道，即使是最聪明的人的大脑开发程度也不过10%。因此，人的因素、尤其是人的大脑，是我们应该持续关注、研究和探索的浩瀚星海。

轨道交通（包括长距离的铁路系统和短距离的城市公共交通）是人参与度极高、由"人-机-环"共同构成的系统。现阶段，我国轨道交通飞速发展，运行里程不断延伸，交通网络规模不断扩大，轨道交通安全运营压力不断增加，潜在的安全风险因素也随之增加，成为新时期城市、地区交通发展中需要面临的重大问题。

以我国高速铁路的发展为例：2014年开始，工业4.0（第四次工业革命）成为全社会热议的一个概念。作为国内最大的运输企业，铁路系统也正感受到以"智能化"为核心的第四次工业革命所带来的重大改变。工业4.0的核心是工业智能化，它在铁路系统就体现为智能化装备制造与运营管理。众所周知，安全是铁路的"饭碗工程"，是推进铁路改革发展最重要的前提、最根本的保障。"智能人因安全"是工业4.0时代铁路智能化发展的基石，如果我们把各种智能化技术、系统看作是一个个"0"的话，那么"智能人因安全"无疑就是0之前的那个"1"。只有有了"智能人因安全"这个"1"，工业4.0提出的各种"智能化"才有意义。因此，铁路系统的多次重要会议都提出要高度重视铁路关键作业岗位人员的安全管理问题。积极运用信息化、系统化、智慧化的手段，从人的适应性和可靠性、人因错误、人的不安全行为等方面进行分析，从而消除安全隐患、减少事故发生率。

我大学本科专业是铁路运输工程，硕士和博士期间的研究方向都是轨道交通人因安全和人因工程，后来有幸成为中科院心理研究所博士后，师从人因工程学界的泰斗——张侃院士，博士后出站后，回到西南交通大学交通运输与物流学院任教。任职以来，带领学生和研究团队不断深耕轨道交通人因工程领域，在国家自然科学基金、铁路总公司科技计划重点课题、四川省科技计划重点研发项目支持下，围绕轨道交通关键作业岗位人员的作业安全适应性测评与仿真实训系统开发方面开展长期研究，发表相关论文近 60 篇，获得授权发明专利 15 项。

随着研究不断深入，逐步摸索和构建起轨道交通人因工程研究体系，为了更好地开展教学，团队教师融合心理学、生理学、认知神经科学、人机工程、管理学等相关学科理论知识，结合研究成果，着手编著《轨道交通人因工程》。本书在编写研讨时，就确立了几个大方向：第一，理论体系上要系统、科学、合理地涵盖作业人员的生理、心理、认知方面的理论知识，同时包含作业环境因素、职业适应性和胜任力模型、安全管理等方面的应用研究，构建完整的知识体系，契合本科生、研究生人才培养的体系化需求；第二，每个理论阐述要深入浅出，尽量做出知识点"干货"，甚至对于没有任何心理学、人机工程学教育背景的人来说，都能看得懂、看得进，可读性强；第三，面对轨道交通系统的管理者、工程设计人员这一读者群，本书提供大量应用案例，这些案例将理论与现场实际进行有机结合，尤其是职业适应性测评方法与技术章节，更是系统展示了针对行车调度、车站值班员、司机等关键岗人员的胜任力研究，希望能对管理人员工作方法革新上提供一些启发和参考；第四，关注轨道交通人因安全研究前沿，提供结合脑机接口、生理信号检测技术等最新方法开展的科学研究案例简述，启发学生创新思维，提高科学素养。

总之，本书以轨道交通系统为背景，归纳总结人因工程基本理论与方法，介绍人因工程领域的最新理论成果与技术方法，可为高校科研人员、轨道交通系统现场管理人员与工程设计人员提供理论参考与方法指导，从而为设计、制造出符合人因原理，满足高效、安全、便捷、舒适、宜人的轨道交通系统提供参考支撑。

相信在不久的未来，在国家可持续发展战略和"碳中和"大背景下，伴随"大数据"技术、物联网、脑神经科学的快速发展，在实时监测、检测硬件设备的技术创新推动下，不断融入虚拟仿真场景和 AI 技术，轨道交通人因工程一定能取得更为令人惊喜的进步和变革，让我们拭目以待！

最后，本书的顺利出版，离不开中国铁路集团有限公司多个铁路局、国家能源集团朔黄铁路公司等单位为研究工作提供的大力支持，也离不开西南交通大学交通运输与物流学院和中科院心理所一直以来对团队人员的栽培。我的恩师张侃院士还担任了本书的主审，让我倍感荣幸的同时，也增添深耕拼搏的动力。当然，也要感谢西南交通大学出版社编辑的辛勤工作，让我们携手共同努力为我国轨道交通事业发展做出更大贡献！

用一句我内心信奉并不断坚持的信念来结束本篇序言："服务铁路，幸福人生！"

郭孜政

2021 年 4 月

目 录

第一篇 绪 论

第一章 轨道交通人因工程学概述 ·················· 002
　　第一节　人因工程学概述 ·················· 002
　　第二节　轨道交通人因工程学概述 ·················· 003

第二章 轨道交通人因工程学研究方法 ·················· 008
　　第一节　人因工程学研究方法 ·················· 008
　　第二节　轨道交通人因工程学具体研究方法 ·················· 015

第二篇 人的心理与行为

第三章 交通心理的神经生物机制 ·················· 022
　　第一节　神经元和神经冲动 ·················· 022
　　第二节　神经系统 ·················· 024
　　第三节　内分泌腺与神经-体液调节 ·················· 027

第四章 人的信息加工与基本认知能力 ·················· 029
　　第一节　心理信息加工模型 ·················· 029
　　第二节　感　觉 ·················· 030
　　第三节　知　觉 ·················· 051
　　第四节　注　意 ·················· 059
　　第五节　记　忆 ·················· 066
　　第六节　思　维 ·················· 074

第五章 个体心理与人因安全 ·················· 080
　　第一节　人　格 ·················· 080
　　第二节　情　绪 ·················· 089

第六章　人的生理、心理状态与行为 …………………………………… 100
　　第一节　疲　劳 ……………………………………………………… 100
　　第二节　脑力负荷 …………………………………………………… 113
　　第三节　压　力 ……………………………………………………… 120
　　第四节　生物节律与睡眠 …………………………………………… 129

第三篇　作业环境与人因安全

第七章　作业环境概述 …………………………………………………… 138
　　第一节　作业环境的概念与分类 …………………………………… 138
　　第二节　作业环境的特性 …………………………………………… 139
　　第三节　作业环境案例分析　旅客列车的车内环境分析 ………… 139

第八章　气压与人因安全 ………………………………………………… 141
　　第一节　低气压与交通作业 ………………………………………… 141
　　第二节　气压波动与交通安全 ……………………………………… 142

第九章　光环境与人因安全 ……………………………………………… 145
　　第一节　光环境概述 ………………………………………………… 145
　　第二节　光环境与交通作业 ………………………………………… 147

第十章　声环境与人因安全 ……………………………………………… 151
　　第一节　声环境概述 ………………………………………………… 151
　　第二节　声环境与交通作业 ………………………………………… 153

第十一章　温度环境与人因安全 ………………………………………… 158
　　第一节　温度环境概述 ……………………………………………… 158
　　第二节　温度环境与交通作业 ……………………………………… 163

第十二章　其他作业环境因素 …………………………………………… 168
　　第一节　作业环境中的悬浮颗粒物 ………………………………… 168
　　第二节　作业环境中的各种气体成分 ……………………………… 168
　　第三节　作业环境中的生物污染 …………………………………… 171
　　第四节　作业环境中的辐射 ………………………………………… 172

第四篇　职业胜任力测评方法与技术

第十三章　基本概念与方法 ·················· 175
- 第一节　胜任力的基本概念 ·················· 175
- 第二节　胜任力模型与理论 ·················· 180

第十四章　胜任力模型在高铁调度员中的应用 ·················· 185
- 第一节　调度员选拔测评的研究路径 ·················· 185
- 第二节　调度员选拔测评方法与指标的初步确定 ·················· 186
- 第三节　调度员选拔测评指标有效性分析 ·················· 193
- 第四节　入职选拔与定期测评模型构建 ·················· 202

第五篇　作业绩效与安全管理

第十五章　基于激励理论的绩效与安全管理 ·················· 208
- 第一节　激励概述 ·················· 208
- 第二节　激励理论 ·················· 209
- 第三节　激励理论在绩效与安全管理中的应用 ·················· 212

第十六章　基于动机理论的绩效与安全管理 ·················· 215
- 第一节　动机概述 ·················· 215
- 第二节　动机理论 ·················· 216
- 第三节　动机理论在绩效与安全管理中的应用 ·················· 218

第十七章　人员协同作业与绩效安全 ·················· 220
- 第一节　班组成员间的信息交流 ·················· 220
- 第二节　职权梯度与人因安全 ·················· 225
- 第三节　动力定型与驾驶安全行为 ·················· 226

第十八章　企业安全文化与安全管理 ·················· 230
- 第一节　安全文化概述 ·················· 230
- 第二节　安全文化的理论模型 ·················· 231
- 第三节　企业安全文化的建设 ·················· 234
- 第四节　轨道交通企业安全文化建设 ·················· 237

参考文献 ·················· 241

第一篇

PART ONE

绪 论

第一章 轨道交通人因工程学概述

第一节 人因工程学概述

人因工程学（Human Factors Engineering）是研究人-机-环境三者之间相互关系的学科，是近几十年发展起来的一门边缘性应用学科。该学科在发展过程中有机地融合了生理学、心理学、医学、卫生学、系统工程学、社会学、管理学等学科的知识和成果，形成了自身的理论体系、研究方法、标准和规范，研究和应用范围广泛并具有综合性。

一、人因工程学命名由来

本学科的研究目的在于设计和改进人-机-环境系统，使系统获得较高的效率和效益，同时保证人的安全、健康和舒适。此学科在国内外还没有统一的名称。例如，该学科在美国被称为"Human Factors Engineering"（人的因素工程学）或"Human Engineering"（人类工程学），在西欧国家被称为"Ergonomics"（人类工效学）。"Ergonomics"是希腊文，意为"工作法则"。由于该词比较全面地反映了学科本质，词意比较中立，因此，目前许多国家采用希腊文"Ergonomics"作为该学科的命名。

我国关于该学科的命名已经出现多种，如人机工程学、人体工程学、工程心理学、人因工程学、人类工效学、人类工程学、人的因素等。近几年使用人因工程学和人类工效学命名的较多。本书旨在强调在轨道交通工程设计与管理中重视人的因素的作用，故使用人因工程学这一名称。

二、人因工程学学科定义

关于人因工程学，国际人类工效学学会（International Ergonomics Association,IEA）将该学科定义为：研究人在某种工作环境中的解剖学、生理学和心理学等方面的因素；研究人和机器及环境的相互作用；研究在工作中、生活中和休假时怎样统一考虑工作效率、人的健康、安全和舒适等问题。《中国企业管理百科全书》将其定义为：研究人和机器、环境的相互作用及其合理结合，使设计的机器和环境系统适合人的生理、心理等特征，达到在生产中提高效率、安全、健康和舒适的目的。

综上所述，人因工程学就是按照人的特性设计和改进人-机-环境系统的科学。人-机-环境系统是指由共处于同一时间和空间的人与其所操纵的机器以及它们所处的周围环境所构成的系统，也可以简称为人-机系统。在上述系统中，"人"是处于主体地位的决策者，也是操纵者或使用者；"机"是指人所操纵或使用的一切物的总称，它可以是机器，也可以是设施、工具或用具等；"环境"是人、机所处的物质和社会环境。人、机、环境在其构成的综合系统中，相互依存、相互制约、相互作用，完成特定的工作过程。

三、人因工程学的研究目标

前面说到，人因工程学是一门应用性学科，从一开始就致力于解决人、机、环境之间的关系及其相互作用产生的问题，实现人、机、环境之间的最佳匹配，把人的工作优化问题作为追求的重要目标。

那么什么是人、机、环境的最佳匹配呢？评判的标志是使处于不同条件下的人能高效、安全、健康、舒适地工作和生活。高效是指在保证高质量的同时，具有较高的工作效率；安全是指减少或消除差错和事故；健康是指设计和创造有利于人体健康的环境因素；舒适是指作业者对工作有满意感或舒适感，也关系到工作效率和安全，是对工作优化的更高要求。能同时满足上述条件要求的工作，无疑是高度优化的工作。但实际上同时实现这四个方面的要求是很困难的。在实际工作中，应根据不同情况，在执行好有关人因工程学标准的前提下允许有轻重之别。具体来说有以下几点：

（1）首要目的是保障人的安全，从人的生理心理特点、环境条件、设备性能和管理体制等方面考虑，改进作业流程和内容，将人的生命和财产安全放在首位。

（2）提高学习和工作效率，从人因角度创造性地改良工作方法，由此不断提升工作绩效。

（3）减少不必要的工作负荷，测评、关怀和改善作业人员的心理状态及适应性水平。

（4）不断减少人因失误，从作业能力、系统运营、安全管理上综合考虑解决方案。

第二节　轨道交通人因工程学概述

一、轨道交通人因工程学的发展历程

1. 轨道交通人因安全概况

轨道交通行业的建设和运营时刻涉及人的安全问题，一旦发生事故其产生的人员伤亡率和不良社会影响远超一般的安全事故。而根据多方统计，超半数以上的安全事故都是由人的因素导致的，可以说人的失误在轨道交通这一复杂动态系统的事故原因中占有很高比例。以铁路运输为例，铁路运营实践表明：铁路员工特别是运输生产第一线的员工和负有管理责任的人员，他们的思想品质、技术业务水平及心理、生理素质等如不适应铁路运输工作的要求，往往是酿成事故的重要原因。让我们看看几组各国轨道交通安全事故的数据：

2013—2017年，美国铁路和地铁事故中，由作业人员失误造成的约占40%；俄罗斯普速铁路安全事故中，在机务部门所发生的重大事故中，因机车乘务员操作失误的占95%，技术设备不良的仅占5%；由机务部门违章作业而发生的重大事故占20%，大事故占30%；日本铁路在2012—2016年因作业人员失职造成的事故所占的比重为39.7%，其中司机误认信号（最危险、极易导致重大事故）的占20%；印度大约40%的事故是由铁路员工技术水平低、心理素质差导致的。

近年来，我国运输重大以及大事故中，因职工劳动纪律和技术水平等原因造成的责任事故占1/3以上，由此而发生的险性事故的比重更高达70%以上。

近几年，信息化手段和自动化控制技术在轨道交通行业得到广泛应用，这些技术在很大程度上保障了交通运输的安全，有效防止了人为事故的发生。但各国轨道交通安全事故仍时有发生，关键作业岗位人员（司机、调度员、值班员）的作业能力在机械故障、通信故障、突发灾害发生时起到决定性作用。

例如，对于高铁司机来说，虽然在我国动车系统中采用的列车自动控制系统 ATC（Automatic Train Control），极大地降低了司机的劳动作业强度，也使司机与列车间的人机功能分配发生了本质改变。但以人为核心的驾驶控制模式仍未改变，相反由于列车的高速特点以及高度自动化、信息化操控特征，对司机的知识型驾驶操控能力、应急处置能力提出了更高的要求，司机的实时作业能力决定了列车的运行状态，司机作业的安全可靠决定了列车运行是否安全高效。

2. 具体发展历程

面对轨道交通领域中的人误状况，以及人因特有的复杂结构，从轨道交通发展之初就受到人们的重视。随着人因学的发展和工程学科的不断壮大，轨道交通人因工程越来越受到人因研究群体的极大关注。

对于人因工程学来说，虽然该学科一开始就一直将人的差错作为研究对象，但对其构成的研究却是在 20 世纪 70 年代末和 20 世纪 80 年代初才开始增加的，与这一时期出现的大量人的差错事故有关，如三哩岛事件、切尔诺贝利事件和博帕尔灾难，以及特纳利夫岛空难和 Papa 印度航空空难。这些事故在一定程度上均可归因于人的差错。自此，它开始受到人因学界和公众的广泛关注，并已在多个不同领域进行了调查研究，包括军队和民航领域（Shappell 和 Wiegmann, 2000；Marshall 等人, 2003；Griffin, Young 和 Stanton, 2010；Li Harris 和 Yu, 2008）、公路运输（Reason 等, 1990）、海运（Celik 和 Cebi, 2009）、核电和石油化工（Kirwan, 1992a, 1992b, 1998a, 1998b）、铁路（Reinach 和 Viale, 2006； Baysari, McIntosh 和 Wilson, 2008）、采矿（Patterson 和 Shappell, 2010）、医学、空中交通管制（Shorrock 和 Kirwan, 1999），甚至太空旅行领域（Nelson 等, 1998）。

在轨道交通领域，人因安全很早就受到大家的关注和重视，各国的研究都总结出司机、调度员等作业人员的认知能力、心理素质和技能水平对交通运输的安全与效率起到关键作用，并开始从人格适应性、基本认知能力适应性等方面着手，构建司机的选拔测评体系。在德国、法国、日本、瑞士、俄罗斯等国家均建立起相对完备的司机测评选拔系统，用于日常的司机选拔与测评。测评考核的具体内容如表 1-1 所示。

表 1-1　国外司机选拔测评系统的测评内容与指标

国家	测评指标	选拔评价方法
日本	生理健康，反应时间、注意力转移和分配、学习能力等	理论考试+适应性测评
德国	生理健康，对理论与技术问题的理解力、记忆力、反应速度和正确性、视觉及听觉认知能力、工作能力等	智能测试+心理测评
法国	生理健康，生理运动机能及其持续、注意力分配、反应速度、注意力、观察力、计算能力、空间图形认知能力及语言能力	适应性测试+面试
俄罗斯	生理健康，反应速度、情绪稳定性	适应性检测

在我国，1990—1994 年由北京交通大学主持，上海铁路局等四家单位参与承担铁道部科技司计划项目《机车乘务人员生理与心理素质考评及标准制定》。该课题在国内首次将铁路机车司机的生理、心理因素作为影响行车安全的重要因素加以深入地研究，建立了机车司机各项生理、心理指标评价体系，为机车司机的选拔评价研究奠定了理论基础；2005 年 8 月开始，铁道部运输局、劳卫司和人才服务中心联合开展动车组司机选拔工作，根据多年的选拔经验和积累，建立了较为完整的动车组司机的选拔方法与流程。其选拔评价指标主要包括个性特征、注意力、反应能力、学习能力、作业稳定性、视野范围、情绪稳定性、抗压能力、语言表达与理解能力、自我调节能力、感知能力、责任意识、感知能力、专业知识、动机以及生理健康。选拔评价方法主要包括：结构化面试、理论考试、心理素质测试以及体检。

除了司机岗位，近年来中国铁道科学研究院、卡斯柯信号有限公司、西南交通大学等单位也为轨道交通行业的调度员、车站值班员等岗位人员的选拔测评和实训考核配备了模拟仿真系统，并逐步推广和应用，进一步从人因安全的角度为轨道交通发展构建坚实的保障体系。

二、轨道交通人因工程学的含义

1. 轨道交通人因工程学的研究主体

要了解轨道交通人因工程学的学科含义，就需要界定轨道交通人因工程学的研究主体。广义的轨道交通是指各种由火车、铁路、车站和调度系统（包括调度设备和调度人员）共同组成的路面交通运输工具，包括一切传统铁路系统和新型轨道系统；狭义上的轨道交通一般特指城轨，即城际轨道交通和城市轨道交通两大类型。轨道交通人因工程则是研究这个体系中的一切与人有关的科学。

2. 轨道交通人因工程学的内涵

轨道交通人因工程学是研究传统铁路系统和新型轨道系统中一切与人有关的因素（人的生理、认知、心理与行为）、作业环境以及轨道交通操作设备设施三者之间的相互作用机制，并利用人因工程学理论对作业绩效、安全管理和人的健康与舒适性进行系统优化、提升。

根据以上学科界定，我们可以概括出以下两个学科性质：

（1）它是由多学科知识所组成的边缘学科；

（2）它是以运输安全和效益为最终目的的实用技术，是人的因素在轨道交通领域中的具体运用，属于应用科学的范畴。

三、轨道交通人因工程学的研究内容

轨道交通人因工程学的研究包括理论研究和应用研究两个方面，但学科研究的总趋势是侧重应用研究。研究方向是通过揭示轨道交通领域中的人-机-环境之间相互关系的规律，以达到确保人-机-环境系统总体的最优化。其主要研究内容可概括为以下 7 个方面：

1. 研究人的生理与心理特性

人的生理、心理特性和能力限度是人-机-环境系统优化的基础。人因工程学从学科的研究对象和目标出发，系统地研究人体特性，如人的感知特性、信息加工能力、人格特质、脑力负荷、疲劳、生物节律等因素。这些研究为轨道交通行业人-机-环境系统的设计和改善，以及制定有关标准提供科学依据，使设计的工作系统及机器、作业、环境都更好地适应于人，创造高效、安全、健康和舒适的工作条件。

2. 研究职业适应性测评技术与方法

针对轨道交通关键作业岗位人员进行职业适应性测评，能使人与系统之间的信息交换更加高效，系统运行更加安全可靠。在测评中，从作业人员的个体差异性出发，研究人员选拔、测评及培训方式，以提高人的身心素质和技能，提高生产的整体效率。另外，在轨道交通行业中，随着自动化技术的应用普及，虽然降低了人的工作负荷，但会导致人的唤醒水平降低，以致遇到应急事件时就会影响系统的安全性。因此，无论自动化程度多高的系统，都必须注重职业适应性测评手段和应急处置训练，并科学配置人员对系统进行监控和管理。

3. 研究工作环境及其改善

任何人机系统都处于一定的环境之中，因此人机系统的功能不能不受环境因素影响。与机器相比，人受影响的程度更大。作业环境包括一般工作环境，如照明、颜色、噪声、振动、温度、湿度、空气粉尘和有害气体等，也包括高空、深水、地下、加速、减速、高温、低温及辐射等特殊工作环境。轨道交通人因工程学主要研究在各种轨道交通作业环境下，人的生理、心理反应对工作和生活的影响；研究以人为中心的轨道交通环境质量评价准则；研究控制、改善和预防不良环境的措施，使之适应人的要求。其目的是为人创造安全、健康、舒适的作业环境，提高人的工作、生活质量，保证人-机-环境系统的高效率。

4. 研究工作场所设计和改善

工作场所设计的合理性，对人的工作效率有直接影响。轨道交通工作场所设计包括工作场所总体布置、工作台、操纵台、驾驶室（操作室）与座椅设计、工作条件设计等。研究设计工作场所时，应从生理学、心理学、生物力学、人体测量学和社会学等方面保证符合人的特性和要求，使人的工作条件合理，工作范围适宜，工作姿势正确，达到工作时不易疲劳、方便舒适、安全可靠和提高效率的目的。研究工作场所设计也是保护和有效利用人力资源，发挥人的潜能的需要。

5. 研究作业方法及其改善

作业是人机关系的主要表现形式，也是人机系统的工作过程，只有通过作业才能产生系统的成果。轨道交通人因工程学主要研究人从事体力作业、技能作业和脑力作业时的生理与心理反应、工作能力及信息处理特点；研究交通运输作业时合理的负荷及能量消耗、工作与休息制度、作业条件、作业程序和方法。除考虑生理、心理因素外，还要重视管理、文化、价值体系、经验和组织行为等因素的影响。以上研究的目的是寻求经济、省力、安全、有效的作业方法，消除无效劳动，减轻疲劳，合理利用人力和设备，提高系统效率。

6. 研究系统的安全性和可靠性

人机系统已向高度精密、复杂和快速化发展。而这种系统的失效可能产生重大损失和严重后果。实践表明，系统的事故绝大多数是由人因失误造成的，而人因失误则是由人的不注意引起的。因此，人因工程要研究人因失误的特征和规律、人的可靠性和安全性，找出导致人因失误的各种因素，以改进人-机-环境系统，通过主观和客观因素的相互补充和协调，克服不安全因素，做好系统安全管理工作。

7. 研究安全管理的理论与应用

人-机-环境系统的研究应与组织、管理、文化和社会相适应。因此，轨道交通人因工程学要研究人的激励和动机模型；研究人员协同作业、作业绩效与作业安全的相互关系；研究轨道交通企业安全文化与安全管理，使员工的工作标准与企业总愿景相一致。

知识点导图

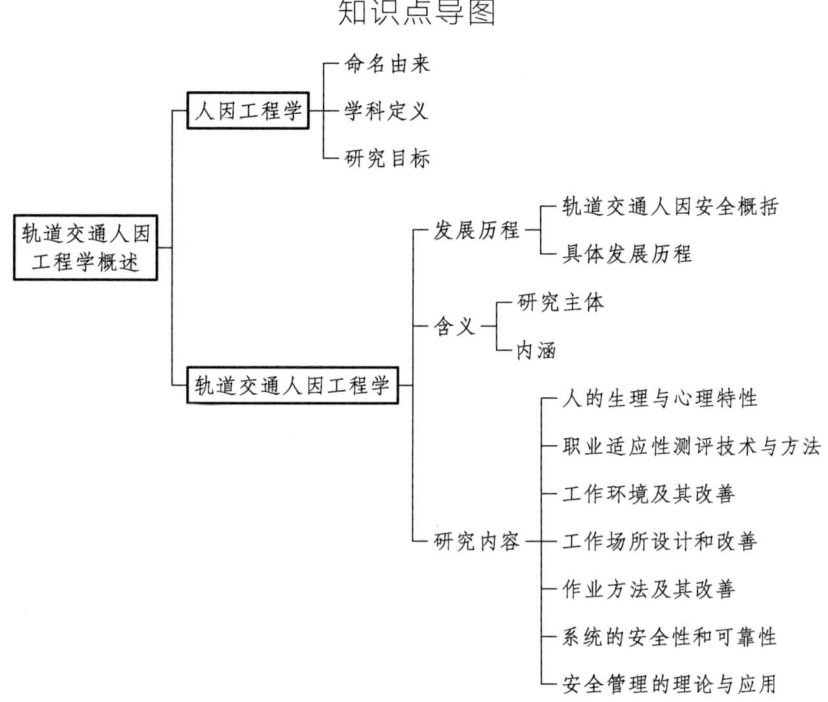

第二章 轨道交通人因工程学研究方法

第一节 人因工程学研究方法

随着人因学领域的持续发展，人因工程学研究方法呈现出多样化、多层次的态势，各种方法经常因为实际需要而组合成套使用。本节主要介绍人因方法的整合性，并论述几种操作性较强、应用较广泛的方法。

一、人因学方法分类

目前，根据文献综述的统计，有学者将 300 多种人因学方法归为 9 大类。表 2-1 为这 9 类方法的名称及相关描述。

表 2-1 人因学方法分类

方法类别	描述
数据收集技术	可用于收集与系统或者情境相关的具体数据。Stanton（2003）认为未来系统设计的出发点就是对现行系统或者类似系统的描述
任务分析技术	可用于描述所分析的特定任务和情境下的人的绩效；它根据人-机和人-人交互作用把任务、情境按要求分解成单独的任务步骤
认知任务分析技术（CTA）	可以用来描述任务绩效中无法观测到的认知方面，还可以用来描述系统操作员完成一个或者一系列任务的心理过程
图表编制技术	采用标准化符号以图表方式描述一个任务/过程，其输出有助于理解特定情境下的不同任务步骤，也可以突出显示每个步骤执行的时间以及所需要的系统界面技术
人误识别/人的可靠性分析技术(HEI/HRA)	HEI 技术可用来预测任何可能在人-机界面中发生的潜在人误；HRA 技术可以用来量化差错发生的概率
情境意识评估技术（SA）	指操作人员所处情境下具备的知识和经验。Endsley(1995)认为，SA 包括对相应目标的知觉，以及对任务和未来设计状态关系的理解。SA 评估技术可以用来测量处于复杂动态系统中操作人员的情境意识
心理负荷评估技术（MWL）	指某个任务或系列任务所要求的心理资源所占操作人员心理资源的比例。目前已有很多心理负荷评估技术，人因从业人员可以使用一系列心理负荷评估技术来估计与任务相关的心理负荷
团队绩效分析技术	可以用来描述和分析特定任务或情境下的团队绩效，可以评估团队绩效的不同方面，包括沟通、决策、意识、负荷和团队协作
界面分析技术	可以从可用性、差错、用户满意度和布局几个方面来估计产品或系统的界面

二、常用的人因学方法及技术

在这一部分，我们从众多的人因学方法与技术中列举了几种操作性强、应用广泛的方法。如对其他方法感兴趣，可根据研究或实际需要，查阅参考文献给出的资料。

（一）层次任务分析技术

1. 方法概述

层次任务分析（Hierarchical Task Analysis，HTA）是任务分析方法中应用得最广泛的，同时可能也是所有人因学方法中应用得最广泛的一种方法。它常作为大部分人因研究方法的初始配套方法，如人误识别（HEI）、工作负荷评估、界面设计和评估等就需要先使用 HTA 方法。HTA 主要通过目标、次目标、操作和计划的层次结构来描述所分析的活动，其最终结果是对任务活动的详细描述。

2. 应用实例——飞机自动着陆任务分析。

图 2-1 为 Marshall 等研究得出的在新奥尔良机场使用自动着陆系统着陆的 HTA 过程。

第二章 轨道交通人因工程学研究方法

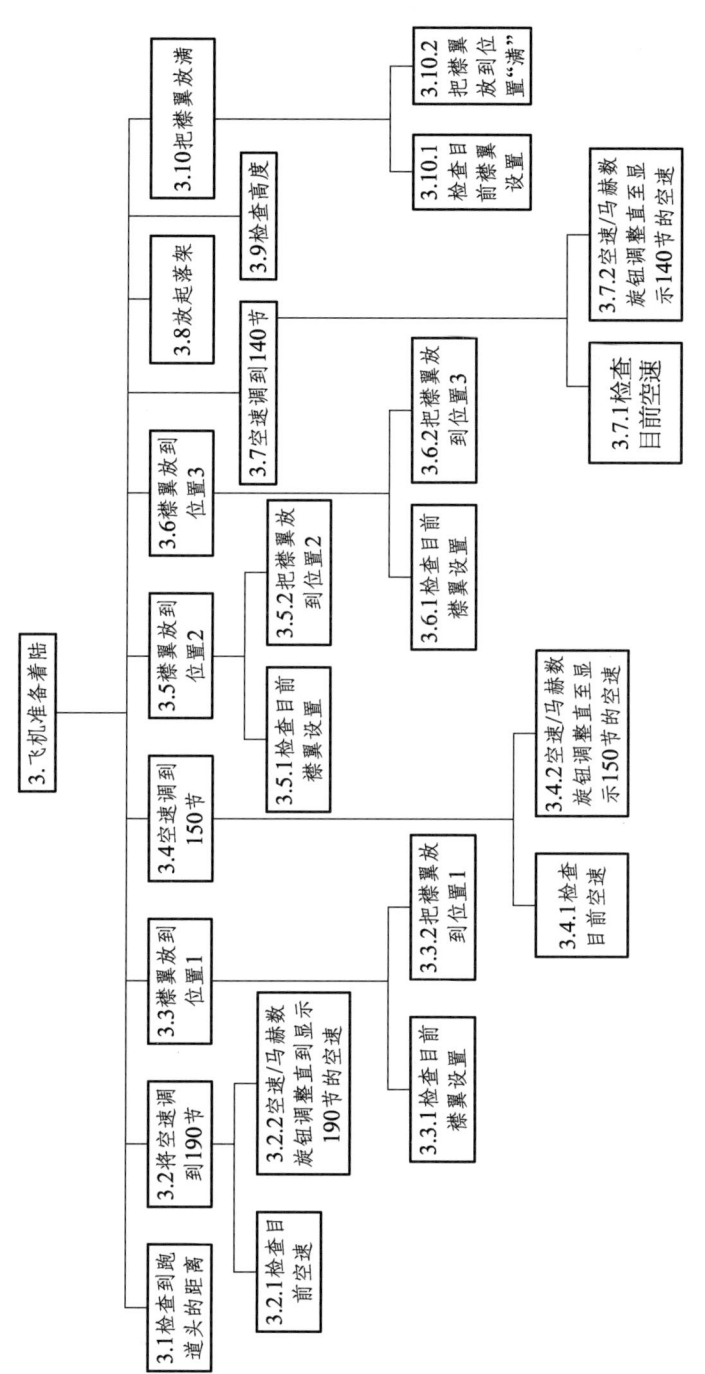

图 2-1 新奥尔良机场使用自动着陆系统着陆的 HTA 概要

3. 操作程序（见图 2-2）

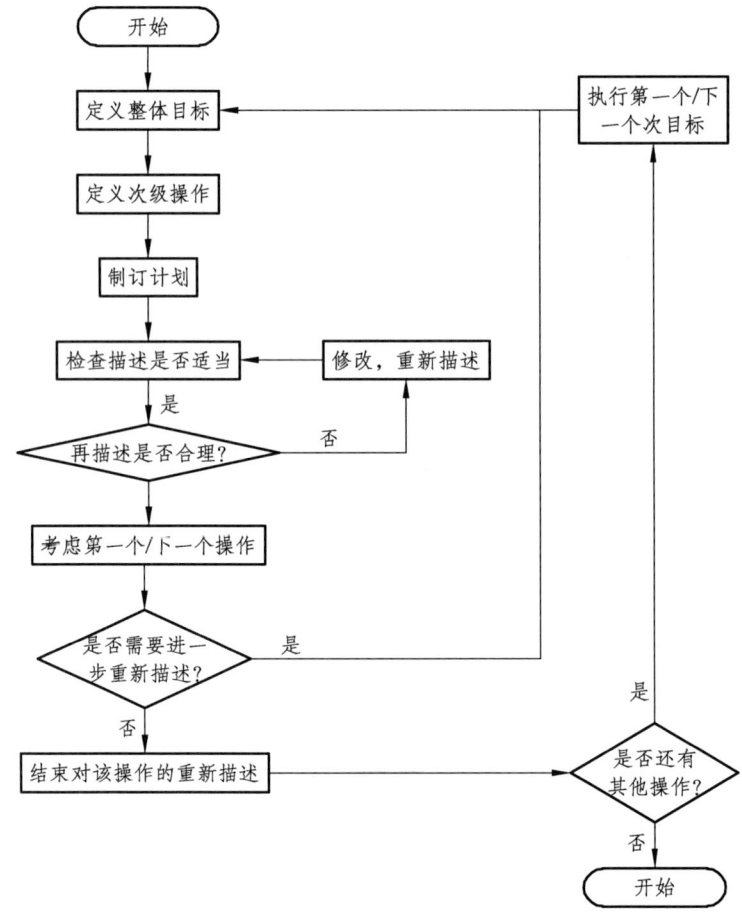

图 2-2　HTA 方法流程图

步骤 1：定义所分析的任务。

清晰地定义所分析的任务，识别所分析的任务，并定义任务分析的目标。例如，上述民航飞机着陆任务分析研究中,定义的目标主要是预测存在疑问的飞行任务中设计诱发的差错。

步骤 2：数据收集过程。

收集特定的任务数据，数据主要用来完成 HTA 的构建。收集的数据包括任务的步骤、使用的技术、人机之间的交互、团队成员之间的交流、决策和任务的限制。

步骤 3：确定任务的整体目标。

在层次任务分析的顶层首先是定义任务的整体目标。例如，飞机着陆任务分析中的整体目标是，在 X 机型上使用自动着陆系统，在新奥尔良机场着陆。

步骤 4：确定任务的次目标。

在确定整体目标之后，接着可以把整体目标分解成一些次目标（通常是 4~5 个目标，个数没有严格限制）。例如，在福特汽车车载收放机的 HTA 分析中，其整体目标就是"收听车上的娱乐设备"，也可以分解为："检查设备的状态""按开/关按钮""收听收放机""播放磁带"和"调整频率收听喜欢的频道"。

人因失误的各种因素,以改进人-机-环境系统,通过主观和客观因素的相互补充和协调,克服不安全因素,做好系统安全管理工作。

7. 研究安全管理的理论与应用

人-机-环境系统的研究应与组织、管理、文化和社会相适应。因此,轨道交通人因工程学要研究人的激励和动机模型;研究人员协同作业、作业绩效与作业安全的相互关系;研究轨道交通企业安全文化与安全管理,使员工的工作标准与企业总愿景相一致。

知识点导图

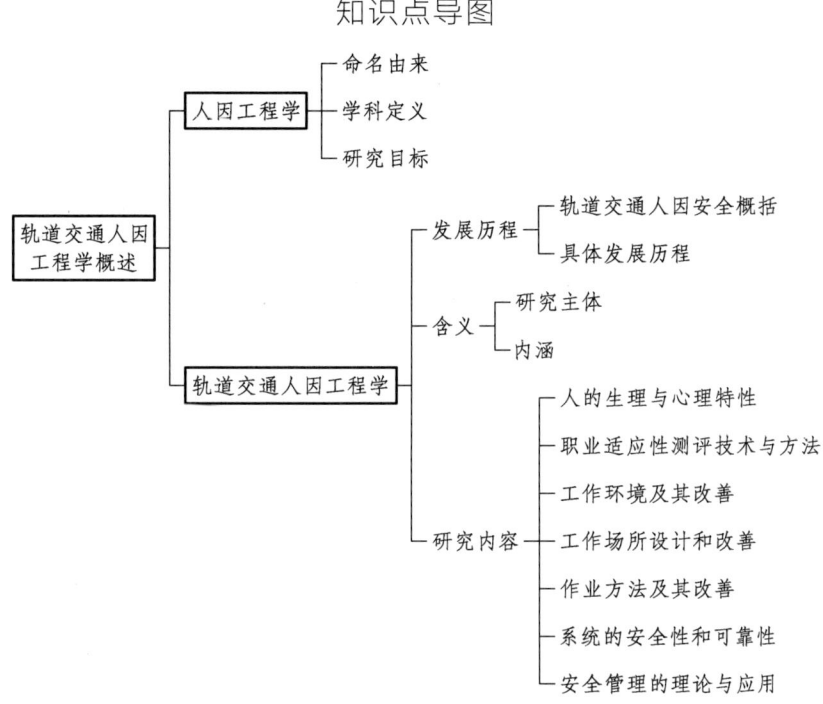

第二章 轨道交通人因工程学研究方法

第一节 人因工程学研究方法

随着人因学领域的持续发展，人因工程学研究方法呈现出多样化、多层次的态势，各种方法经常因为实际需要而组合成套使用。本节主要介绍人因方法的整合性，并论述几种操作性较强、应用较广泛的方法。

一、人因学方法分类

目前，根据文献综述的统计，有学者将 300 多种人因学方法归为 9 大类。表 2-1 为这 9 类方法的名称及相关描述。

表 2-1　人因学方法分类

方法类别	描述
数据收集技术	可用于收集与系统或者情境相关的具体数据。Stanton（2003）认为未来系统设计的出发点就是对现行系统或者类似系统的描述
任务分析技术	可用于描述所分析的特定任务和情境下的人的绩效；它根据人-机和人-人交互作用把任务、情境按要求分解成单独的任务步骤
认知任务分析技术（CTA）	可以用来描述任务绩效中无法观测到的认知方面，还可以用来描述系统操作员完成一个或者一系列任务的心理过程
图表编制技术	采用标准化符号以图表方式描述一个任务/过程，其输出有助于理解特定情境下的不同任务步骤，也可以突出显示每个步骤执行的时间以及所需要的系统界面技术
人误识别/人的可靠性分析技术(HEI/HRA)	HEI 技术可用来预测任何可能在人-机界面中发生的潜在人误；HRA 技术可以用来量化差错发生的概率
情境意识评估技术（SA）	指操作人员所处情境下具备的知识和经验。Endsley(1995)认为，SA 包括对相应目标的知觉，以及对任务和未来设计状态关系的理解。SA 评估技术可以用来测量处于复杂动态系统中操作人员的情境意识
心理负荷评估技术（MWL）	指某个任务或系列任务所要求的心理资源所占操作人员心理资源的比例。目前已有很多心理负荷评估技术，人因从业人员可以使用一系列心理负荷评估技术来估计与任务相关的心理负荷
团队绩效分析技术	可以用来描述和分析特定任务或情境下的团队绩效，可以评估团队绩效的不同方面，包括沟通、决策、意识、负荷和团队协作
界面分析技术	可以从可用性、差错、用户满意度和布局几个方面来估计产品或系统的界面

二、常用的人因学方法及技术

在这一部分，我们从众多的人因学方法与技术中列举了几种操作性强、应用广泛的方法。如对其他方法感兴趣，可根据研究或实际需要，查阅参考文献给出的资料。

（一）层次任务分析技术

1. 方法概述

层次任务分析（Hierarchical Task Analysis，HTA）是任务分析方法中应用得最广泛的，同时可能也是所有人因学方法中应用得最广泛的一种方法。它常作为大部分人因研究方法的初始配套方法，如人误识别（HEI）、工作负荷评估、界面设计和评估等就需要先使用 HTA 方法。HTA 主要通过目标、次目标、操作和计划的层次结构来描述所分析的活动，其最终结果是对任务活动的详细描述。

2. 应用实例——飞机自动着陆任务分析。

图 2-1 为 Marshall 等研究得出的在新奥尔良机场使用自动着陆系统着陆的 HTA 过程。

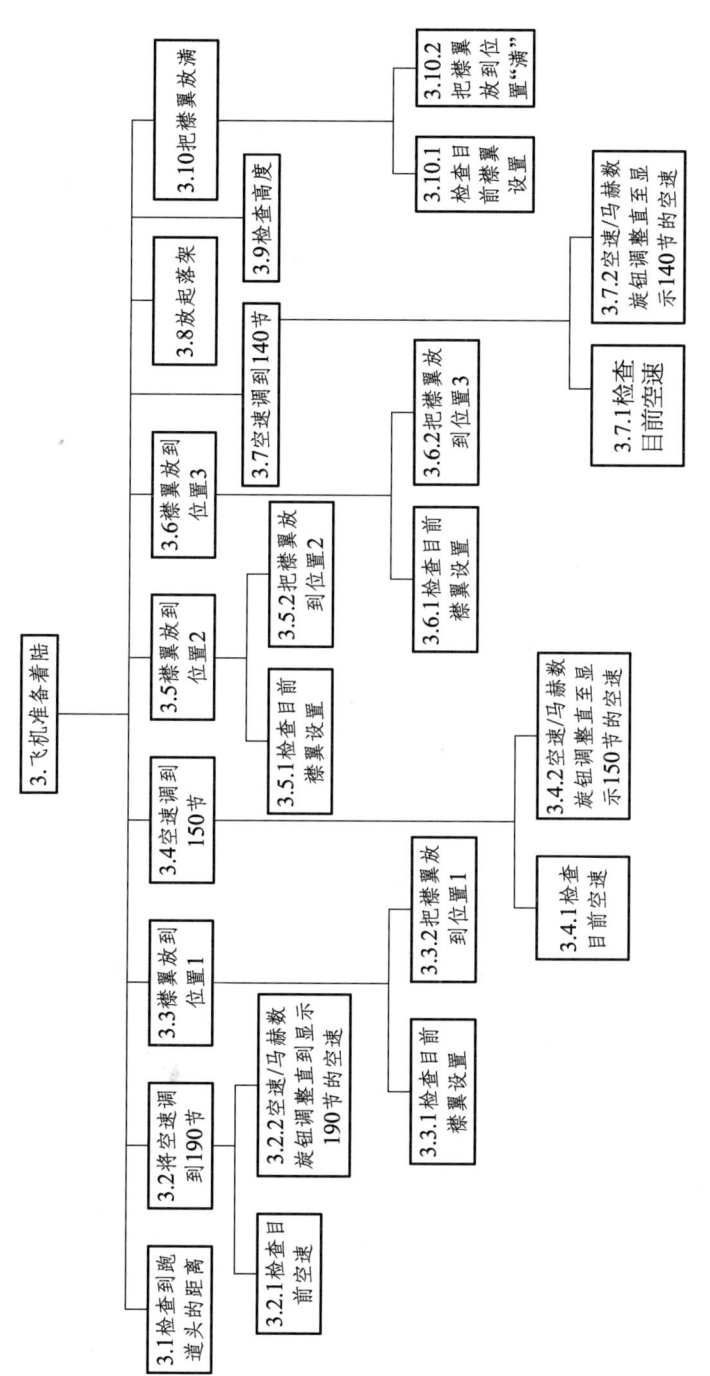

图 2-1 新奥尔良机场使用自动着陆系统着陆的 HTA 概要

3. 操作程序（见图 2-2）

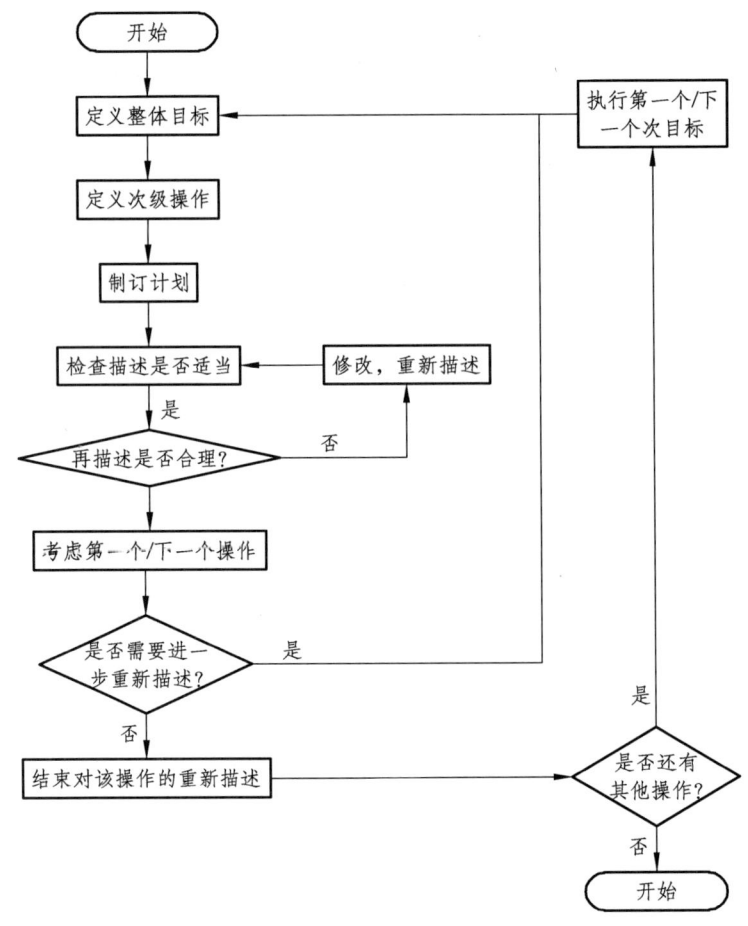

图 2-2　HTA 方法流程图

步骤 1：定义所分析的任务。

清晰地定义所分析的任务，识别所分析的任务，并定义任务分析的目标。例如，上述民航飞机着陆任务分析研究中，定义的目标主要是预测存在疑问的飞行任务中设计诱发的差错。

步骤 2：数据收集过程。

收集特定的任务数据，数据主要用来完成 HTA 的构建。收集的数据包括任务的步骤、使用的技术、人机之间的交互、团队成员之间的交流、决策和任务的限制。

步骤 3：确定任务的整体目标。

在层次任务分析的顶层首先是定义任务的整体目标。例如，飞机着陆任务分析中的整体目标是，在 X 机型上使用自动着陆系统，在新奥尔良机场着陆。

步骤 4：确定任务的次目标。

在确定整体目标之后，接着可以把整体目标分解成一些次目标（通常是 4~5 个目标，个数没有严格限制）。例如，在福特汽车车载收放机的 HTA 分析中，其整体目标就是"收听车上的娱乐设备"，也可以分解为："检查设备的状态""按开/关按钮""收听收放机""播放磁带"和"调整频率收听喜欢的频道"。

步骤5：次目标分解。

分析人员要根据任务步骤把次目标进一步分解成更细的目标和操作。这个过程需要一直持续分解到可操作性较强的程度。HTA架构的最底层应该详细具体到每个操作所需要完成的相应动作。例如，飞行任务HTA研究中，次要目标"降低空速到210KT"，可以进一步分解为以下操作："检查现在的空速""旋转空速/马赫数旋钮，直到显示器上显示空速210(KT)"。

步骤6：分析的计划。

在充分地描述所有次要目标之后，就需要制订分析计划。计划规定目标如何实现，一个简单的计划可能是完成1，然后2，然后3；计划完成以后，就可以返回到上一层；计划不一定是线性的，可以以很多种方式存在。

4. 优点与缺点

（1）优点。

HTA不需要太多训练，操作容易；输出结果的应用十分广泛，可以作为很多人因学方法的分析输入前提；可以灵活应用到很多领域；为任务提供十分全面的描述。

（2）缺点。

所提供的主要是描述性的数据而不是分析性数据；很难提供直接的解决方案；无法考虑任务的认知成分；如分析对象是复杂的大型系统，则HTA方法会显得费时费力。

（二）认知作业分析

1. 方法概述

认知作业分析（Cognitive Work Analysis，CWA）是认知任务分析中的一种，主要用来确定和描述人在使用系统时的认知过程。这项技术的重点是关注约束条件，包括系统目的、功能特性、系统内所执行任务的性质、系统内不同角色的人员，以及这些人员的认知技能和策略等。此项方法旨在描述在实际过程中工作怎样实施，或怎样按规定实施工作。

CWA框架包括5个不同的阶段：工作域分析、控制任务（或活动）分析、策略分析、社会组织和协作分析，以及实践者胜任力分析。所要研究的对象的需求，CWA工具可用于不同的阶段。

2. 应用实例

认知作业分析常被用于人员的选拔、培训与绩效评估中。例如，医学教学和培训中逐步发现了认知作业分析的作用。美国护士学院的资格认证委员会周期性地对作业进行分析，以此来考察当前考试内容的效度，并确认对助产师的能力和资质的要求。在医学教学中，认知作业分析同样发挥了作用。2004年，美国的一项研究比较了采用传统方法与采用认知作业分析方法对外科医生进行教学培训的结果的差异，以书面测试和实际操作时间作为效标，发现接受认知作业分析方法培训的实习医生在两个指标上的成绩都明显优于传统方法培训组。

3. 操作程序

步骤1：确定分析的性质。

首先是明确分析的目的，应清晰地详细说明分析的确切目标，以便采用正确的 CWA 阶段。

步骤 2：选择恰当的 CWA 阶段和方法。

一旦清晰地定义了分析的性质和期望的输出结果后，分析团队应该谨慎地选择分析期间所要使用的、最恰当的 CWA 阶段和方法。例如，当使用该框架来设计一种新的界面时，可能只需要工作域分析的组成成分。具体实施可参考实施步骤 3~8。

步骤 3：工作域分析。

工作域分析主要用于描述管理目的和所分析系统功能的约束条件。抽象层次用于提供一个不依赖于情境的域的描述。

域目的：表示工作系统存在的意义。域目的独立于具体的情景，也不限于具体的时间。

域价值：层次结构中的域价值水平用于获得关键值。关键值可用于评估工作系统在域目的范围内运行情况的好坏，并且关键值可能是互相冲突的。

域功能：层次结构的中间层，列举出了联合作业系统所执行的功能，这些功能用问题域来表示。

物理功能：列出对象能够执行的物理功能，应包含一般情况的和域目的之外的物理功能。

物理对象：列举工作系统的关键物理对象。这些对象代表了所有组件技术中相关对象的总和。

抽象层次框架的结构作为一种指南，指导研究人员获得理解域的必要知识。该框架有助于直接搜索关于工作域的深层知识，为文献分析过程（特别是新手）提供结构。

步骤 4：在工作域方面进行活动分析。

到了这一阶段，分析时就已经不用刻意考虑特定情景下的约束条件了。情景活动模板（Naikar，Moylan 和 Pearce，2006）是分析约束条件的一种工具，它可以标注出许多特定情景抽象层次的功能，这一阶段的分析仍然独立于操作者。该进程的第一阶段是定义情景，情景由时间或者位置（或者两者结合）来表示其特性。在许多情况下，有必要使用多情景活动模板表征探索多个情景以满足一系列的分析目标。

情景活动模板从抽象层级中得到输出结果，并将信息添加到附加约束中。因此，该活动模板提供了一个更加特定情景化的域的描述。

步骤 5：在决策方面进行活动分析。

继续描述附加的约束条件，情景活动模板中的关键功能情景单元可以探索决策。决策阶梯图（Rasmussen，1974）是描述 CWA 决策活动最常用的工具。它关注整个决策活动，而非选择性地关注某个时刻的活动；它不是针对任何单一表现，而是代表组合工作系统的决策过程。

步骤 6：进行策略分析。

不管是心理策略的活动分析，还是简单的"策略分析"，解决了影响活动执行方式的约束条件，分析就可以正常进行了。为了与框架的剩余部分保持一致，该阶段从前几个阶段分析中引入更多的细节。

步骤 7：进行社会组织和合作分析。

CWA 的社会组织和合作分析阶段涉及确认控制任务如何在系统内的人和辅助工具之间分布。CWA 的社会组织与合作分析组件要重复使用前面阶段为该目的形成的抽象空间分解、决策阶梯和信息流图。

步骤8：进行员工胜任力分析。

CWA 的第 5 个和最后一阶段涉及确定在所分析系统中控制任务活动所需要的认知技能。员工的胜任力分析可使用 Rasmussen 的技能、规则、知识（SRK）框架来进行，其目的是对人采用的认知活动进行分类。

4. 优点与缺点

（1）优点。

CWA 为设计和分析复杂系统提供了一个综合框架，以成熟的理论为基础，极其灵活，用途广泛；框架内的方法是非常有用的，特定的抽象空间分解具有广泛的用途；可运用于许多不同的领域。

（2）缺点。

框架内方法使用起来较为复杂，分析者可能需要接受大量的操作培训；CWA 方法使用起来非常耗时（即便结果可以重复使用）；部分框架内的方法仍处于初创阶段，可用的规范性指导资料非常有限；输出结果巨大、难以处理和表述，并且不易呈现。

（三）系统性人误降低和预测方法

1. 方法概论

系统性人误降低和预测方法（SHERPA）是人误识别及事故分析方法中的一种，最初开发用于核燃料后处理工业用途，是使用得最普遍的人误识别方法，在许多领域都得到了进一步应用，包括航空、医疗卫生、车载设备等。SHERPA 包括了与行为分类相关的人误模式分类，应用于所分析任务或场景的层次任务分析，以便预测可能发生的人因或设计引起的差错。

2. 操作程序

步骤1：执行层次任务分析。

SHERPA 的第一步包括描述所需研究的任务或场景。为了这个目的，通常需要对所分析的任务或场景实施层次任务分析。SHERPA 的工作原理是揭示分类出的错误的可信度，即分类出的错误在所分析任务的层次任务分析中的每个底层水平都是可信的。为了收集 HTA 所需的信息，有大量的数据收集技术可以使用，如结合主题专家会议法的访谈和观察所需分析的任务。

步骤2：任务分类。

接下来根据 SHERPA 行为方法进行分类，具体介绍如下：

（1）行动（如按按钮、拉动开关、开门）；

（2）检索（如从屏幕或手册获取信息）；

（3）检查（如执行一个程序性检查）；

（4）选择（如选择替代物）；

（5）信息通信（如与另一方通话）。

步骤3：人误识别。

在这一步，分析者使用相关的差错模式分类和领域专业知识确定所讨论任务的差错模式的可信度。对于每个确定的差错（由分析者判定），分析者应描述差错的形式，如"飞行员调整空速错误"。SHERPA 的外部差错模式分类如表 2-2 所示。

表 2-2 SHERPA 的外部差错模式分类

操作差错	检查差错	检索差错	通信差错	选择差错
A1：操作时间过长/短 A2：操作时机不当 A3：操作方向错误 A4：操作太少/多 A5：操作错位 A6：错误对象正确操作 A7：正确对象错误操作 A8：遗漏操作 A9：操作不完整 A10：错误对象错误操作	C1：检查省略 C2：检查不完整 C3：错误对象正确检查 C4：正确对象错误检查 C5：检查时机不对 C6：错误对象错误检查	R1：不能获取信息 R2：获取信息错误 R3：信息提取不完整	I1：无信息交流 I2：错误的信息交流 I3：信息进行了交流	S1：遗漏选择 S2：错误选择

步骤 4：后果分析。

这一步包括确定和描述在步骤 3 中确定的差错的相关后果。分析者应考虑与每个已确定的差错相关的后果，并提供与所分析任务相关后果的清晰描述。

步骤 5：恢复分析。

在该步骤，分析者应确定已识别差错的恢复潜力。如果在层次任务分析中有后续的错误恢复的任务步骤，就在这里输入"有"；如果没有恢复步骤，则输入"无"。

步骤 6：序概率分析。

在确定了差错的后果和恢复潜力以后，分析者应该评估差错发生的概率。通常使用低、中或高的序概率尺度。如果先前没有发生差错，就指定为低概率（L）；如果先前发生过差错，则指定为中概率（M）；如果频繁发生差错，则指定为高概率（H）。

步骤 7：危害性分析。

这一步，分析者需要评估所讨论差错的危害性，同样可使用步骤中所述的低、中、高尺度来评估。通常情况下，如果差错将导致与所讨论任务有关的危机事件，就评定为高危害性差错。

步骤 8：补救措施分析。

最后一个步骤是提出减少或降低差错的策略。通常情况下，补救措施包括建议改变过程的设计或系统的设计。Stanton（2005）认为，补救措施一般包括以下 4 类：

（1）设备（如现有设备的重新设计或改造）；
（2）培训（如改变所提供的训练）；
（3）程序（如提供新程序或重新设计旧程序）；
（4）组织（如改变组织政策或文化）。

3. 优点和缺点

（1）优点。

SHERPA 为人误预测提供了一种结构化和综合性方法；促使分析者对潜在的差错进行分析；已成功应用于多个领域，该方法具有良好的信度和效度；相对于其他人误识别方法，SHERPA 上手较快，可快速使用。

（2）缺点。

对于大型复杂的任务来说显得繁杂费时；初始的层次任务分析增加了额外的时间；只考虑系统的极端错误，不考虑系统或组织的差错；基于分析者的主观判断，有产生偏差的风险；不能探明相关情景因素。

第二节　轨道交通人因工程学具体研究方法

一、开展研究的指导原则

研究方法在科学发展中具有重要作用，只有掌握科学的研究方法才能使研究工作取得预期的效果。轨道交通人因工程学的研究以唯物辩证法为方法论基础，结合本学科自身特点，制定出技术路线，采取科学合理的具体研究方法，并对研究结果做出客观、科学的结论。在此过程中，必须遵循客观性和系统性的原则。

客观性是指研究者在工作中应坚持实事求是的科学态度，根据客观事实的本来面目去揭示事物内在的规律性，不能以个人主观臆断解释客观事实。这就要求研究人员要以科研和生产实际需要选择研究课题，在研究过程中，要全面、真实、具体地记录情境条件和研究对象的各种反应；在分析结果时，要从客观事实出发得出结论。

系统性是指把研究对象放到系统中加以研究和认识。20 世纪 40 年代以来发展起来的系统论、信息论和控制论等系统科学理论为人因工程学科的研究提供了新思想、新观点。人因工程学的主要研究对象是人-机-环境系统。系统中人、机器、环境这三大要素之间存在着相互制约和相互协同的关系，整个系统的性能不同于各要素性能的简单相加，同时，人、机器、环境各自构成了自己的系统。用系统观点研究人-机-环境系统时，必须从系统整体出发去分析各子系统的性能及其相互关系，再通过对各部分相互作用的分析来认识系统整体。

二、研究的信度与效度

要使轨道交通人因工程学产生高质量的研究成果，以有效指导生产实践，就要准确地揭示人-机-环境系统的规律性，同时所使用的研究方法也要具有信度（可靠性）和效度（有效性）。研究方法的信度和效度是评价研究方法科学性的重要标准。在开展研究的同时，要注意所选的研究方法的信度和效度，并对研究结果进行总结、评价和改进。下面我们先了解一下信度与效度的概念。

（一）信度

信度是指研究方法和研究结果的可靠性，即多次测量的结果保持一致性的程度。如果一个测试的可靠度高，那么，同一个人多次接受这个测试时，就应得到相同或大致相同的成绩。实际研究中，通常用 3 种方法估计信度：一是稳定性系数法，指用同样的方法在不同的时间先后对研究对象进行测量所得结果之间的一致性；二是等值性系数法，指用 2 种基本相同的测量方法（指测量内容性质相似、形式相同），在极短的时间内对研究对象进行测量得到的结果的一致性；三是内部一致性系数法，指一次测量中各部分测量结果之间的一致性。

（二）效度

效度是指研究结果反映想要考察内容的程度，测量结果与要考察的内容越吻合，效度越高；反之，则效度越低。对于效度类型，我们使用较多的是内部效度和外部效度。

1. 内部效度

内部效度是指研究中各变量间确实存在着一定的因果关系。譬如在研究中，研究者发现，随着目标亮度的增大，观察者的效绩（反应时间、判读正确率等）也在提高，并且排除了其他因素作用的可能性。这种研究就具有内部效度，即其效绩的改变的确是由照明水平的变化引起的，两者之间存在着因果关系。

2. 外部效度

外部效度是指某一研究的结论能够在多大程度上推广和普及到其他的人和背景中去。例如，在实验室条件下研究得到的学习曲线是否能应用于实际生产作业中，若是，则表明该研究有较高的外部效度。

一项良好的人因工程学研究应满足上述 2 个方面的效度要求。

三、研究方法的选择

（一）数据收集方法

轨道交通人因工程学是由多学科交叉形成的，其研究方法也综合了很多学科的研究方法，如人因工程、心理学的研究方法。数据收集方法是研究方法中的重要部分，它是以研究目标为出发点，选择特定的方式收集研究数据，以进行下一步的统计分析。下面简要介绍几种数据收集方法。

1. 调查法

调查法是获取有关研究对象资料的一种基本方法，具体包括访谈法、考察法和问卷法。

（1）访谈法。

访谈法是研究者通过询问交谈来收集有关资料的方法。访谈可以是有严密计划的，也可以是随意的。无论采取哪种方式，都要求做到与被调查者进行良好的沟通和配合，引导围绕主题展开谈话，并尽量客观真实。

（2）考察法。

考察法是研究实际问题时常用的一种方法。通过实地考察，发现现实的人-机-环境系统中存在的问题，为进一步开展分析、实验和模拟提供背景资料。实地考察还能客观地反映研究成果的质量及实际应用价值。为了做好实地考察，研究者应熟悉实际情况，并有实际经验，善于在人、机、环境各因素的复杂关系中发现问题和解决问题。

（3）问卷法。

问卷法是研究者根据研究目的编制一系列问题和项目，以问卷或量表的形式收集被调查者的答案并进行分析的一种方法。例如，通过问卷调查某一种职业的工作疲劳特点和程度，作业者根据自己的主观感受填写问卷调查表。研究者经过对问卷回答结果的整理分析，可以在一定程度上了解这种职业的工作疲劳主要表征和疲劳程度等。这种方法有效应用的关键在于问卷或量表的设计是否能满足信度、效度的要求。问卷提问用语要通俗易懂，回答应力求简洁明了，以易被调查者掌握。

2. 观测法

观测法是研究者通过观察、测定和记录自然情境下发生的现象来认识研究对象的一种方法。这种方法是在不影响事件的情况下进行的，观测者不介入研究对象的活动之中，因此能避免对研究对象的影响，以保证研究的自然性和真实性。例如，观测生产现场的照度、噪声情况，作业的时间消耗，流水线生产节奏是否合理，工作日的时间利用情况等，进行这类研究，需要借助仪器设备，如照度计、噪声测量仪、秒表、录像机等。应用观测法时，研究者事先要确定观测目的并制订具体计划，避免发生误观测和漏观测的现象。为了保证能够正确全面地感知客观事物，研究者不但要坚持客观性、系统性原则，还需要认真细微地做好观测的准备工作。

3. 实验法

实验法是在人为控制的条件下，排除无关因素的影响，系统地改变一定变量因素，以引起研究对象相应变化来进行因果推论和变化预测的一种研究方法。在人因工程学研究中，这是一种很重要的方法。它的特点是可以系统控制变量，使所研究的现象重复发生，反复观察，不必像观测法那样等待事件自然发生，使研究结果容易验证，并且可对各种无关因素进行控制。

（1）实验法分类。

实验法分为两种：实验室实验和自然实验。

实验室实验是借助专门的实验设备，在对实验条件严加控制的情况下进行的。由于对实验条件严格控制，该种方法有助于发现事件的因果关系，并允许人们对实验结果进行反复验证。缺点是：主试严格控制实验条件，使实验情境带有极大的人为性质，被试意识到正在接受实验，可能干扰实验结果的客观性。

自然实验又称现场实验，在某种程度上克服了实验室实验的缺点。自然实验虽然也对实验条件进行适当控制，但由于实验是在正常的情境中进行的，因此实验结果比较符合实际。但是，由于实验条件控制不够严格，有时很难得到严谨精密的实验结果。

（2）自变量、因变量和干扰变量。

实验中存在的变量有自变量、因变量和干扰变量3种。

① 自变量。

自变量是研究者能够控制的变量，它是引起因变量变化的原因。自变量随着研究目的和内容的不同而不同，如脑负荷水平、疲劳程度、照度、声压级等。自变量的变化范围应在被试的正常感知范围之内，并能全面反映对被试的影响。

② 因变量。

因变量是实验中由操纵自变量而引起的被试的某种特定反应，是研究者所观察的变量。因变量应能稳定、精确地反映自变量引起的效应，具有可操作性；能充分代表研究的对象性质，具有有效性。同时也尽可能要求指标客观、灵敏和定量描述。鉴于以上要求，实验法中一般采用以下 3 类指标：

- 操作者绩效指标，如反应时间、失误率、质量和效率等；
- 生理指标，如心率、呼吸数、血压等生理指标随劳动强度的变化情况；
- 主观评价，指操作者的主观感受，如监控作业，操作者的精神负荷产生的效应远大于体力负荷的效应。主观评价比绩效更能反映作业时机体的状态。因变量根据研究的性质和条件，可选取多项指标进行测量和分析，这样可避免采用单一指标的局限性。

③ 干扰变量。

干扰变量按其来源可分为个体差异、环境条件干扰及实验污染 3 个因素。个体差异因素是指被试在实验中随时间推移而产生身心变化或选择的被试不符合取样标准而使样本出现偏差等；环境条件干扰是指环境条件对实验的影响，如听觉测试中噪声的干扰、测试仪器的系统误差等；实验污染是指由于多次对被试施加处理和反复测试而形成的交互作用影响研究结果的准确性。

实验中应采取实验控制法使干扰变量减小到最低限度。主要控制方法包括：让被试在已经适应的环境下进行实验；实验中使环境干扰因素保持恒定；采用随机或抵消等方法消除被试差异和测试顺序产生的干扰效应；设立实验组和控制组，两组除控制的自变量不同外其他条件完全相同。这样两组因变量的差异可反映自变量的效应。

4. 心理测试法

心理测试法是以心理学中有关个体差异理论为基础，将操作者个体在某种心理测试中的成绩与常模做比较，用以分析被试心理素质特点的方法。无论是对轨道交通人因安全领域开展理论研究，还是面向实际应用，如在作业人员素质测试、人员选拔和培训中，心理测试法都被广泛应用。下面介绍心理测验的类别。

（1）按测试方式分类。

心理测试按测试方式分为团体测试和个体测试。前者可在同一时间内测试大量人员，比较节省时间和费用，适合时间紧、待测人数较多的场合；后者则个别进行，能获得更全面和更具体的信息，但时间较长。

（2）按测试内容分类。

心理测试按测试内容分为能力测试、智力测试和个性测试。

无论何种测试，都必须满足以下两个条件：第一，必须建立常模。常模是某个标准化的样本在测试中的平均得分。它是解释个体测试结果时参照的标准。只有把个人的测试结果与常模做比较，才能表现出被试的特点。第二，测试必须具备一定的信度和效度，即准确而可靠地反映所测试的心理特性。人的能力素质并不是一定的，所以不能把测试结果看成是绝对不变的。

5. 感觉评价法

人因工程的研究中，需要测量光、声、温湿度、空气污染物等客观因素对作业人员产生的主观感觉进行度量，这就是感觉评价法。感觉评价法是运用人的主观感受对系统的质量、性质等进行评价和判定的一种方法，即人对事物客观量做出主观感觉评价。客观量与主观量存在着一定差别。在实际的人-机-环境系统中，直接决定操作者行为反应的是他对客观刺激产生的主观感觉，因此测量人的主观感觉非常重要。

心理测量对象可分为两类：一类是对产品或系统的特定质量、性质进行评价，如对声压级、照明的照度及亮度、空气的干湿程度、长度、重量、表面状况等进行评价；另一类是对产品或系统的整体进行综合评价，如对舒适性、使用性、居住性、工作性、满意度、爱好、兴趣、情绪、感觉、购物动机、消费者态度等进行评价。前者可借助计测仪器或部分借助计测仪器进行评价；而后者只能由人来评价。感觉评价的主要目的包括：按一定标准将各个对象分成不同的类别和等级；评定各对象的大小和优劣；按某种标准度量对象大小、优劣的顺序等。

（二）样本抽样方法的选择

在人因工程研究中，通常采用抽样的方法进行观察和测量，也就是从欲研究的总体中抽取部分样本出来用于研究。样本的选择直接影响研究的效度和信度。

对样本的选择，通常要求选择出来的研究对象满足研究问题所需要的特质。除此之外，要保证样本数量能代表所要研究的对象的全体。当研究对象的总体很大，或观察值较为分散时，通常把样本选得大一些，如工程人体测量研究就常采用大样本。当研究的问题比较简单、个体间差异不太大时，如在有关感觉、知觉、记忆等研究中，一般可选用较少的研究对象做多次的反应来进行研究。

抽样的具体方式包括随机抽样和非随机抽样。随机抽样方法又包括分层抽样、简单随机抽样、系统抽样、整群抽样、多级抽样等。人因工程研究中常用到分层抽样方法。它是从一个可以分成不同子总体（或称为层）的总体中，按规定的比例从不同层中随机抽取样本（个体）的方法。例如，作业环境中的热舒适测评，如采用分层抽样的方式，可以根据年龄、性别、地域等变量将总体划分成不同层，然后从不同的层中按比例随机抽取样本，这样就可以从样本的测量结果来推断总体的热舒适数据区间。

四、统计分析的正确性

统计分析的正确性取决于良好的数据质量和所选择的统计方法的正确性。轨道交通人因工程学研究中，常采用不同的分析方法对数据进行统计分析。有对数据进行组织和概括的描述性统计方法，如表示数据集中程度的平均数、中位数和众数，以及表示数据离散趋势的方差、标准差等，也包括在数据分析的基础上做出统计推论的推断统计方法，如 T 检验、F 检验和 χ^2 检验等。不同的统计方法适用于特定的研究设计。它们对数据的质量也有一定要求，所以，研究者在进行数据分析时，应根据具体的研究要求选择正确的统计方法。

知识点导图

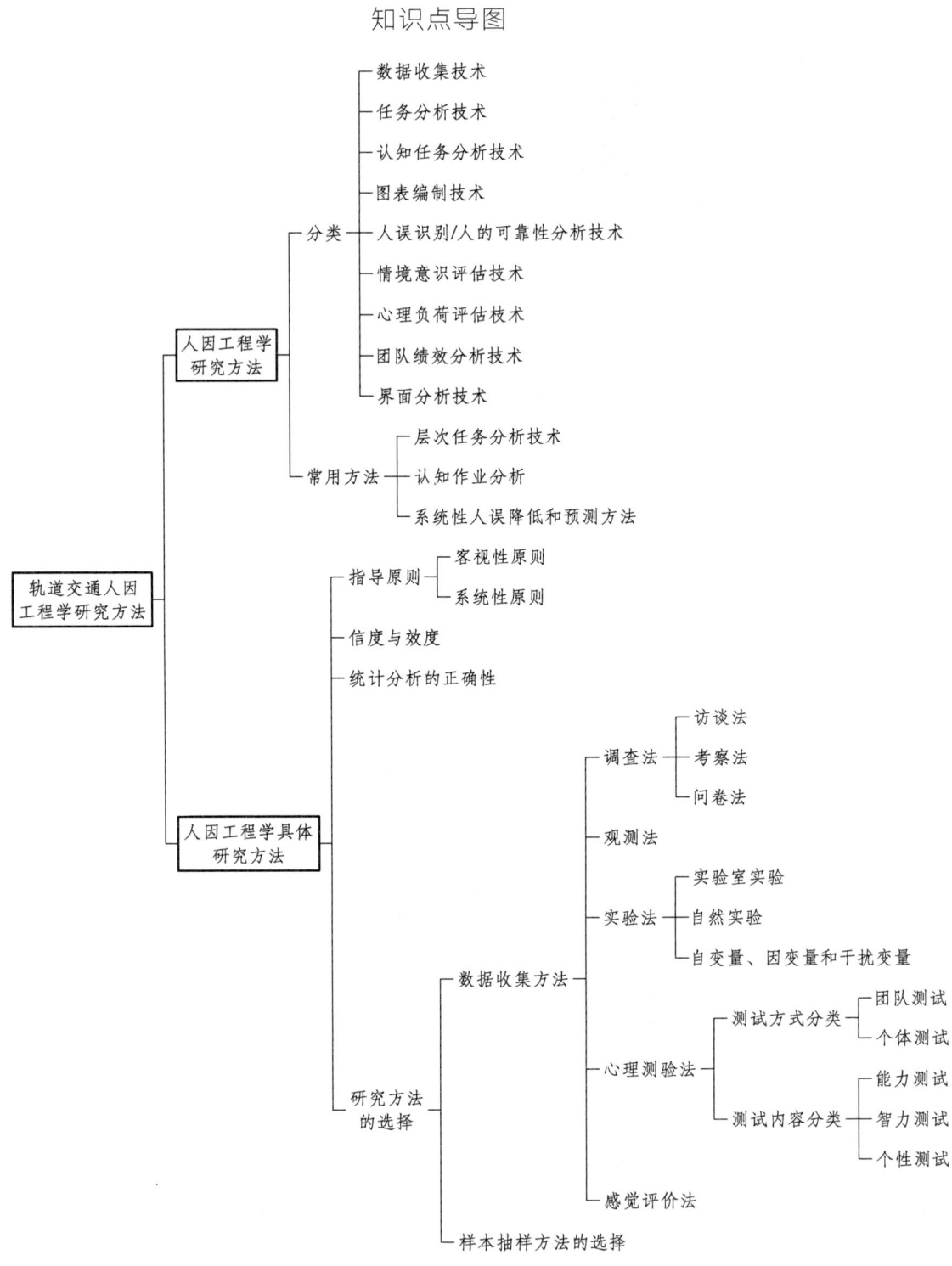

第二篇

PART TWO

人的心理与行为

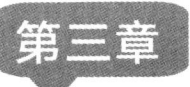

交通心理的神经生物机制

人的大脑和神经系统是各种认知能力、心理特征和行为的基础,在交通心理和行为领域的基础研究中,出现了许多行为背后的神经生物机制和机理的揭秘。本章将介绍脑和神经系统最基本的知识,以了解神经系统是如何对人的心理和行为产生重要影响的。

第一节 神经元和神经冲动

一、神经系统的单位——神经元

1. 神经元

神经元即神经细胞,是神经系统结构和机能的单位。它的基本作用是接受和传送信息。神经元是具有细长突起的细胞,它是由细胞体、树突和轴突3部分组成(见图3-1)。人脑神经元的数量大概在100亿个以上,且有各种大小和形态(见图3-2),主要有圆形、锤体形、梭形和星形等几种。

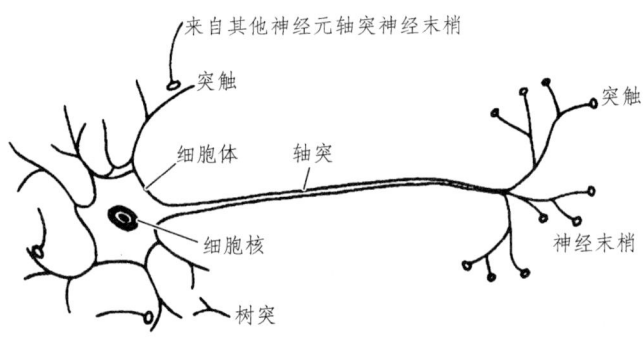

图3-1 神经元结构图

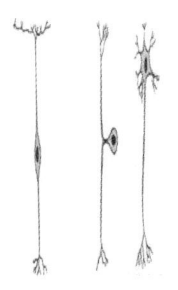 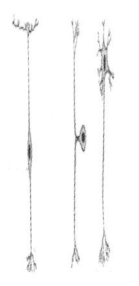 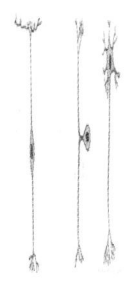 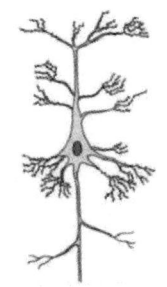 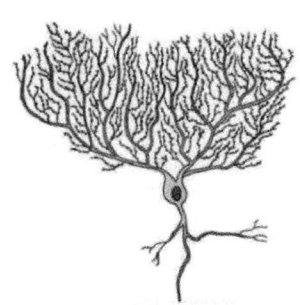

视网膜双极　　脊神经节假　　脊髓前角多极　　大脑锥体细胞　　小脑浦肯野细胞
神经元　　　单极神经元　　神经元

图3-2 神经元的各种形态

2. 胶质细胞

胶质细胞存在于神经元和神经元之间。胶质细胞对神经元的沟通有重要作用，首先是为神经元的生长提供线路；其次是在神经元周围形成绝缘层，使神经冲动得以快速传递；最后是给神经元输送营养，清除神经元间过多的神经递质。

二、神经系统的传导机制——神经冲动

1. 神经冲动

当任何一种刺激（机械的、热的、化学的或电的）作用于神经时，神经元就会由比较安静的状态转化为比较活跃的状态，这就是神经冲动。神经冲动的传导过程中有一个非常重要的部位，叫突触，它是一个神经元和另一个神经元彼此接触的部位。突触的结构如图 3-3 所示。

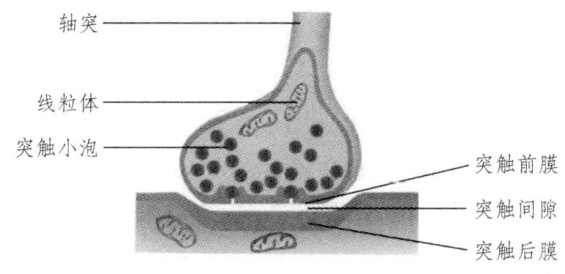

图 3-3 突触结构图

神经冲动在突触间的传递，是借助于神经递质来完成的。当神经冲动到达轴突末梢时，有些突触小泡突然破裂，并通过突触前膜的张口处将存储的神经递质释放出来。当这种神经递质经过突触间隙后，就迅速作用于突触后膜，并激发突触后神经元内的分子受体（另一种化学物质），从而打开或关掉膜内的某些离子通道，改变了膜的通透性，并引起突触后神经元的电位变化，实现神经兴奋的传递。这种以化学物质为媒介的突触传递，是脑内神经元信号传递的主要方式。

神经递质在使用之后，并未被破坏。它借助离子泵从受体中排出，又回到轴突末梢，重新包装成突触小泡，再重复利用。

2. 神经回路

神经元与神经元通过突触建立的联系，构成了极端复杂的信息传递与加工的神经回路。最简单的一种神经回路就是反射弧。反射弧一般由感受器、传入神经、神经系统的中枢部位、传出神经和效应器 5 个基本部分组成。如，我们手臂皮肤被针一扎，这就是感受器的兴奋，兴奋以神经冲动的方式经传入神经传向了中枢神经系统，经过中枢的加工，又沿着传出神经到达效应器，也就是我们的肌肉产生回缩避开的举动。

第二节　神经系统

神经系统指由神经元构成的一个异常复杂的机能系统。由于结构和机能不同,可以将神经系统分成中枢神经系统和周围神经系统2部分。

一、周围神经系统

周围神经系统通常由3部分组成:脊神经、脑神经和植物性神经。脊神经亦称脊髓神经,指由脊髓发出的成对神经,共31对,其中颈神经8对,胸神经12对,腰神经5对,骶神经5对,尾神经1对。脑神经是从脑发出左右成对的神经,共12对,包括嗅神经、视神经、动眼神经、滑车神经、三叉神经、外展神经、面神经、位听神经、舌咽神经、迷走神经、副神经、舌下神经。植物学神经,分为交感神经和副交感神经。交感神经负责应对紧急情况,加速心脏跳动;副交感神经则起平衡作用,抑制器官过度兴奋。

二、中枢神经系统

中枢神经系统包括脊髓和脑,我们用表3-1来展示中枢神经系统各部分组成和功能。

表3-1　中枢神经系统各部位组成和功能

中枢神经系统部位名称			所在位置	功能
脊髓			脊椎管内	1. 脑和周围神经的桥梁。来自躯干和四肢的各种刺激,只有经过脊髓才能传导到脑,而由脑发出的指令,也必须通过脊髓才能支配效应器官的活动。 2. 可以完成一些简单的反射活动,如膝盖反射
脑干	延脑		在脊髓上方,背侧覆盖着小脑,是一个狭长的结构	支配呼吸、排泄、吞咽、肠胃等活动,因而又叫"生命中枢"
	脑桥		在延脑的上方,它位于脑与中脑之间	对人的睡眠具有调节和控制作用
	中脑		位于丘脑底部,小脑、脑桥之间	可分成3个部分: 1. 中央灰质支配眼球、面部肌肉的活动; 2. 中脑四叠体:视觉反射中枢和听觉反射中枢; 3. 大脑脚:调节身体姿势和随意运动
脑	间脑	丘脑	在脑干上方、大脑两半球的下部,有两个鸡蛋形的神经核团	属于中继站,除嗅觉外,所有来自外界感官的输入信息,都通过这里再导向大脑皮层,从而产生视、听、触、味等感觉。它对控制睡眠和觉醒也有重要意义
		下丘脑	丘脑正下方	调节交感神经和副交感神经的主要皮下中枢,维持体内平衡、控制内分泌腺,也对情绪起重要的作用
	边缘系统		包括扣带回、海马回、海马沟、附近的大脑皮层,以及丘脑、丘脑下部、中脑内侧被盖等	大脑内侧面最深处的边缘	抑制本能活动行为模式,以更好地适应环境变化,还与记忆和情绪有密切关系

三、大脑的结构和功能

得益于人类科学技术的不断发展,我们能够利用造影技术,透视颅骨这层坚固的屏障,日渐认识神秘而复杂的人脑。

人的大脑重约 1.35 kg,但是球体表面积很大,而且错综复杂。大脑信息处理能力是无穷的,它是由神经元及其相互联结所组成的错综复杂的网络,构成了人类所知的最为复杂的系统。我们所体验的一切感受、所做的一切,从走路、开车、交谈,甚至在睡眠中做梦,都源于神经元的活动。下面来认识一下我们的大脑。

(一)大脑的基本结构

人的大脑是人脑的重要部分。大脑分左右两半球,体积占中枢神经系统总体积的一半以上,重量约为脑的总重量的 60%。

(1)脑回:大脑半球的表面布满深浅不同的沟或裂,沟裂间隆起的部分称为脑回。脑回有 3 条大的沟裂,即中央沟、外侧裂和顶枕裂。

(2)灰质:大脑半球的表面由大量神经细胞和无髓鞘神经纤维覆盖着,呈灰色,叫灰质,也就是大脑皮层,它的总面积约为 2 200 m^2。

(3)白质:大脑半球内面由大量神经纤维的髓质组成,叫白质。它负责大脑回间、叶间、两半球间及皮层与皮下组织间的联系。其中特别重要的横行联络纤维叫胼胝体。它在大脑半球底部,对两半球的协同活动有重要作用。

(二)大脑功能分区

1. 初级感觉区

初级感觉区包括视觉区、听觉区和机体感觉区。(见表 3-2)

表 3-2 初级感觉区的位置和功能

初级感觉区	位置	接收信号
视觉区	顶枕裂后面的枕叶内	接收在光刺激的作用下由眼睛输入的神经冲动,产生初级形式的视觉,如对光的觉察等
听觉区	在颞叶的横回处	接收在声音的作用下由耳朵传入的神经冲动,产生初级形式的听觉,如对声音的觉察等
机体感觉区	位于中央沟后面的一条狭长区域内	接收由皮肤、肌肉和内脏器官传入的感觉信号,产生触压觉、温度觉、痛觉、运动觉和内脏感觉等

2. 初级运动区

中央前回和旁中央小叶的前部,称为躯体运动区,简称运动区。它的主要功能是发出动作指令,支配和调节身体在空间的位置、姿势及身体各部分的运动。运动区与躯干、四肢运动的关系也是左右交叉、上下倒置的。

3. 言语区

对大多数人来说，言语区主要定位在大脑左半球，它由较广大的脑区组成，主要包括布洛卡区、威尔尼克区、言语视觉中枢三个重要的言语区。

4. 联合区

人类的大脑皮层除上述有明显不同机能的区域外，还有范围很广、具有整合或联合功能的一些脑区，称联合区。从系统发生上来看，联合区是大脑皮层上发展较晚的一些脑区。它和各种高级心理机能有密切的关系。

大脑的主要构成和脑区功能划分如图 3-4 和 3-5 所示。

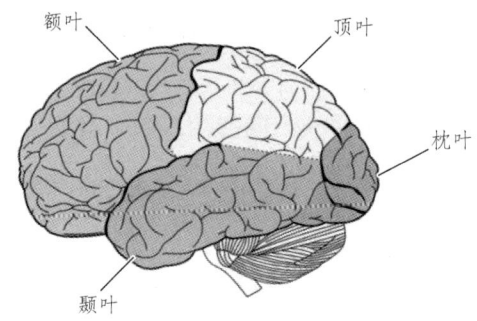

图 3-4　大脑的主要构成部分

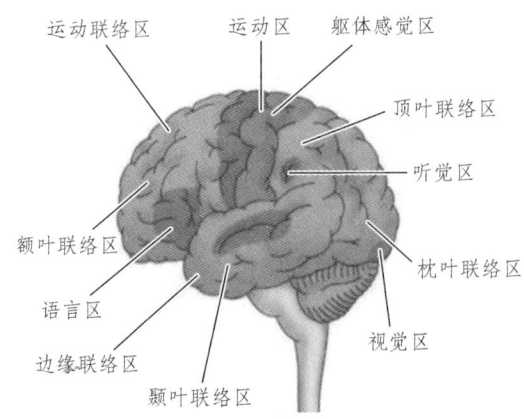

图 3-5　大脑脑区功能划分示意图

（三）大脑两半球的一侧优势

大脑两半球功能上的不对称，或者说脑的不同功能向一侧半球集中是人脑结构和认知的主要特征，被称为大脑两半球一侧优势。在 98% 以上的成年右利手者中，左半球专管对语言的处理和语法表达，如词语、句法、命名、阅读、写作、学习记忆等。而空间技巧与右半球相关，如对三维形状的感知、空间定位、自身打扮能力、音乐欣赏及歌唱等。右半球还可理解一些口语及印刷的词。因而认为，左半球是科学性的，而右半球是艺术性的。

第三节　内分泌腺与神经-体液调节

一、内分泌腺

内分泌腺是没有分泌管的腺体。它们所分泌的物质（称为激素）直接进入周围的血管和淋巴管中，由血液和淋巴液将激素输送到全身。

人体内有许多内分泌腺分散到各处。有些内分泌腺单独组成一个器官，如脑垂体、甲状腺、胸腺、肾上腺等；另一些内分泌腺存在于其他器官内，如胰腺内的胰岛、卵巢内的黄体和睾丸内的间质细胞等。内分泌腺所分泌的激素对机体各器官的生长发育、机能活动、新陈代谢起着十分复杂而又重要的调节作用。内分泌腺的知识列表如表3-3所示。

表3-3　内分泌腺知识列表

内分泌腺		激素	靶细胞/器官	生理作用
下丘脑		促甲状腺激素释放激素	垂体	促使垂体合成、分泌促甲状腺激素
		促性腺激素释放激素	垂体	促使性腺合成、分泌促性腺激素
脑垂体		生长激素	生长细胞、软骨组织	促进生长，主要促进蛋白质的合成和骨的生长
		促甲状腺激素	甲状腺	促进甲状腺的生长发育，调节甲状腺激素的合成和分泌
		促性腺激素	性腺	促进性腺的生长发育，调节性激素的合成和分泌
甲状腺		甲状腺激素	全身细胞	促进新陈代谢；促进发育，特别是中枢神经系统的发育；提高神经系统的兴奋性
胸腺		胸腺激素	T淋巴细胞	调节T淋巴的发育分化
肾上腺		肾上腺素	相关组织细胞	应急反应
胰岛	A细胞	胰高血糖素	肝细胞等	升高血糖浓度，促进肝糖原的分解，促进非糖物质转化为葡萄糖等
	B细胞	胰岛素	组织细胞、肝细胞、肌细胞等	降低血糖浓度，促进组织细胞对血糖的摄取、利用，促进血糖合成糖原，抑制非糖物质转化为葡萄糖等
性腺	睾丸	雄性激素	生殖器官	分别促进雄、雌生殖器官的发育和生殖细胞的生成，激发和维持第二性征；雌性激素能激发和维持雌性的正常性周期
	卵巢	雌性激素		
		孕激素	子宫内膜、乳腺	促进子宫内膜和乳腺等的生长发育，为受精卵着床和泌乳准备条件

二、神经-体液调节

内分泌腺的活动都受神经系统的调节与控制。神经系统通过内分泌腺分泌的激素影响各种效应器官的活动，这就叫神经-体液调节。由于内分泌腺中脑垂体的特殊作用，中枢神经系统调节内分泌腺的活动有两种不同的方式：一种是通过植物性神经系统直接支配的分泌腺；另一种是通过下丘脑神经核影响脑垂体活动。以下是这两种调节方式的具体路径：

（1）感受器→传入纤维→中枢→传出神经→内分泌腺→血液→效应器；

（2）感受器→传入纤维→中枢→脑垂体传出纤维→垂体激素经血液作用于某内分泌腺→某内分泌腺分泌激素经血液作用于效应器。

知识点导图

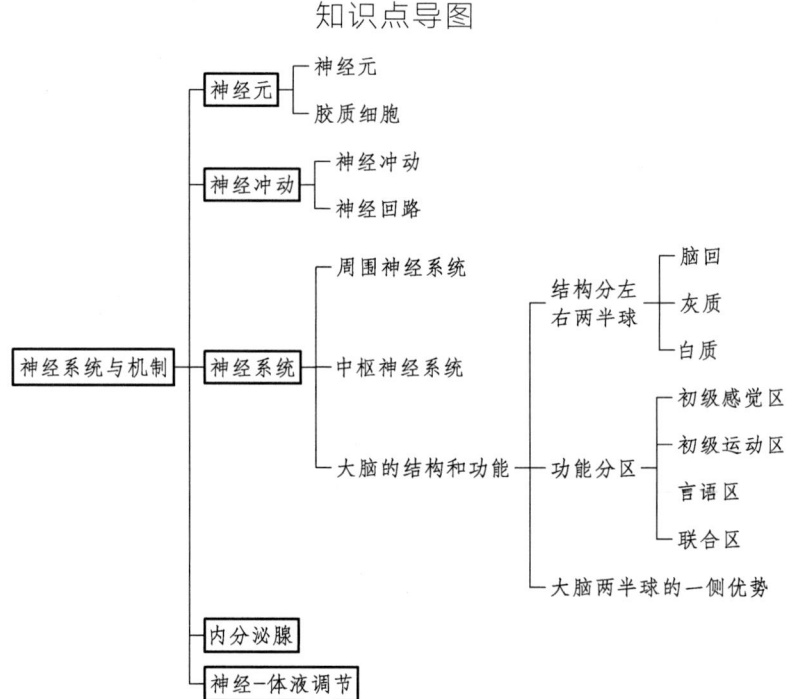

第四章　人的信息加工与基本认知能力

第一节　心理信息加工模型

作为轨道交通作业中的建造者、参与者、执行者和管理者，人在这个过程中对客观世界的繁杂信息进行定向注意和收集，在大脑中进行存储和加工，进而发展出思维并解决问题、形成语言，最终形成外显行为和输出操作。这些就是贯穿交通运输管理与行为全过程的人的感觉、知觉、注意、意识、记忆、思维、情绪等心理过程。人的心理信息加工模型展示了在一般情况下，人在完成作业任务时的信息加工流程（见图4-1）。

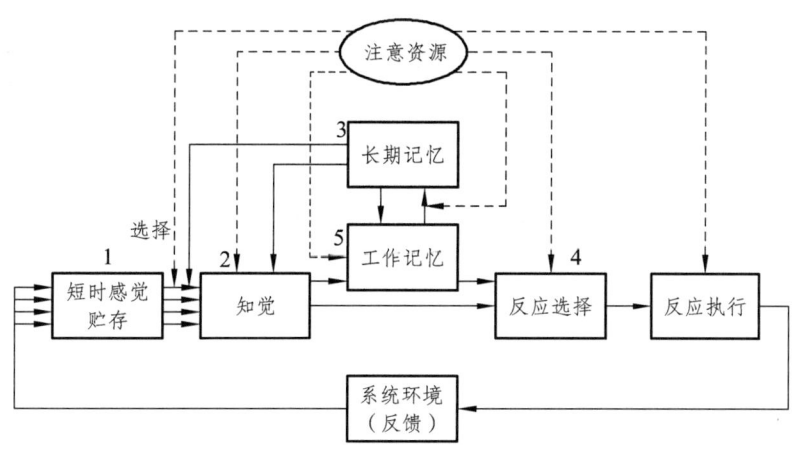

图 4-1　人信息加工阶段模型

在这里我们以一位司机通过一个十字路口时一系列的认知过程为例，对人的信息加工模型进行阐述。

一、阶段1：感觉

外界信息首先由感觉进行加工，如司机眼前的视景、声音刺激或者触觉等，然后短暂地在大脑中存储这些信息，成为感觉记忆和短时记忆。这种记忆维持几秒至1分钟的时间。这样司机就能看到诸如交通信号灯、周围车辆、路况情况以及车内同时出现的各种刺激信息。

二、阶段2：记忆与知觉共同作用

在知觉过程中，储存在我们大脑中的长时记忆，也就是过去的经验会对我们感觉、知觉到的信息进行判断和筛选，这就意味着外界的海量信息中可能只有一部分被知觉到。如司机知觉到信号灯要由绿灯转为黄灯了，过去的经验告诉他黄灯意味着要当心，因而他就要采取相应的行动。

我们还看到图中知觉发出的上面一条通路，这是因为知觉和情境理解并不总是触发立即的反应，司机可能使用他的短时记忆暂时储存信号灯的状态（黄色），同时扫视公路和看看前面的路以获取更多的信息（如是否有其他车辆或者是否有警车）。

三、阶段3：反应选择与执行

知觉之后，就是反应选择阶段了。此例子中的司机就要通过对即时情景的理解，迅速做出反应：是踩油门快速通过还是踩刹车。

四、阶段4：注意参与的反馈机制

最后，我们看到图中有两个重要的过程——反馈和注意。人在反应执行之后，很可能导致环境的变化，从而产生一个新的信息加工流程，并重新被感知。这就表示为图中最下面的一条反馈回路。例如，那位司机如果加速就不仅会感知到车辆速度流动感的变化，还可能获得新的感知信息，如看到突然冲出路面的自行车，然后重新选择走还是停。

注意是一个非常重要的信息加工环节，它的第一个作用就是对感知觉到的信息起到"过滤器"的作用，这就是为什么图中进入的信息横线多，输出的信息横线少。比如，司机可能集中全部注意力只看交通信号灯，而暂时"关闭"对车上人员谈话的注意；注意的第二个作用就是随时为其他加工阶段提供心理资源。图中，从注意阶段发出虚线通达各个加工阶段，这是因为有些加工阶段在某些状态下要求更多的注意资源。比如，司机在有雾的情况下看清楚交通信号灯就比在晴天需要更多的注意资源。

这个心理信息加工模型只是提供了一个概念性的框架，不是严格地按照一个阶段去到另一个阶段，而且各个加工阶段之间的界限有时候也是模糊的。但总的来说，这一模型的创建为我们接下来分析和研究交通参与者的心理与行为提供了一个很好的模式：通过这些路径，更有利于理解人的心理过程和产生的各种行为反应。

第二节 感 觉

一、感觉的基本概念

人在作业过程中时刻都在接收外界的大量刺激信息，如机车司机用眼睛观看驾驶舱人机交互界面上各种标识的形状和颜色、手握牵引手柄时感受推拉角度、耳朵鼓膜接收车外鸣笛的声波振动等，都属于人体接受刺激时的感觉过程。

（一）感觉的定义与分类

1. 感觉的定义

感觉是人脑对事物的个别属性的认识，是一切较高级、较复杂的心理现象的基础。人的知觉、记忆、思维等复杂的认识活动，都必须借助于感觉提供的原始信息。人的情绪体验，也必须依靠人对环境和身体内部状态的感觉。因此，没有感觉，一切较复杂、较高级的心理现象就无从产生。

2. 感觉的分类

感觉的分类如图 4-2 所示。

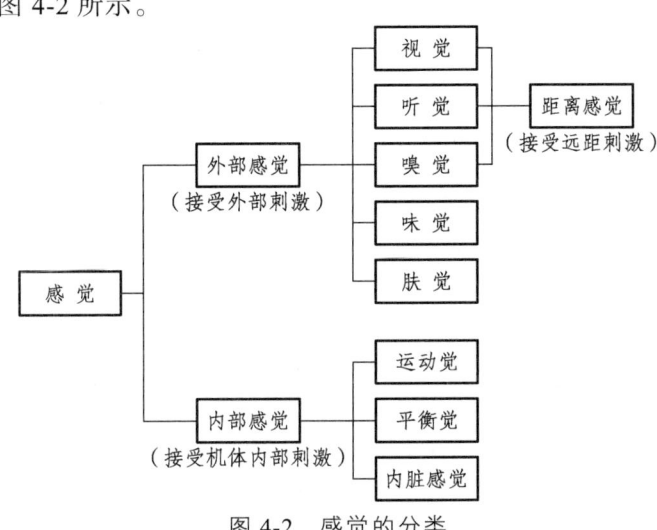

图 4-2　感觉的分类

（二）感觉阈限与感受性

不是所有刺激都能被人们体验到，只有刺激强度到一定范围内，人的感官才能做出反应。这个刺激范围及相应的感受能力，被称为感觉阈限和感受性。研究者将感受性用作判断感觉灵敏程度的标准，也就是感觉敏度。绝对感受性和差别感受性都是衡量感觉敏度的重要指标。

1. 绝对感受阈限与绝对感受性

（1）定义。

刚刚能引起感觉的最小刺激量，叫作绝对感觉阈限。人的感官觉察这种微弱刺激的能力，叫绝对感受性。绝对感受性与绝对感觉阈限在数值上呈反比：绝对感觉阈限越大，即能够引起感觉要的刺激量越大，感受性就越小；相反，绝对感觉阈限越小，即能够引起感觉所需刺激量越小，则感受性越大。

（2）举。

我们来看看有人得出各感觉通道的近似阈限。（见表 4-1）

表 4-1　各感觉通道的近似阈限

感觉通道	感觉阈限
视觉	晴朗黑夜中 48 km 处看到的一根燃烧的蜡烛
听觉	安静条件下 6 m 外手表的滴答声
味觉	一茶匙糖溶于 7.6 L 水中
嗅觉	一滴香水扩散到三居室的整个空间里
触觉	一只蜜蜂的翅膀从 1 cm 高处落在你的面颊上

2. 差别阈限与差别感受性

（1）定义。

两个同类的刺激物，它们的强度只有达到一定的差异，才能引起差别感觉，这种刚刚能引起差别感觉的刺激物间的最小差异量，叫差别阈限或最小可觉差。对这一最小差异量的感觉能力，叫差别感受性。差别感受性与差别阈限在数值上呈反比：差别阈限越少，即刚刚能够引起差别感觉的刺激物间的最小差异量越小，差别感受性就越大。

（2）举例。

工作经验丰富的动车随车机械师，对机车运行异响的差别阈限很低，差别感受性较新手司机更强，能够及时感受到异响或异动，防止更大的故障发生。

（三）感觉的经典效应

1. 感觉适应

（1）定义。

感觉适应是指感觉系统对持续的刺激输入反应逐渐减小的现象。

（2）举例。

司机在行驶一段较长的隧道后，开出隧道口，会感到外面耀眼的太阳光刺眼，过了一会儿才能够渐渐适应；我们的嗅觉在闻到恶臭的气味后，再过一段时间就能逐渐适应臭味，直至意识不到这种气味。这是因为环境中总是充满了大量不同的感觉刺激，适应机制使人类更加快速地对新信息源的挑战产生注意和做出反应。

2. 感觉对比

（1）定义。

不同刺激作用于同一感觉器官，使感受性发生变化的现象叫感觉对比。

（2）分类。（见图4-3）

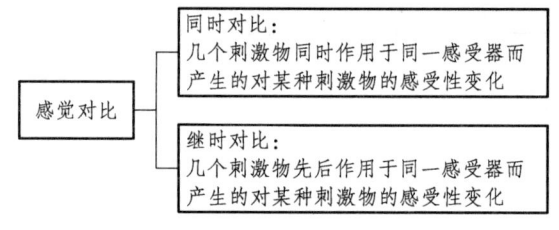

图4-3 感觉对比的分类

（3）举例。

① "同时对比"举例：

图4-4给出的就是一个很典型的关于感觉同时对比的例子。这是同一刺激因背景不同而产生的感觉差异的现象。在图片中，同一种颜色把它放在较暗的背景上看起来明亮些，放在较亮的背景上看起来暗些。

在交通设施设计中，设计者也常常利用感觉同时对比现象增强驾驶人的注意力，如在隧道口引道段增加红色元素图案，与周围暗灰色路面形成视觉对比，以提高驾驶人的警觉性。（见图4-5）

图 4-4 同时对比

图 4-5 利用感觉同时对比现象设计隧道口引道段

② "继时对比"举例：

在学习时，研究者发现两种不同的事物同时或继时呈现，比它们各自单独呈现所得到的学习效果要好。原因是两事物在大脑皮层中产生相互诱导作用，在对比中加深了印象，而单独出现在大脑皮层中的事物，无诱导作用，显得平淡而不易记忆。

3. 感觉后像

（1）定义。

在刺激作用停止后暂时保留的感觉现象被称为感觉后效，又叫感觉后像。后像的持续时间与原刺激作用的时间有关。刺激作用的时间越长，产生的后像持续时间越长，这是因为刺激的持续作用有时间上的累积效应。

（2）分类与举例。（见图 4-6）

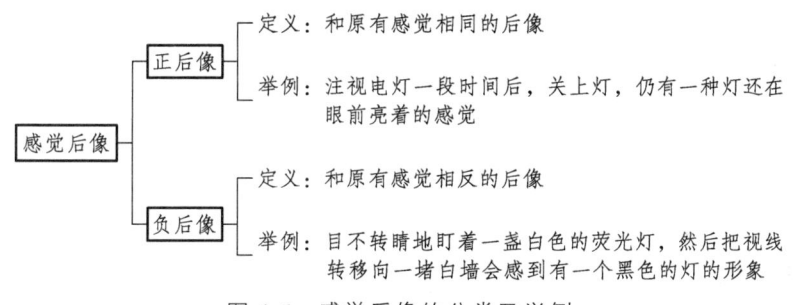

图 4-6 感觉后像的分类及举例

4. 联觉

（1）定义。

一个刺激不仅引起一种感觉，同时还引起另一种感觉的现象就叫联觉。

（2）举例。

在颜色视觉中很容易产生联觉。红、橙、黄等颜色类似太阳和火光的颜色，使人有温暖的感觉，因而被称为暖色调；而蓝、青、绿等颜色似蓝天、海水和森林的颜色，往往引起寒冷、凉快的感觉，被称为冷色调。同时，红色和黄色也让人产生警惕的感觉，交通安全设施的设计就经常利用颜色视觉的联觉现象，提高交通标志的视认性，引起注意和保持警觉。

二、视觉与交通作业

视觉是人类最重要的一种感觉，人类获得的外界信息中，80%来自视觉。视觉系统也是人在交通作业过程中运用得最频繁的感受通道,对于驾驶人安全驾驶有非常重要的作用。在这一部分,首先介绍视觉器官的生理结构与功能,了解视觉的基本特性及其与交通安全行为的关系。

（一）视觉系统的生理结构与机制

1. 眼球结构

人的眼球是一个球状体,前端稍突出,前后直径约为 25 mm,横向直径约为 20 mm。眼球剖面图如图 4-7 所示。

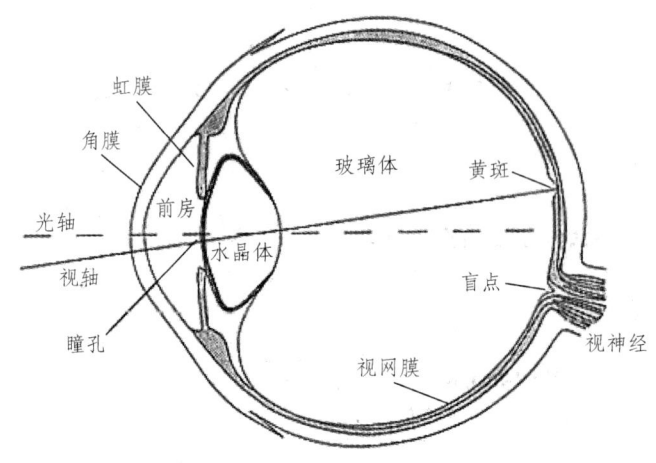

图 4-7　眼球水平剖面图

2. 视觉成像机制

从光线的进入到成像,再到大脑的感知,大致过程如图 4-8 所示。结合眼球剖面图可以清楚地得知视觉生理机制的运作情况。在这里,主要关注以下几个概念。

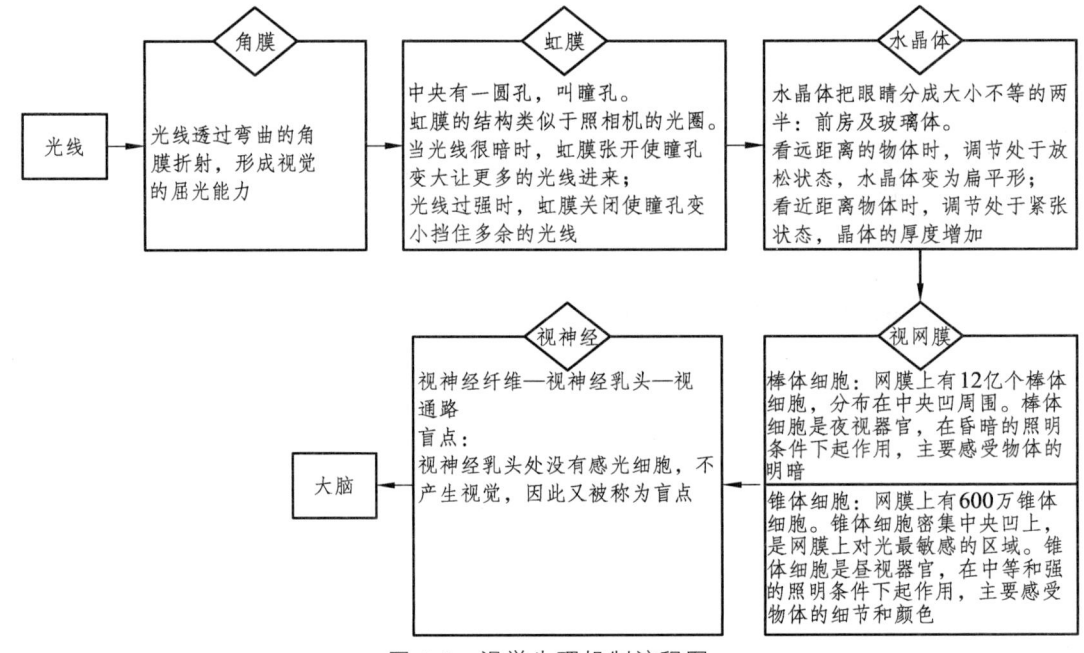

图 4-8　视觉生理机制流程图

（1）中央凹。

视网膜的中心区域，直径大约1°。人在观察事物时会主动移动眼球，使事物的形象落在中央凹，这样就能获取事物的精细细节。相对眼球同一平面，事物的形象离中央凹越远，觉察到的物体越模糊。

（2）盲点。

视网膜上无感光细胞的部位称为盲点，盲点位于视神经乳头处。

（3）棒体细胞和锥体细胞。

棒体细胞和锥体细胞都是光感受器，也就是视网膜上的光敏感细胞。锥体细胞的作用是接收白天的视觉信息，具有高分辨、区分颜色的功能，主要分布在中央凹；棒体细胞主要在昏暗光照条件下工作，分辨率低，只能分辨黑白，主要分布在中央凹外周。

（二）交通作业中的视觉特性

1. 视觉阈限

人眼要看到东西，就需要光。光是具有一定频率和波长的电磁辐射。视觉的适宜刺激是波长在 380～780 nm 的电磁波，这一段的电磁波也就是光波，是我们人眼的视觉阈限。比 380 nm 短的电磁波，如紫外线，我们是看不到的；比 780 nm 长的电磁波，如红外线，我们也是看不到的。图 4-9 给出了光波在电磁波中的分布。可以看到，光波在整个电磁波中只占很小的一部分。

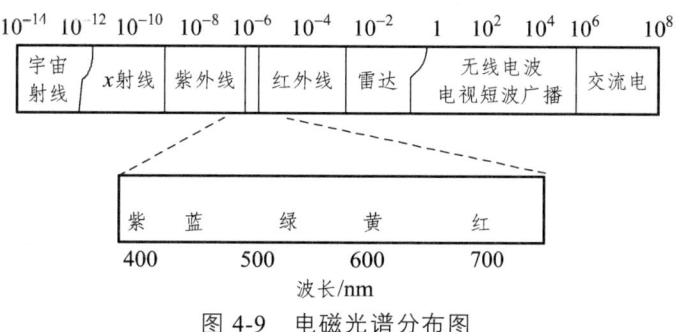

图 4-9　电磁光谱分布图

2. 视力

视力是指视觉系统分辨最小物体或物体细节的能力，也叫视敏度。视敏度的大小通常用视角大小来表示。所谓视角，即被看物尺寸范围的两端点光线射入眼球的相交角度。可以用以下公式表示，以图 4-10 直观显示。

$$\alpha = 2\mathrm{arctg}(D/2L)$$

式中，α 为视角；D 为被看物体上两端点的直线距离；L 为眼睛到被看物体的距离。

视角大小取决于物体的大小及物体离眼睛的距离。当你能够看清一个物体时，此时产生的或物体间的距离时，视角越大，视力越差；视角越小，视力越好。因此，视力的公式如下：

$$视力 = 1/能够分辨的最小物体的视角$$

对于轨道交通作业人员来说，视力水平主要从静视力、动视力和夜视力 3 个方面进行考察。

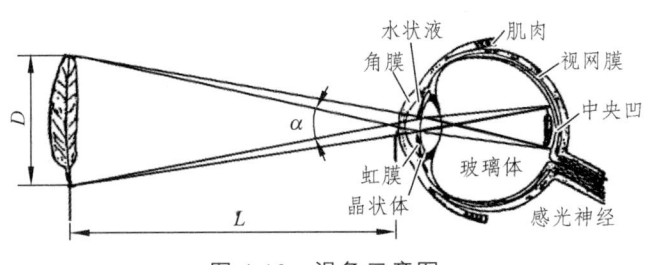

图 4-10 视角示意图

（1）静视力。

① 定义。

静视力则是在人和观察对象都处于静止状态时所检测到的视力。

② 静视力的测量。

医学上用视力表来测量静视力，分为小数记录法和五分记录法。视标有"C"型视标和"E"型视标。我国目前采用"E"型视标来检查视敏度，在测量时以 5 m 为标准观视距离。医学上一般认为小数记录法 1.0 或五分记录法 5.0 的视敏度是正常的。

③ 驾驶人视力标准。

我国在《机动车驾驶证申领和使用规定》（2016 年 4 月 1 日施行）中要求，申请大型客车、牵引车、城市公交车、中型客车、大型货车、无轨电车或者有轨电车准驾车型的，两眼裸视力或者矫正视力达到对数视力表 5.0 以上。申请其他准驾车型的，两眼裸视力或者矫正视力达到对数视力表 4.9 以上。

对于铁路司机来说，在中华人民共和国铁道行业标准《铁路机车车辆驾驶人员健康检查规范》(TB/T 3091—2019)中规定，铁路机车驾驶资格的视力要求是双眼裸眼视力大于等于 4.7，或矫正视力大于等于 5.0。

（2）动视力。

① 定义。

动视力是指人与观察对象有相对运动时检测到的视力。

② 驾驶人动视力的特性。

特性一：动视力随车速的变化而变化，一般动视力比静视力低 10%~20%，特殊情况下低 30%~40%，因此当距离一定时，在低速下能看清的交通标志，在高速下就不一定能看清楚。例如，以 60 km/h 的速度行驶的车辆，驾驶人可看清前方 240 m 处的交通标志，可是当车速提高到 80 km/h 时，则连 160 m 处的交通标志都不一定能看清楚。

特性二：动视力还与年龄有关，年龄越大，动视力降低越多。

特性三：静视力是动视力的基础，但静视力好并不一定动视力好。例如，对于动车司机来说，动视力是静视力、注意力、警觉性和作业经验的综合体现。动车行经灾害多发线路时，司机必须集中注意、充分瞭望，一旦发现异常情况应尽快做出应急处理。从图 4-11 中我们看到，在落石前尽快停车，需要司机具备良好的动视力，保证在落石前方有充分的间距。

③ 动视力的测量。

通常采用动视力测量仪来测量动视力，其原理是通过观察孔观察一个由远而近移动的视标，当被试者看到视标缺口方向时尽快按下应答键，根据被试者能够正确应答视标的缺口方向，读取动视力值。具体数值由测试仪参数决定。

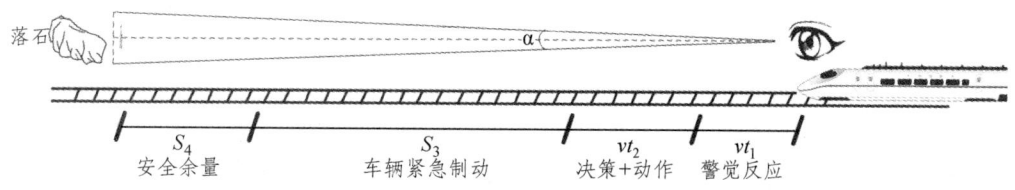

图 4-11　动车司机应急处理中动视力的重要性

（3）夜视力。

① 定义。

夜视力指在黑暗环境条件下，人眼辨别物体细节的能力。

② 夜视力的特性。

特性一：对颜色、物体高低大小等细节的感知。颜色方面，与黑色背景差异较大的物体更容易被发现，对比度大、亮度高的物体更容易确认。

特性二：夜视力与驾驶年龄有关。年龄越大，夜视力越差。

特性三：夜视力会导致视野的减小，对距离判断能力下降。

特性四：夜视力会降低对车速的估计。

特性五：夜间会造成深度知觉的下降，也就是对本车与前方障碍物之间距离估计的准确性下降。

③ 夜视力的测量。

夜视力有缺陷会严重影响交通安全，一般的视力检查不能发现像夜盲症这样的夜视力缺陷。在动车司机的选拔中，一般采用专门的夜视力测试仪来检测夜视力水平。

3. 颜色视觉

（1）颜色视觉的定义。

颜色视觉简称色觉，是指人在正常照明条件下辨认不同颜色的能力。色觉与视网膜上的锥体细胞有关，正常人眼能够对光谱上 380～760 nm 波长的光波产生色觉。色觉对轨道交通作业安全性来说非常重要，经常用色彩来提高作业环境和警戒标志的视认性。所以有色觉缺陷的人员不得从事交通领域相关工作。

（2）色觉异常。

有一小部分人的锥体细胞有缺陷或功能缺陷，造成部分或全部丧失辨别颜色的能力。根据对颜色的分辨能力可分为色弱患者、部分色盲、全色盲等缺陷者。（见表 4-2）

表 4-2　色觉异常的种类和表现

色觉异常		表现
色弱		对光波的感受性低于正常人，在刺激光较弱时，甚至无法分辨任何颜色
色盲	部分色盲	有某些颜色经验，但他们经验到的颜色范围比正常人要小得多
	全色盲	缺乏锥体细胞，无论在白天还是晚上他们的视觉都是棒体细胞在起作用。只能看到灰色和白色，丧失了对颜色的感受性

驾驶人的色觉不正常，就无法分辨由红、黄、绿等色组成的交通标志和信号灯。铁路运行图也包含红、绿、蓝等颜色。因此，色觉异常的人员是无法从事相关工作的。

第二篇 人的心理与行为

4. 视野

（1）视野的定义与分类。

视野是指人的头部和眼球固定不动的情况下，眼睛观看正前方物体时所能看得见的空间范围，也被称为静视野。仅将头部固定，当眼睛转动所看到的空间范围，被称为动视野。视野也分为单眼视野和双眼视野。视野常用角度来表示（见图4-12和图4-13）。单眼静视野：在垂直方向约为110°~130°（上方50°~60°、下方为60°~70°）；在水平方向150°（鼻侧60°、耳侧90°）。双眼静视野：右眼的视野鼻侧部分会发生重叠，这时左右各为90°，向上为50°，向下为70°。双眼视野大于单眼视野，动视野也大于静视野，左右各加15°，上方加10°，下方不变。

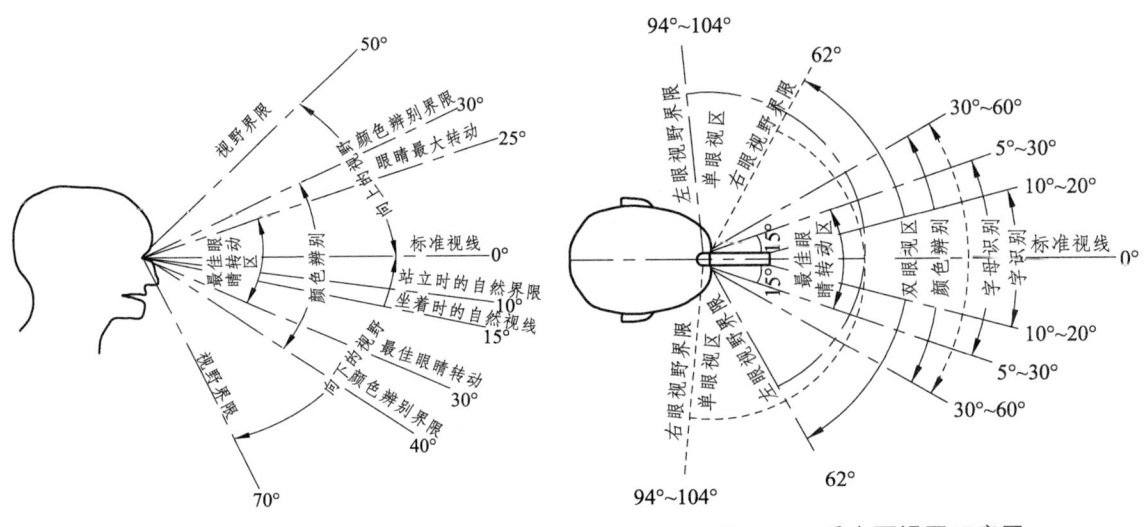

图4-12 水平面视野示意图　　　图4-13 垂直面视野示意图

（2）视野与速度的关系。

驾驶人的视野是随着速度的增加而减少的，有研究表明，行驶速度40公里/小时的时候，驾驶人的水平面视野可以达到100°的范围，速度700公里/小时时视野约为65°范围，速度100公里/小时时视野仅为40°范围。

（3）驾驶视野盲区。

驾驶过程中，除了人自身视野范围的限制，还有被各种视野障碍物阻挡住驾驶员视线从而形成看不见的区域，即驾驶视野盲区。驾驶视野盲区大致有以下几种：

① 前盲区。造成汽车前方盲区有几方面的因素，车身高度、座椅的高度、车头的长度、驾驶人的身材等，如果没有很好地控制前盲区的距离，极容易造成交通事故。

② 后盲区。后盲区是指从后车门开始向外侧展开大约30°的区域，在反光镜的视界以外。

③ 车底盲区。车底盲区指车内视线根本无法看到的区域，同时各种雷达都无法探测到，往往会造成较大的安全隐患。

④ 外后视镜盲区。后视镜并不能完全地收集到车身周围的全部信息，因为后视镜的视觉区之间都存在着或多或少的盲区。

⑤ A柱盲区。A柱，即前挡风玻璃与前门玻璃之间的夹角的支撑柱。驾驶人开车过程中，A柱加上前挡风玻璃的黑边宽度在一定程度上挡住了驾驶人的视线，驾驶人看不到区域就是

A柱盲区。A柱盲区是大部分车辆的"先天不足"，设计者为确保车顶有足够强度，只能遗憾地留下这个宽大的盲区。

⑥ B柱盲区。B柱盲区主要是在车辆的右侧。车辆在行驶中，需要大角度拐到道路外侧时，B柱会遮挡视线，有可能与右侧正常行驶的车辆发生碰撞。

除此之外，车辆在转弯时也会形成一定角度的驾驶视觉盲区。车辆在爬坡时，视线与坡面夹角形成的驾驶盲区，盲区角度大小与当时的实际情况有关。

同时，驾驶视野盲区的加大也与车速增加呈正比，驾驶人的视野也缩小。低速时，全视野为90°~100°；当车速为64 km/h时，视野减小为74°；车速为81 km/h时，视野为58°；当车速为97 km/h时，视野为40°。当车速高到一定程度，驾驶人的视野就像一个狭长的山洞，即通常所说的山洞视。在山洞视的情况下，行车是很危险的。

各类盲区如图4-14~图4-17所示。

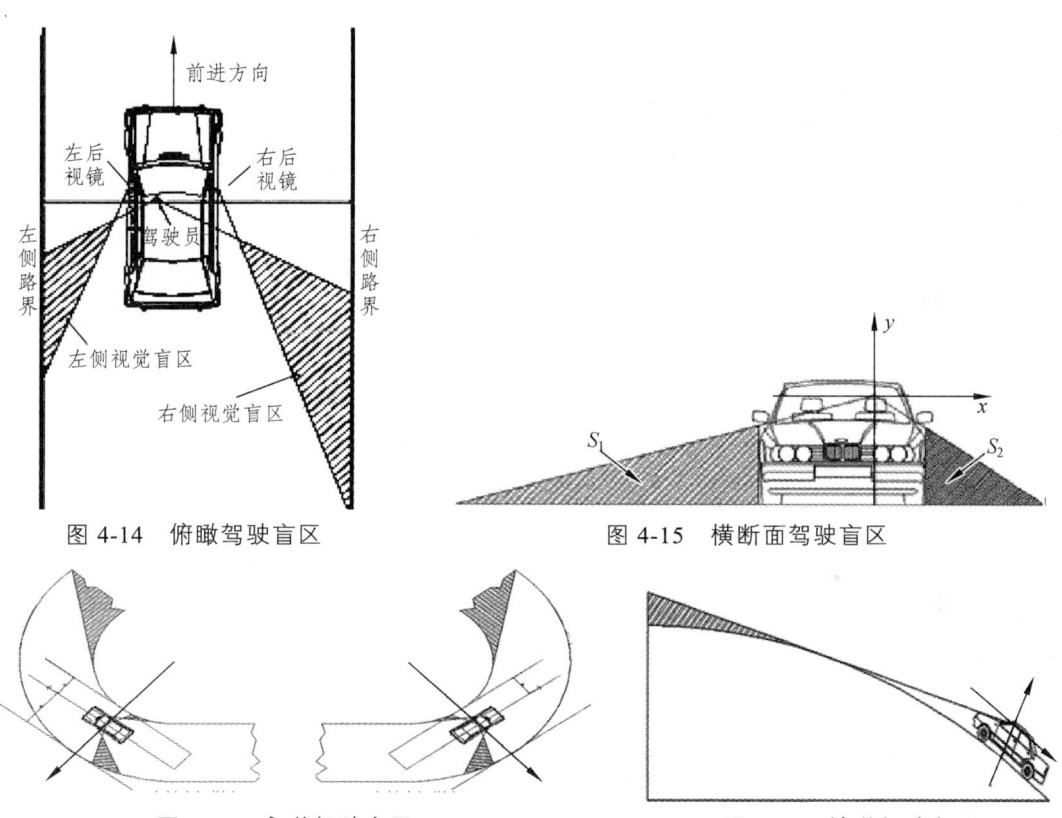

图4-14 俯瞰驾驶盲区　　　　图4-15 横断面驾驶盲区

图4-16 弯道驾驶盲区　　　　图4-17 坡道驾驶盲区

5. 暗适应与明适应

（1）暗适应。

① 定义。

当人长时间在明亮环境中突然进入暗处时，最初看不见任何东西，经过一定时间后，视觉敏感度才逐渐增高，能逐渐看见在暗处的物体，这种现象称为暗适应。

② 举例。

白天开车驶入较暗的隧道、从阳光照射的室外进入电影院、在夜晚由明亮的室内走到室外，都会发生暗适应过程。开始时觉得一片漆黑，什么也看不见，经过一段时间，眼睛开始能看清黑暗中的物体，说明视觉感受性提高了。

③ 暗适应机制。

研究发现，视网膜上的棒体细胞和锥体细胞都参与暗适应过程，但作用的大小及起作用的阶段，两者是不同的。从暗适应曲线上我们可以看到，在暗适应的最初 7~10 分钟，感觉阈限骤降，而感受性骤升。在这以后，暗适应曲线改变方向，感受性继续上升，出现所谓棒锥裂。可见，早期的暗适应是由锥体细胞与棒体细胞共同完成的。以后，锥体细胞完成暗适应过程，棒锥裂就不起作用了，只有棒体细胞继续起作用。整个暗适应持续 30~40 分钟，以后感受性就不再继续提高了。

④ 克服暗适应的案例。

暗适应机制的认识能使人类运用这些规律更好地适应环境。贾德（Judd，1951）和沃尔德（wald，1945）的研究资料表明，在几种不同的适应色光中，只有红色光暗适应保持得最好。而且，尤其在波长为 600 nm 以上的视场中，棒体细胞的感受性比锥体细胞的感受性高很多。第二次世界大战期间，迈尔斯（Miles，1944）曾经特制了一种红色护目镜。戴上这种红色护目镜后既能使锥体细胞在明暗视场中都有较高的感受性，又能使棒体细胞相对地不受视场光线的变化而保持暗适应状态。利用这个原理，值夜勤的飞行员在值勤以前，最好带上红色眼镜在室内灯光下活动，当他们接受紧急任务时，可以加快眼睛的暗适应过程。

暗适应时间的快慢，对安全驾驶具有直接影响。对不同暗适应能力的驾驶人进行夜间安全行车速度测试发现：暗适应能力不同，驾驶人夜间行车的安全速度也不同。随着暗适应能力的下降，行车速度降低。因此，根据暗适应能力的大小，划分了 3 种夜间安全行车速度：暗适应时间小于 10 s，安全行车速度为 30 km/h；暗适应时间为 10~16 s 时，安全行车速度为 25 km/h；暗适应时间为 16~20 s 时，安全行车速度为 20 km/h。

（2）明适应。

① 定义。

当人长时间在暗处而突然进入明亮处时，最初感到一片耀眼的光亮，不能看清物体，只有稍待片刻才能恢复视觉，这称为明适应。

② 特性。

暗适应时间较长，而明适应进行很快，时间很短暂。在 1 分钟的时间内，由明适应引起的阈限值上升，就已很明显。在 5 分钟左右，明适应就全部完成了。

③ 明适应机制。

明适应的机制和暗适应相反，棒体细胞在极端黑暗转入极亮的条件下，其感受性下降 100 万倍。在明适应过程中，眼睛首先通过调节瞳孔大小来适应光线刺激的强弱变化。光量增加时，瞳孔在 3~4 秒内就能迅速缩小，以保护视网膜，免受过强光线对它的损伤。与此同时，棒体细胞作用转到锥体细胞作用。瞳孔的放大和缩小是调节的第一道关口，它的大小根据进入眼睛的光线强度的变化，但是仅仅凭借缩小了的瞳孔还无法适应高强度的光。研究者发现，在视网膜的外层还有许多黑色颗粒，它们是一些具有保护作用的物质，能减少直接作用于感光细胞的光能量。

④ 举例。

动车高速驶出隧道，司机感受到强光对眼睛的刺激。还有，人们可以利用明适应的规律，避免在异常情况下光线对眼睛的破坏作用。例如，由于塌方在矿井下停留多日的工人，在抢救出来时要注意保护他们的眼睛。这是因为他们在黑暗中停留的时间过长，强烈的地面日光会灼伤他们的眼睛。

6. 眩目

（1）定义。

眩目是指视野中由于不适宜亮度分布，或在空间或时间上存在极端的亮度对比，以致引起视觉不舒适和降低物体可见度的视觉条件。

（2）生理机制。

当进入人眼睛的光线达到一定发光强度时，经过导光介质向外发散，使进入眼内发散光线的亮度和空间范围足够大，从而导致其他物体在视网膜上产生的形象相对较小，对其他物体的视觉感应也相应下降。

（3）眩目与交通安全。

羡慕现象在白天或夜晚都会发生，但时常发生在夜间行车时，由于对向来车的车灯强光导致驾驶员发生眩目，从而增加交通事故的发生风险。

根据实验，眩目可使静视力下降至 0.4，如要恢复到 1.1 则需要 20 s。眩目可使动视力下降至 0.3，经 40 s 后可使视力恢复到 0.6 左右。但实际上，对向车前照灯光并不一定正射在视网膜中央，同时驾驶人可以转动眼球避开强光。这样造成眩目的程度会有所减弱，一般情况下，视力下降 25%，而恢复视力的时间需 3~4 s。有研究得出，驾驶人感到眩目的距离为 100±25 m。

解决驾驶眩目问题是当前国内外的重要研究课题，主要关注在夜间行车防眩目车灯设计、后视镜防眩目布置设计以及汽车内中操控屏防眩目设计 3 个方面。国家也相应出台交通法律法规，来控制因眩目导致的事故发生。例如在《道路交通安全法》中明确规定，夜间会车应当在距相对方向来车 150 m 以外改用近光灯。

三、听觉与交通作业

在交通作业中，除了视觉另一种重要的感觉就是听觉，听觉的感受器官是由耳、外周神经通路和听觉皮层 3 部分组成听觉系统。人通过外耳接收各种声波刺激，并做出相应反应。因此，听觉在人的交通安全行为中起着重要作用。

（一）听觉系统的生理结构及机制

1. 耳的结构

耳朵是人的听觉器官。它由外耳、中耳、内耳 3 部分组成，如图 4-18 所示。

（1）外耳：包括耳郭和外耳道，它的作用主要是收集声音。耳郭有复杂的涡旋构造，用于区分前后和上下的声源位置。

（2）中耳：由鼓膜、3 块听小骨、卵圆窗和正圆窗组成。3 块听小骨指锤骨、砧骨和镫骨。声音从外耳道传至鼓膜时，引起鼓膜的机械振动，鼓膜的运动带动 3 块听小骨，把声音传至卵圆窗，引起内耳淋巴液的振动。

（3）内耳：由前庭器官和耳蜗组成，后者是人耳的听觉器官。耳蜗分3部分：鼓阶、中阶和前庭阶。鼓阶与中阶以基底膜分开。基底膜上的毛细胞是听觉感受器。声音经过镫骨的运动产生压力波，引起耳蜗液的振动，由此带动基底膜的运动，并使毛细胞兴奋，产生动作电位，从而实现能量的转换。蜗管横断面如图4-19所示。

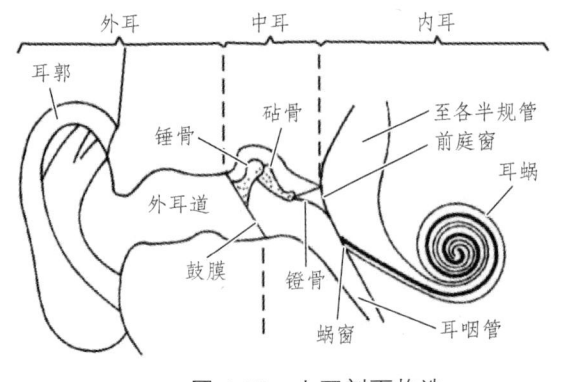

图 4-18　人耳剖面构造

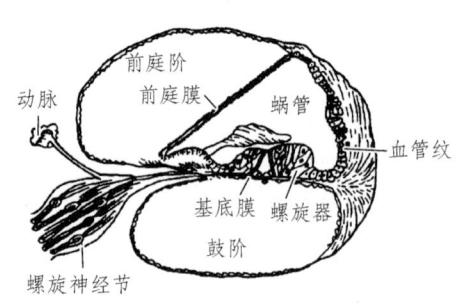

图 4-19　蜗管横断面

2. 听觉传导机制

听觉系统中，耳的功能是把气体分子振动转换成毛细胞的神经冲动；外围神经通路把内耳单个毛细胞的神经放电转换成通往皮层的神经元的放电模式，最终听觉信号到达位于大脑半球的颞叶听皮层。如图4-20所示，就是人能"听到"声音的4个阶段。

图 4-20　听觉过程示意图

3．声音传导途径

声音的传导途径包括生理性传导、空气传导和骨传导。生理性传导：由于鼓膜的面积与镫骨覆盖的卵圆窗面积的比为20∶1，因此，声音经过中耳的传音装置，其声压提高20～30倍；空气传导：鼓膜振动引起中耳室内的空气振动，然后经由正圆窗将振动传入内耳；骨传导：效率差，但也排除了体内各种噪声的干扰，否则，人们在呼吸、咀嚼时发出的声音将影响人耳对外界声音的正常听觉。

（二）听觉特性与交通作业

1. 听觉刺激与听觉感受三维度

（1）听觉刺激——声波

① 声波的定义：由物体振动产生。物体振动对周围空气产生压力，使空气的分子做疏密相间的运动，这就是声波。声波通过空气传递给人耳，并在人耳中产生听觉。

② 声波的物理性质：包括频率、振幅和波形

频率指发声物体每秒振动的次数，单位是赫兹（Hz）。人耳所能接受的振动频率为16～20 000 Hz。低于16 Hz的振动叫次声波，高于20 000 Hz的振动叫超声波，它们都是人耳所

不能接受的。

振幅是指振动物体偏离起始位置的大小。振幅大，压力大，我们听到的声音就强；振幅小，压力小，我们听到的声音就弱。测量声音的物理强度的单位为巴。1巴=1达因/平方厘米。它是用单位面积上所受的压力大小来表示的。测量声音的强度有时也表述为声压水平（SFL），单位为分贝（dB）。

声波的波形则用于区分不同的音色。

（2）听觉感受三维度——音高、音响和音色。

① 听觉感受三维度。

声波的这些物理特性，决定了听觉感受的 3 个心理维度：音高、音响和音色。（见图 4-21）

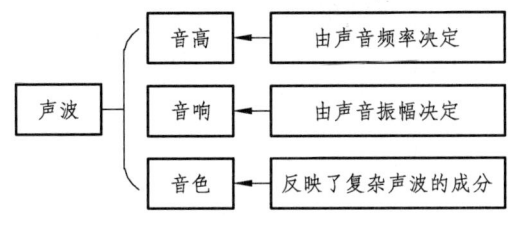

图 4-21　听觉感受三维度

② 听觉感受举例。

就算声音振幅再大，但声源距离我们人耳远，我们所感受到的声音强度也就削弱了很多。因此，声音刺激需要经过人的感受器，被相应感受到才能形成听觉。以下是人耳多感受到的听觉。安静的汽车内人耳感受到的音响大概是 70 dB；地铁车厢内人耳感受到的音响是 100 dB 左右；在双引擎飞机内人耳感受到的音响是 120 dB；距离火箭发射 45 m 远处听到的声音超过 180 dB。图 4-22 中，还列出其他声音的音响。研究发现，超过 90 dB 的声音会损害听力，这取决于人暴露于这些声音的时间。

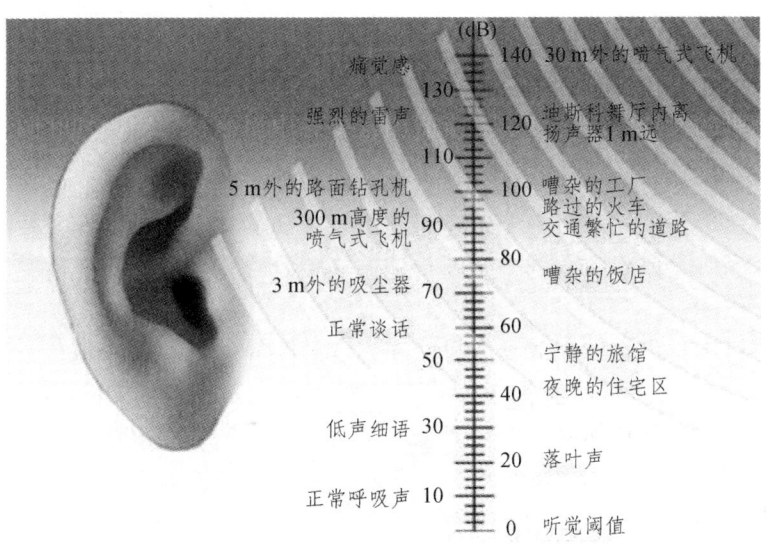

图 4-22　各种声音音响水平

2. 听觉阈限

（1）听阈定义。

听阈指的是刚能引起人耳听觉反应的最小声音刺激量。人类听觉系统感受声音的能力（感受性）有极宽的动态范围。人耳能感觉到的最小声压级，其振幅只有一个氢分子那么大，能耐受的最大声压级可达 120 dB。这一动态范围相当于压力比为 106∶1。将各频率的听阈以线段连接，形成听阈曲线。（见图 4-23）

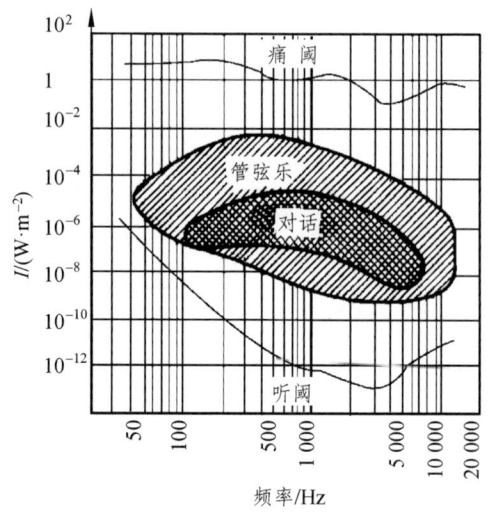

图 4-23　听阈、痛阈曲线和听觉区域各种声音音响水平

（2）痛阈的定义。

若继续增加声音刺激强度，刚能引起人耳不适或疼痛的最小刺激量，称为痛阈。将各频率的痛阈以线段连接，形成痛阈曲线。

（3）听觉区域。

听阈曲线和痛阈曲线之间的范围，称为听觉区域。

3. 听觉定位

（1）定义。

听觉定位，也就是对声源的定位，是听觉系统对发生物体的位置，也就是声源的判断过程。它包括水平声源定位和垂直声源定位以及听者距离的识别。对声源方位的识别是交通作业过程中最基本的听觉能力，有利于判断其他车辆喇叭鸣响、道路异常情况和躲避危险。

（2）听觉定位的机制。

听觉定位的机制是声音传到双耳的时间和强度的差异。第一种机制是时间差，例如，当一个声音在你的右侧响起的时候，它到达你右耳的时间比到达左耳的时间要早（见图 4-25 中的 B 点），大脑运用这种到达时间的差异来对空间中的声音源做出精确的估计；第二种机制是强度差，对于声音首先到达的耳朵而言，声音的强度会稍微高一些，当声音到达两只耳朵时，大脑利用特化细胞来探测这一强度差异。

但是，当一个声音既没有产生时间差异也没有产生强度差异的时候又会怎样呢？图 4-24 中，一个产生于 A 点的声音就是如此。当你闭上眼睛时不能辨别它的具体位置。所以你必须转动你的头以改变耳朵的位置,从而去打破这种对称,以提供声音定位的必要信息。

(3)驾驶中的听觉定位。

每个人的声源定位能力是不一样的,双耳听觉平衡的好坏是这一能力的决定性因素之一。因此,患有听觉定位障碍的人,如果从事驾驶,甚至作为交通中的行人,都容易发生安全事故。一般来说,听力保持在两耳各为音叉测距 50 cm 并能辨别方向,低于这个数值就不适合继续开车。

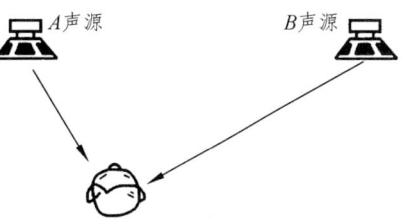

图 4-24　时间差和声音定位

4. 听觉掩蔽

(1)定义。

对一个声音的感受性会因另一个声音的存在而发生改变。假定对声音 A 的阈值为 10 dB,由于声音 B 的影响使 A 的阈值提高到 25 dB,即阈值提高 15 dB。一个声音的阈值因另一声音的出现而提高,这种现象就是听觉掩蔽。这里 B 称为掩蔽声,A 称为被掩蔽声,25 dB 称为掩蔽阈限,15 dB 称为掩蔽量。掩蔽是心理声学中很重要的效应,它不仅说明一个声音怎样影响另一个声音,还有助于了解人耳的频率分辨力。

(2)举例。

在课堂里,学生吵嚷的噪声将老师的讲课声完全掩蔽;一辆轰鸣的车辆经过时,行人无法交谈。

利用听觉掩蔽现象,驾驶人在长途驾车中,特别是在单调的高速公路上行驶时易感到疲劳,行车中播放一些适宜的音乐,有助于减轻驾驶疲劳和改善行车的单调,同时还能在一定程度上遮蔽噪音,对安全行车起到有益的作用。

5. 听觉衰退

(1)定义。

听觉衰退可以是随着年龄、疾病、创伤等导致的听力衰退,也可以是因听觉疲劳导致的暂时性或永久性听力损失。

(2)感受性的衰退特性。

人的感受性随着个体生理的变化而呈现出规律性的变化。一般地讲,个体感受性的提高是个体心理发展最早的部分,其衰退也是个体心理活动中最早的。据国外研究表明,最先下降的是听觉感受性,尤其是男性,较女性下降得更早更快。而人的视觉,一般到 55 岁仍表现得比较稳定,之后便会急剧下降。由于老年人的视觉听觉等感受性的特点,使他们常常不能对事情很快感知和做出判断,因而很难适应要求迅速做出判断。

(3)听觉疲劳。

听觉疲劳则是噪声较长时间(如数小时)连续作用,引起听觉感受性的显著降低。听觉疲劳在噪声停止作用后,还需很长一段时间才能恢复。如果这一疲劳经常性地发生,会造成听力减退甚至耳聋。如果只是对小部分频率的声音丧失听觉,叫作音隙;若对较大一部分声音丧失听觉叫作音岛。再严重就会完全失聪。当噪声强度超过 100 dB 时,人的工作效率就受到干扰,产生情绪不安、心烦意乱、感觉功能下降等。汽车在道路上行驶时,驾驶员经常受到车内外强烈的噪声干扰,从而影响其情绪和行为。

(三)驾驶中的听觉——乐音与噪声

1. 两者的定义与区别(见图 4-25)

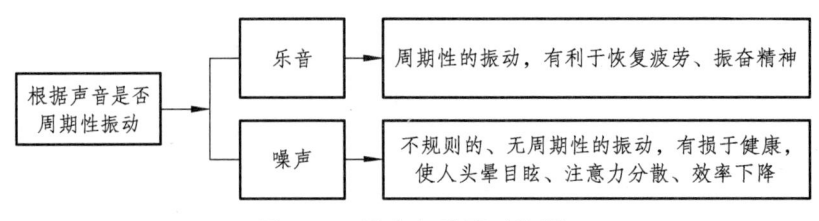

图 4-25　乐音与噪声对比图

2. 驾驶中的乐音

一般情况下,在驾驶中,尤其是在单一路况下,播放车载音乐可以对疲劳驾驶具有一定的缓解作用。有研究认为,音乐有利于维持警觉,可帮助驾驶员活跃意识,改善情绪,使其处于最佳唤醒水平。但音乐存在乐曲风格、频率、响度的差别,可能导致汽车性能的反馈和听觉警告信号被掩盖,增加驾驶安全事故风险。有研究发现,在驾驶过程中,应选取频率低于 5 000 Hz 的音乐最为合适,并将声强控制在 30 ~ 85 dB。

也有研究者从音乐对噪声的掩蔽效果方面研究驾驶音乐的选取问题,认为二拍音乐比三拍的掩蔽效果好;演奏乐器成分多的比独奏的掩蔽效果好节奏、力度感强,富有行进感,强度均匀的音乐的掩蔽效果较好;伴奏音乐强度较大的音乐的掩蔽效果较好,如伴奏为电子乐、管弦乐的掩蔽效果优于其他乐器演奏的音乐;音乐曲风悲伤、乐曲情感多起伏的音乐的掩蔽效果较差;抒情的乐曲掩蔽效果不太好;整体上民乐的掩蔽效果较差。

当然,驾驶音乐的选择倾向因人而异,总体而言,音乐的音响不可超过 85 dB,否则对健康有害,且容易干扰驾驶警觉造成事故。

3. 驾驶中的噪声

在行车过程中,驾驶人的听觉连续处于较强噪声的干扰中。汽车噪声分为车内噪声和车外噪声。根据我国城市的检测情况,城市道路音量级大都在 60 ~ 80 dB。在交通环境中,高强度的噪声常常会使人的听觉注意力受到干扰而分散,指向很难集中。其中噪声主要来自机动车和临近道路的工矿企业,而车内噪声主要来自发动机的机械及燃烧噪声、吸排气的噪声、冷却风扇的噪声、轮胎的噪声、空气系统的噪声等。对驾驶人来说,影响较大的是车内噪声。驾驶人长期处于噪声环境中,听力会逐渐发生退行性变化,甚至听觉感受器会发生器质性病变,有的发展为噪声性耳聋。据研究结果表明,当车内噪声超过 95dB 时,车祸发生的概率会大幅度增加。

对于驾驶人来说,车内外噪声源是不可能完全消除的。为了避免和减轻噪声对驾驶人的危害,除了需要对交通环境进行综合治理和从汽车工程角度加以改进,还可以对驾驶人进行系统的听觉训练,一方面驾驶人可以熟悉车辆机器正常运转时的整体噪声;另一方面,保持对于特异噪声(机械故障、碰撞)的听觉记忆能力。这样的驾驶听觉训练可以在一定程度上保障驾驶安全。

四、其他感觉与交通作业

(一) 嗅觉

1. 嗅觉的产生

嗅觉是由有气味的气体物质引起的。这种物质作用于鼻腔上部黏膜中的嗅细胞,产生神经兴奋,经嗅束传至嗅觉的皮层部位海马回内,因而产生嗅觉。

2. 嗅觉感受性

嗅觉感受性受许多因素的影响。首先,对不同性质的刺激物有不同的感受性。例如,乙醚的嗅觉阈限为 5.833 mg/L 空气,而人造麝香的嗅觉阈限为 0.000 04 mg 空气。其次,它和环境因素、机体状态有关。例如,温度太高、太低,空气中的湿度太小,人患有鼻炎、感冒等疾病,都会影响嗅觉的感受性。最后,适应会使嗅觉感受性明显下降,如"入芝兰之室,久而不闻其香;入鲍鱼之肆,久而不闻其臭",就是由于刺激物的持续作用而引起嗅觉感受性的下降。

3. 驾驶中的嗅觉

人的嗅觉在交通作业中同样发挥着重要作用,驾驶员对异常气味,如汽油味或塑胶焦糊味迅速反应,判断机械故障。已有研究证明,嗅觉刺激对驾驶员的警觉性和情绪有积极影响,嗅到不同气味,也会对驾驶行为产生不同影响。例如,清凉提神的薄荷气味和柠檬气味能够提高驾驶员的注意力;与此相反,快餐包装纸、新鲜面包或糕饼则会让驾驶员变得兴奋,容易导致超速驾驶;其他"危险"气味如甘菊、茉莉、薰衣草会让驾驶员太过放松或昏昏欲睡。有些驾驶员可能更倾向没有气味的环境。

(二) 触压觉

1. 定义

触压觉是由非均匀分布的压力(压力梯度)在皮肤上引起的感觉。

2. 触压觉感受性

皮肤对压力的敏感性在身体不同部位的差异非常大。例如,指尖对刺激位置感觉的精确度是后背皮肤的 10 倍。身体不同部位皮肤感受性的差异,不仅与这些部位皮肤中神经末梢分布的密度有关,而且与负责这些部位的感觉皮层区域的大小有关。

3. 驾驶中的触压觉

在驾驶过程中,我们产生触觉最多的地方就是手部和脚部。因而,保证这两个部位的触觉灵敏,对于驾驶安全来说非常重要。

第一,手部触觉直接影响方向盘的操作。正确的转向行为是保证车辆在道路上沿正确路线行驶的主要因素。驾驶人就是借助于双手的触觉的感受性来正确操作方向盘的;

第二,脚部触觉直接影响脚踏板的操作。在汽车行驶中,驾驶人是通过加速踏板和制动踏板控制车辆运动的。正确的制动行为对安全是最主要的。紧急刹车时,用力迅速踏下踏板,可使汽车在最短的距离内停止下来，这些动作都与驾驶人的脚触觉分不开；

第三，通过触觉可以及时发现机件故障。当方向盘、离合器、排挡等部位产生故障时，驾驶人可以凭手和脚的不同感觉，及时发现这些部位的失常现象，进行及时检修，避免因机件损坏引起交通事故。

（三）振动觉

1. 定义

振动觉位于触觉和听觉之间的中间位置，属于深层感觉。振动觉的中枢机制主要在于脑干的白质，即感觉传导束（上行传导束）内侧丘系传递振动觉。

2. 振动觉感受性

振动觉感受性有一定的频率极限，振动刺激低于或高于一定频率，将不引起振动觉，其下限为 10~18 Hz，上限为 650~8 000 Hz。振动刺激的长期作用也可导致适应，使振动觉感受性降低。与触觉适应相比，振动觉的适应过程较慢。

3. 驾驶中的振动觉

（1）减震带。

利用人体的视觉和振动觉机制，道路上设计了减速带来使车辆达到减速目的。减速带也叫减速垄。通常，减速带设置在公路道口、工矿企业、学校、住宅小区入口等需要车辆减速慢行的路段和容易引发交通事故的路段，形状一般为条状，也有点状的，多数以黄色黑色相间，以引起视觉注意，使路面稍微拱起以达到车辆减速目的。减速带是通过影响驾驶人的驾驶心理实现减速的。当车辆以较高车速通过减速带时，剧烈的振动会从轮胎经由车身及座椅传递给驾驶人，垂直曲线可以产生一个垂直方向的加速度，从而产生强烈的振动刺激和视觉刺激。这些感觉刺激促使驾驶人产生强烈的不舒适感，加深了驾驶人的不安全疑虑,,促使驾驶人选择较低的期望车速。在期望车速指导下，驾驶人将以较低的行车速度接近并通过减速带。

（2）驾驶振动的危害。

在驾驶过程中，驾驶人还要面临机动车发动后或行驶途中长时间的、不同程度的振动，而这种振动对人体有害无益。科学研究表明，长期驾驶机动车的人，由于振动的影响，致使神经系统功能下降，如条件反射受到抑制、神经末梢受损、痛觉功能明显减退、对环境温度变化的适应能力降低等。振动过强时，驾驶人会感到手臂疲劳、麻木、握手力下降。长此下去，导致肌肉痉挛、萎缩，引起骨关节的改变，从而出现脱钙、局限性骨质增生或变形性关节炎。强烈的振动和噪声长期刺激人体，会使自主神经功能紊乱出现恶心、失眠等症状。为了预防这些因振动导致的疾病，驾驶人在长时间驾驶中一定要注意休息的节奏，还可以采取在驾驶座位或靠背上安装富有弹性的垫子，多松弛一下紧张的肌肉和活动一下手指关节等，以预防相关疾病。

（四）平衡觉

1. 定义

平衡觉也叫静觉，是由人体做加速度或减速度的直线运动或旋转运动时所引起的。

2. 平衡觉感受机制

平衡觉的感受器位于内耳的前庭器官，包括半规管和前庭两部分。半规管是反映身体旋转运动的器官。当身体做加速或减速的旋转运动时，半规管内的感觉纤维（毛细胞）发生反应。前庭是反应直线加速或减速的器官。在前庭内具有纤毛的感觉上皮细胞上，有一种极细小的晶状体，叫耳石。当人体做直线加速或减速运动时，耳石便改变自己与感觉细胞纤毛的位置，因而引起兴奋。

3. 交通作业中的平衡觉

晕动现象是交通作业中最常见的平衡觉在发挥作用的例子。前庭受损的人，一开始会感觉失去方向感、容易摔倒和头晕。但大多数人最终会通过更多地依赖视觉信息使之得到补偿。当来自视觉系统和前庭系统的信息相互冲突时，就会发生晕动现象。人们之所以在行驶中的汽车上看书会感到恶心，就是因为视觉提供的是静止的信号，而前庭觉提供的是移动的信号。司机很少会发生晕动，这是因为他们既看到移动也感觉到移动。

平衡觉与视觉、内脏感觉都有联系。当前庭器官兴奋时，视野中的物体似乎出现移动，人的消化器系统也出现呕吐、恶心等现象。人们熟悉的晕船、晕车现象，就是由于前庭器官受刺激引起的。越来越多的研究证明，前庭器官活动的稳定性，可以经过训练得到改进。

（五）温度觉

1. 定义

皮肤表面温度的变化，是温度觉的适宜刺激。一种温度刺激引起的感觉，是由刺激温度与皮肤表面温度的关系决定的。皮肤表面的温度称为生理零度。高于生理零度的温度刺激，引起温觉；低于生理零度温纤维的温度刺激，引起冷觉；等于生理零度的温度刺激，不产生温度觉。

2. 温度觉感受性

身体的不同部位，生理零度不同，因而对温度刺激的敏感程度也不同。身体裸露的部位生理零度为 28 ℃，前额为 35 ℃，衣服内为 37 ℃。温度觉还取决于受刺激的皮肤面积的大小。如果将左手的一个手指伸入 40 ℃ 的水中，而将整个右手放入 37 ℃ 的水内，那么你会觉得右手更热些。

3. 驾驶中的温度觉

在驾驶过程中，温觉也在一定程度上影响驾驶行为，如果驾驶室温度较高，时间长了不但容易让人产生烦躁的心情，而且可能由缺水等原因导致头晕和呼吸急促，影响驾驶安全；同样，驾驶室温度过低，影响人体血液循环，容易导致手指、脚趾僵硬，反应灵活性降低；长时间开放暖气，还容易昏昏欲睡，造成交通事故。因此，营造适合的驾驶温度非常重要。

知识点导图

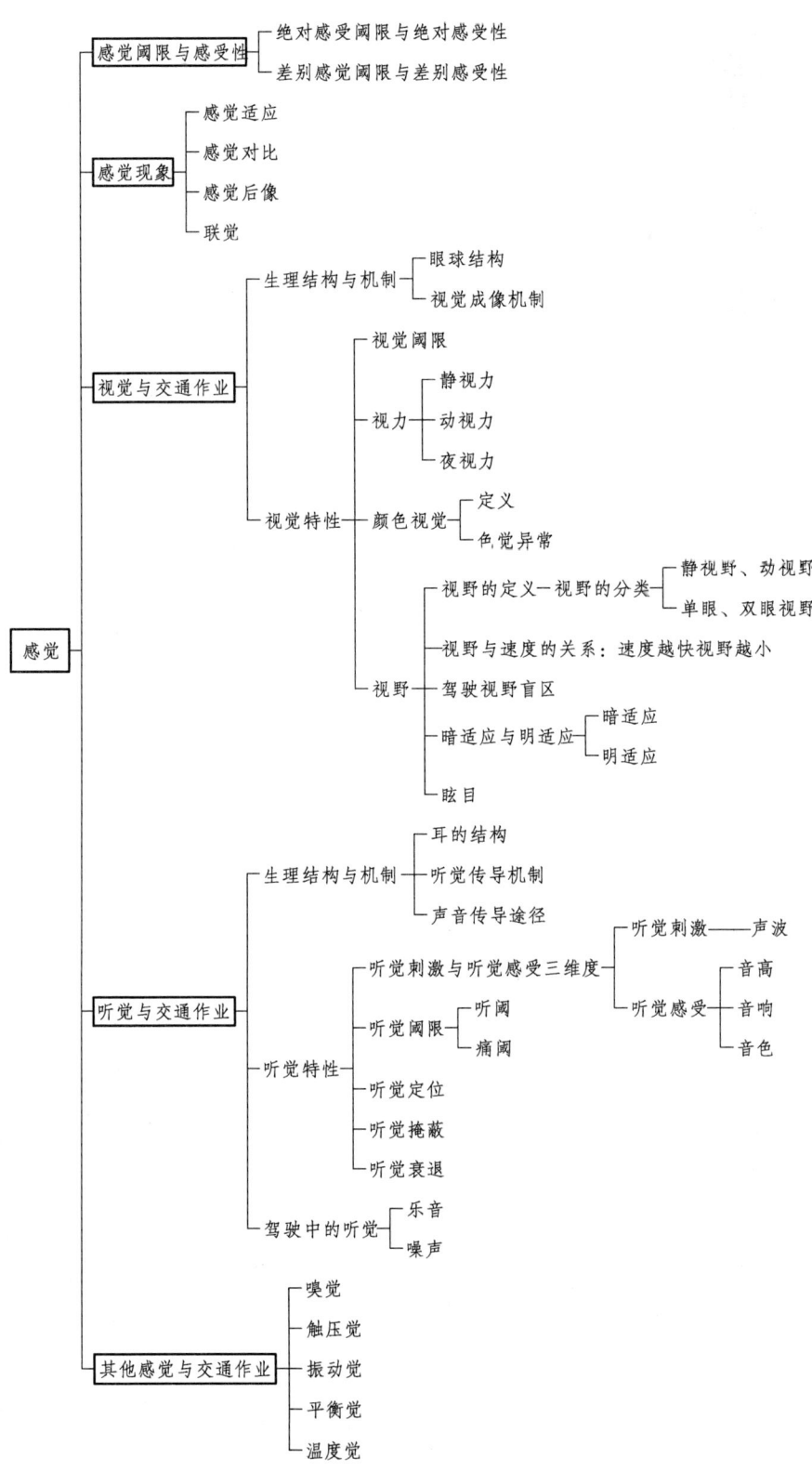

第三节 知　觉

上一节我们学习了人的感觉，在实际生活中，我们不仅要感受事物的个别属性，还要认识事物的整体，能够去觉察事物、分辨每个事物并最终确认对象到底是什么。例如，人们在过马路时，看到交通路口某处发着红光，对颜色的感知便是感觉过程。随后人们在大脑中进行信息加工，区分这个红色标志与别的红色事物，最终确定这是红色的交通信号灯，这就是知觉过程。

一、知觉的基本概念

（一）知觉的定义

知觉是客观事物直接作用于感官而在头脑中产生的对事物整体的认识。

（二）知觉的分类

知觉的分类如图 4-26 所示。

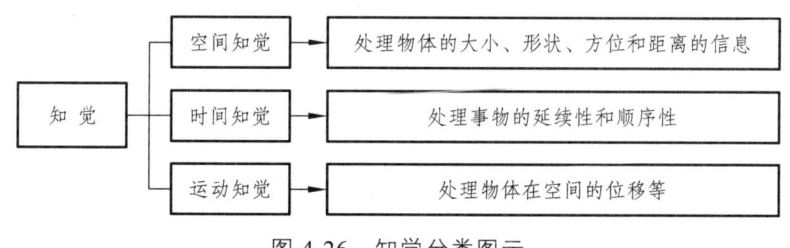

图 4-26　知觉分类图示

（三）知觉的特征

1. 知觉的选择性

（1）定义。

人在知觉过程中把知觉对象从背景中区分出来优先加以清晰地反映的特性就叫知觉的选择性。其中被清楚地知觉到的客体叫对象，未被清楚地知觉到的客体叫背景。

（2）心理学经典图示。

心理学上有一张著名的双歧图形——罗宾杯，就很好地诠释了知觉过程中对象和背景的关系。图 4-27 中，黑白相对的两部分均有可能被视为形象或背景，如将白色部分视为形象，黑色为背景，该形象可解释为烛台或花瓶；相反，则可解释为两个人脸侧面的投影像。

（3）举例。

司机在路口看见交警在指挥交通，他发现交通指示灯出现故障，路口车辆行驶混乱，那么他就会忽略交通

图 4-27　双歧图形——罗宾杯

灯，集中关注交警的指示，交警这个对象就从背景中突出出来；如果交警所在路口交通灯运作正常，交通秩序较好，那么司机更多倾向将交通灯设为知觉对象，交警等设为背景，并按照交通灯指示行驶。

（4）知觉定势。

① 定义。

前面说的知觉中对象和背景的关系是空间上的，而知觉定势的概念是时间上的，是指发生在前面的知觉直接影响后来的知觉产生，产生了对后续知觉的准备状态。

② 经典心理学图示。

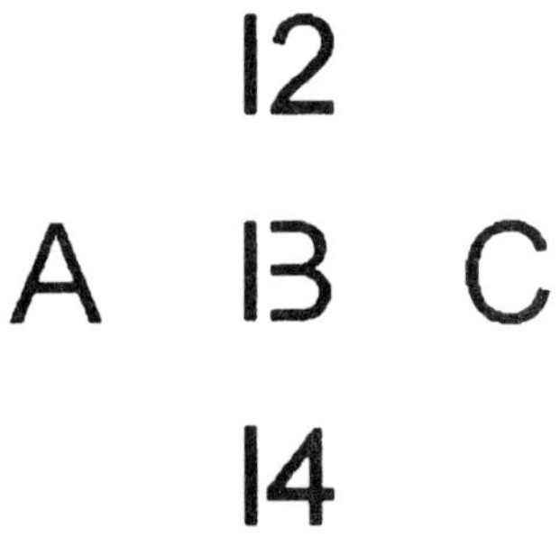

如图4-28所示，当我们先看中间符号旁边的"A"和"C"，那么就倾向把中间符号看成是字母"B"；当我们先看中间符号上下的"12"和"14"，那么就倾向把中间符号看成是数字"13"，这就是知觉定势。知觉定势是由早先的经验造成的，知觉者的需要、情绪、态度和价值观念等，也会产生知觉定势。

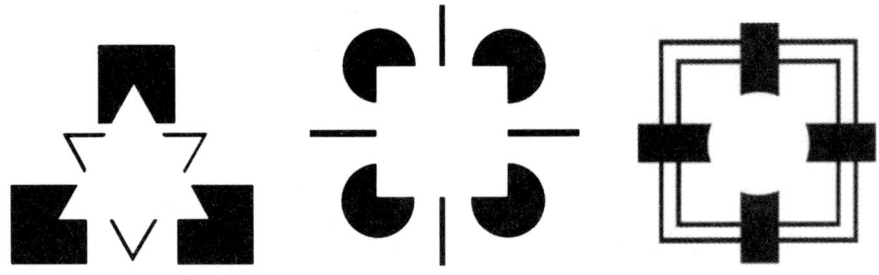

图4-28　字母还是数字

2. 知觉的整体性

（1）定义。

知觉的整体性指当客观事物给予我们的刺激不完备时，我们的知觉仍然保持完备。

（2）心理学经典图示。

如图4-29所示，从客观的物理现象看，这3个图形没有一个是完整的，全是由一些不规则的线和面堆积而成的。可是，谁都会看出，各图均明确显示其整体意义。左图由2个三角形重叠，而后又覆盖在3个黑色方块上所形成的；中图是由白方块与黑十字重叠，再覆盖于4个黑色圆上所形成的；右图是由白色圆形与黑十字重叠，再覆盖于1个双边方形上所形成的。

图4-29　整体与部分的关系

（3）举例。

知觉的整体性提高了人们知觉事物的能力，能够让人迅速判断该事物的性质和状态。例如，桥的对面开来一辆车，虽然我们一开始只看到它的顶部，但我们仍然会把它知觉为一辆完整的汽车，并及时做出反应。但是同时，由于知觉的整体性，人们有时会忽略部分或细节的特征。做文字校对工作的人，由于对整个文句的感知，有时难以发现句中个别漏字或误写的字词，这就是由于整体知觉抑制了个别成分的知觉。

3. 知觉的理解性

（1）定义。

人在知觉某一事物时，总是利用已有的知识和经验去认识它，并把它用词语标示出来，这种感性认识阶段的理解就叫知觉的理解性。

（2）心理学经典图示。

图4-30呈现的只是零散的碎片，但是对于见过马的人，运用已有的知识经验，就能够知觉到这是一匹马。

（3）举例。

当我们看到交通灯，会提取以往知识和经验，赋予其意义，不再是简单的红灯、绿灯和黄灯，它们都代表着不同的行动指示。

4. 知觉的恒常性

（1）定义。

当客观事物本身不变而客观刺激在一定范围内发生变化时，我们的知觉仍然保持不变，这就是知觉的恒常性。

（2）分类（见表4-3）。

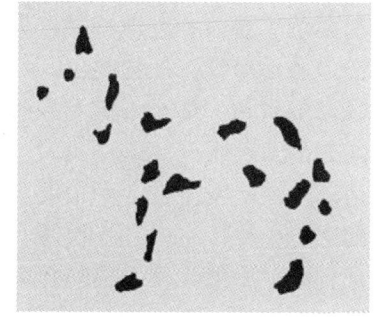

图4-30 知觉的理解性

表4-3 知觉恒常性分类

	分类	释义	举例
知觉的恒常性	形状恒常性	当我们从不同角度观察同一物体时，物体在网膜上投射的形状是不断变化的。但我们知觉到的物体形状并没有显出很大的变化	门被打开以后，视觉上门的线条发生改变，我们依然知觉其为长方形
	大小恒常性	网像按几何投影的规律变化，随对象的距离按比例增大或缩小，而知觉到的大小却不完全随距离而变化，它趋向原物的实际大小	马路延伸至远方时，路两边的树投射在我们视网膜上的成像越来越小，我们却知觉其为差不多一样大小的树
	明度恒常性	在照明条件改变时，物体的相对明度或视亮度保持不变	白墙在阳光和月色下看，都是白的；而煤块在阳光和月色下，看上去都是黑的
	颜色恒常性	一个有颜色的物体在色光照明下，它的表面颜色并不受色光照明的严重影响，而是保持相对不变	用红光照射白色的物体表面，我们看到物体表面不是红色的，而是在红光照射下的白色

二、空间知觉与交通作业

对物体的形状、大小、远近、方位等空间特性获得的知觉，即空间知觉。空间知觉是多种感觉器协同活动得到的产物，包括视觉、听觉、触觉、运动觉等的活动及相互联系，其中视觉系统起主导作用。空间知觉包括形状知觉、大小知觉、距离知觉、深度知觉（立体知觉）、方位知觉等。空间知觉是人在后天实践中形成、发展和完善起来的。

（一）形状知觉

1. 定义

形状知觉是指对形状的特征分析（如"O"或"V"等图形的原始特征）、形成基本轮廓、组成图形并最终识别图形的过程。在此过程中，人们不但需要当前输入的信息，还会利用已有的知识和经验。

2. 案例：探索形状知觉的足迹——眼动

在形状知觉中，眼动具有重要的意义。眼动可分两类：一类是微小的、不随意的眼动，如微跳、漂移、生理震颤；另一类是随意的、较大的眼动，如眼跳和追踪等。

微动对维持视觉映象，避免网膜因注视而产生的局部适应有重要意义。如果用技术排除眼球的微动，那么人们看到的图形最初很清晰，然后很快减弱，最后趋于消失，只留下一个均匀的灰色视野。跳动是另一种重要的眼动。它是眼睛从一个注视点到另一个注视点的单个运动。眼跳发生在3种情况下：用眼睛搜索要观察的物体；主要将眼睛由一个物体（或物体的部分）转移注视另一物体（或部分）；当刺激落在视野边缘时，物体回到视野中央。研究发现，眼跳中的注视与信息提取有关。当人们观看一张图片时，眼睛的注视点总是集中在图形的轮廓部位，或不能预测的不寻常的细节上。而眼跳则保证了对新的信息的提取。由于人们面临的观察任务不同，眼跳的模式也不同。

眼动研究技术在交通安全上有广泛的应用，从隧道出入口景观设计、高速路广告牌设置、城镇道路驾驶视觉搜索、驾驶疲劳检测、汽车控制面板设计等设计空间知觉的科学研究和工程建设都大量采用眼动检测技术。

（二）大小知觉

1. 定义

大小知觉是头脑对物体的长度、面积、体积在量方面变化的反映。

2. 大小-距离不变假设

人们不仅根据视网膜成像的大小来判断物体的大小，还有距离的因素。距离相等时，网像大，说明物体大；网像小，说明物体小。网像恒定时，距离大，说明物体大；距离小，说明物体小。

也就是说，人们在知觉物体大小时，似乎不自觉地解决了大小与距离的关系，即物体大小=网膜大小×距离。这就是大小-距离不变假设。因此，人们在进行大小知觉时，同时考虑了网膜投影的大小和知觉距离。环境中的距离线索和网膜投影的大小，都给人们提供了物体大小的信息。人们能保持大小恒常性，原因也如此。

（三）深度知觉

深度知觉又称距离知觉或立体知觉。这是个体对同一物体的凹凸或对不同物体的远近的反映。那么人们是怎样知觉深度和距离的呢？大量研究发现，这一类知觉主要依靠单眼线索和双眼线索。

1. 单眼线索

许多深度线索只需要一只眼睛就能感受到，刺激物所具有的此类特征被称为单眼线索。

（1）遮挡。如果一个物体部分地掩盖了另一个物体，那么前面的物体就被知觉得近些，如图4-31所示。

图 4-31　房子被树遮挡

（2）直线透视。直线透视是指平面上的刺激物，根据视角原理，近处的对象面积大，占的视角大，看起来较大；远处的对象占的视角小，看起来较小。如图 4-32 所示，虽然铁轨实际是平行的，但从视网膜上反映出来的影像中看起来却是：在无限远处，两直线（铁轨）似乎交于一点。

（3）运动视差与运动透视。当观察者与周围环境中的物体相对运动时（包括观察者移动自己的头部，或观察者随运动着的物体而移动），远近不同的物体在运动速度和运动方向上将出现差异。一般来说，近处物体看上去移动得快，方向相反；远处物体移动较慢，方向相同。这就是运动视差。

还有一种现象叫作运动透视。当观察者向前移动时，视野中的景物也会连续活动，近处物体流动的速度快，远处物体流动的速度慢。如图 4-33 所示，当飞机在机场降落时所观察到的现象就是运动透视。短的箭头代表远处的物体以缓慢的速度流动；长的箭头代表近处的物体以较快的速度流动。根据景物流动的不同速度可以判断物体的远近。

图 4-32　铁轨图

图 4-33　飞机降落时的运动透视现象

2. 双眼线索

（1）定义。

双眼线索又叫双眼视差，即知觉立体物体和两个物体前后相对距离的重要线索。借助于双眼视差比单眼线索更能精细地知觉相对距离。距离和深度视觉主要是双眼的机能。

（2）立体视觉与立体盲。

人在观察空间中的立体对象时，两只眼睛所看到的部分略有不同，左眼看到物体的左边多一些，右眼看到物体的右边多一些。两只眼睛把各自所接收到的视觉信息传递到大脑皮层的视觉中枢，在这里经过一定的整合，产生一个单一的具有深度感的视觉映象。这种从视差中再造出来的立体感，就被称为立体视觉。

现实生活中有极少数人没有立体视觉，被称为立体盲。这样的人由于对距离不能做正确的判断，因此，在驾驶人的筛选过程中应该被淘汰掉。

（3）案例。

在交通作业中，深度知觉对于交通安全来说非常重要，司机的行车、会车、超车都要依靠深度知觉进行判断，越来越多的研究发现，夜间行车时，驾驶人的深度判断能力会明显减弱。

夜间情况下，随着车速的增加，驾驶人眼睛的视界会越来越窄，驾驶员对近处和两侧的物体往往看不清，仅能看到较远处的物体；随着车速的增加，驾驶员的动视力随车速的提高而降低，辨识距离能力较白天明显减弱，当车速为 20 km/h，辨识距离为 74.2 m，车速为 80 km/h，辨识距离下降到 70.8 m 左右。这些因素，都会增加行车的危险系数，导致事故的发生。

三、时间知觉与交通作业

1. 定义

时间知觉是对客观现象的延续性和顺序性的反映。时间知觉可以表现在对时间的分辨（区分前一个时间点和后一个时间点各在做什么）、对时间的确认（确认日期）、对持续时间的估量（已经开车一个小时）以及对时间的预测（还有两个小时要登机）。

2. 举例

正确估计时间，对交通参与者和管理者来说都有重要意义。例如，驾驶时估计从起点到终点的时间，计算列车从一点站点到另一个站点的行车时间，估计飞机距离降落还有多少时间，等等。

关于时间知觉，还有几个有趣的特性。同样的驾驶时间，比起空旷的路段，如果路上车辆多、路况复杂，司机会倾向把驾驶时间估计得更长，这就是时间知觉受到一定时间内事件发生的数量和性质的影响；还有就是对自己感兴趣的事物或活动，会觉得时间过得快，出现对时间的估计不足。相反，对厌恶的、无所谓的事情，会觉得时间过得慢，出现时间的高估。在期待某种事物时，会觉得时间过得很慢；相反，对不愿出现的事物，会觉得时间过得快等。

四、运动知觉与交通作业

1. 定义

运动知觉就是物体的运动特性直接作用于人脑，为人们所认识。

2. 分类

运动知觉的产生一般来说有两个原因：一是物体的空间的位置变化而在视网膜上留下轨迹；二是观察者自身的运动（如身体运动、眼球运动等）所提供的动觉信息。甚至在某种情况下，即使该物体没有空间位移，也会产生物体的运动知觉。因此，运动知觉可以包括真动知觉和似动知觉。

(1) 真动知觉。

① 定义。

真动知觉指物体发生实际的空间位移所产生的运动知觉，即物体在按一定的速度或加速度从一处向另一处连续位移时，人所产生的物体在运动的知觉。

② 运动知觉阈限。

当物体位移速度过于缓慢时，我们便不能察觉它是在移动。只有当它的位移速度加快到某种程度，我们才能对它产生运动知觉。

③ 运动知觉阈限举例。

钟表上的分针和时针，虽然我们可以根据间隔一段时间后它们的位移来推测它们是在运动，但我们不能直接感知它们的移动。这就是运动知觉下阈，也就是刚刚可以辨认出的最慢的运动速度；当物体位移速度过于快速时，我们同样不能觉察它是在运动。例如，我们无法看清射出枪膛的子弹。运动速度大到看不清时，这种运动速度被称为运动知觉上阈。

(2) 似动知觉。

① 定义。

似动知觉指在一定的时间和空间条件下，将静止的物体知觉为运动的，或在没有连续位移的地方看到了连续的运动。

② 主要形式（见表4-4）。

表4-4 似动知觉的主要形式

主要形式	定义	举例
动景运动	当两个刺激物按一定的空间距离和时间间隔相继呈现时，人就会感觉到一个刺激物在向另一个刺激物做连续运动	我们平时看看的动画片就是典型的动景运动，是一帧一帧的动画片以很快的速度出现的，我们就会以为是每帧上面的画面在动
自主运动	又称游动运动或自动效应，指人在注视暗室内一个微弱的、静止的光点片刻后感觉到光点在来回移动的现象	如果你在黑暗的房间紧盯一个燃烧的烟头，过一段时间后，便会感觉它似乎在不停地游走
诱发运动	一个物体的运动使相邻的一个静止的物体产生运动的印象	当火车正在通过树的时候，你会觉得树在动
运动后效	在注视向一个方向运动的物体之后，如果将注视点转向静止的物体，那么会看到静止的物体似乎在向相反的方向运动，这就是运动后效	在注视飞速开过的火车之后，会觉得附近的树木在向相反的方向运动

3. 案例——驾驶员的运动知觉与超速行为

驾驶过程中对速度的知觉就属于运动知觉范畴。驾驶员判断车速会根据车外的参照物，如道路两边的树木、其他车道上的车辆等做出判断。这些参照物的变化，引起驾驶员获取视觉信息的改变，进而影响对车速的判断。在驾驶过程中，驾驶员不会只看速度表来了解目前的车速，很多情况下是依据周围景物的变化来判断车速的，但后者靠景物变化判断出来的车速经常不准确。例如，车辆在道路环境基本相同的高速上行驶，长时间的驾驶会产生视觉疲劳，会使驾驶员的速度感减弱，表现为理论车速很高，但自己感觉车速不快，就容易造成超速而发生危险。

影响驾驶员速度知觉的因素有很多，主要包括年龄、驾驶经验、驾驶车辆类型、情绪压力、是否酒驾等因素。在年龄方面，有研究发现，驾驶员年龄在30岁以下会估计车速过慢，30~39岁估计车速较为准确，39岁以上会估计车速过快或过慢。还有研究发现，年龄大的驾驶员对实际速度的变化反应不太敏感；在驾驶经验方面，新驾驶员由于缺乏技巧和经验，视觉注意力集中在靠近车辆前端的一小片区域，而老驾驶员的视觉注意力会更多地放在远处，这样能获得更多的信息，能更准确地判断车速；在车辆类型方面，不同车型所处驾驶室位置高度不一样。研究发现，驾驶员位置高度不同，对速度知觉也会产生影响。同一个驾驶员坐在驾驶位置高的时候会比坐在驾驶位置低的时候会对速度产生低估，因而会加速行驶。也就是，驾驶位置越高，对车速的判断越不准确；在压力方面，有研究发现，压力会影响驾驶者对速度的感知判断能力，可能使驾驶者低估实际速度值，引发快速行驶；驾驶员处于酒驾状态也会大大增加速度判断偏差的概率。有研究发现，酒精会对驾驶员的速度知觉判断产生影响，易引发交通事故。

五、交通作业中的错觉现象

1. 错觉定义

在某些特定条件下，我们的知觉不能正确地表达外界事物的特性，而出现种种歪曲，这就是错觉。这种歪曲带有固定的倾向，只要条件具备，它就必然产生，主观努力难以避免。

2. 错觉现象举例

在交通心理学中我们研究的错觉现象，多属视错觉。视错觉是指凭眼睛所见而构成失真的或扭曲事实的知觉经验。视错觉的种类很多，下面展示几种典型情况。（见表4-5）

表4-5 错觉举例

名称	简述	典型图示
缪勒-莱耶错觉	也叫箭形错觉。有两条长度相等的直线，如果一条直线的两端加上向外的两条斜线，另一条直线的两端加上向内的两条斜线，那么前者就显得比后者长得多	
垂直-水平错觉	两条等长的直线，一条垂直于另一条的中点，那么垂直线看去比水平线要长一些	
多尔波也夫错觉	两个面积相等的圆形，一个在大圆的包围中，另一个在小圆的包围中，结果前者显小，后者显大	
佐尔拉错觉	一些平行线由于附加线段的影响而易看成是不平行的	

3. 案例

错觉现象在交通过程中比较常见，大多数的错觉需要加以控制和避免。例如，我们开车即将进入弯道时就容易产生错觉，一是对于未进入的半圆弧弯道，一般会感觉其弯度较实际大；二是弯道越长，感受到的弯度越小；三是在弯道上行车会因参照物的变化而影响自己对弯度的知觉。因此，当我们在弯道行车时，要求降低车速，谨慎行驶。

另外，飞机驾驶员在海上飞行时，由于远处水天一色，失去了环境中的视觉线索，容易产生"倒飞"错觉。这可能会引起严重的飞行事故。认识到这个错觉现象，在训练飞行员时就要增加有关的训练，以消除错觉，避免事故的发生。

高铁司机在夜晚的时候驶入隧道，由于行车速度高、车灯照射范围原因，会产生不断"撞壁"的错觉，新手司机容易产生恐惧情绪。

当然，人们也可利用错觉现象为人类服务。例如，我们在上一部分讲到的似动现象，实际上就是一种运动错觉。人们掌握了似动规律，就可以从连续呈现的静止图片中获得清晰的运动景象。在工业设计中，人们也大量利用错觉现象。例如，表面颜色不同而造成同一物品轻重有别的错觉，这一点就被工业设计师所利用：小巧轻便的产品涂着浅色，使产品显得更加轻便灵巧，而机器设备的基础部分则采用深色，可以使人产生稳固之感。从远处看，圆形比同等面积的三角形或正方形要大出约 1/10，交通上利用这种错觉规定圆形表示"禁止"或"强制"的标志。

知识点导图

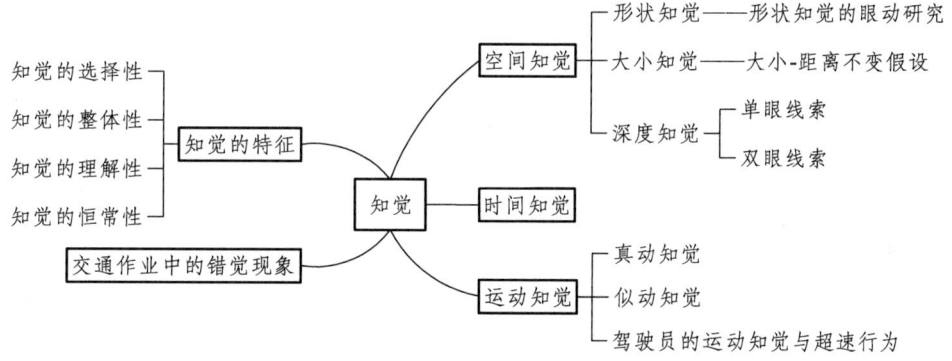

第四节 注 意

注意在人类的信息加工中有着重要的意义，是信息输入编码、储存和提取的前提。人在交通作业中必须选择重要的信息，排除无关刺激的干扰。

一、注意的概念

（一）定义

注意是心理活动对一定对象的指向和集中，是伴随着感知觉、记忆、思维、想象等心理过程的一种共同的心理特征。

（二）特征

注意有两个基本特征：指向性和集中性。

指向性，是指心理活动有选择地反映一些现象而离开其余对象，表现为对出现在同一时间的许多刺激的选择；

集中性，是指心理活动停留在被选择对象上的强度或紧张，表现为对干扰刺激的抑制。

二、注意的功能

（一）选择功能

1. 含义

注意的基本功能是对信息的选择，使心理活动选择有意义的、符合需要的和与当前活动任务相一致的各种刺激；避开或抑制其他无意义的、附加的，干扰当前活动的各种刺激。

2. 举例

铁路司机驾驶过程中需要时刻高度注意列车前方运行状况，对干扰驾驶任务的其他信息进行抑制，这种符合当前作业任务的注意功能就是选择功能。

（二）保持功能

1. 含义

外界信息输入后，每种信息单元必须通过注意才能得以保持，如果不加以注意，很快就会消失。因此，需要将注意对象的一项或内容保持在意识中，一直到完成任务，达到目的为止。

2. 举例

注意稳定性（警觉性）是影响铁路关键作业岗位人员调度、司机指挥、驾驶安全的核心注意品质指标，如高铁普遍采用双班单司机，一个班时 4 小时，司机均需时刻对列车运行前方状况保持长时间高度注意。此外，调度员在调度指挥中，也需要在一个班时内（12h）不间断监控列车运行情况。

（三）调节功能

1. 含义

有意注意可以控制活动向着一定的目标和方向进行，使注意适当分配和适当转移。

2. 举例

高铁调度指挥工作中，调度员在监控调度屏的同时，还需要并行地给司机下达行车指令。这种工作就调用了注意的分配功能。

此外，当行车调度员遇到雨量报警需要及时控制行车时，首先需要看防灾报警信息，然后及时打电话通知司机，再在 CTC 中签发调度命令，填下限速运行指令。调度注意力在这一过程中不断进行转移。

(四) 监督功能

1. 含义

注意在调节过程中需要进行监督，使注意向规定方向集中。

2. 举例

高铁调度员指挥列车遇到突发情况需要调整运行计划时，其注意力需要在影响区段不同列车间转换，同时还需在调度监视任务与运行计划调整任务间（调整运行线）频繁转换。注意在这个过程中能够保证转换任务顺利完成，不至于偏离任务目标。

三、注意的分类

注意的分类如表 4-6 所示。

表 4-6 注意的分类表

分类方式	名称	定义
根据功能分类	选择性注意	个体在同时呈现的两种或两种以上的刺激中选择一种进行注意，而忽略另外的刺激
	持续性注意	注意在一定时间内保持在某个客体或活动上，也叫注意的稳定性
	分配性注意	个体在同一时间内对两种或两种以上的刺激物进行注意，或将注意分配到不同的活动中
根据有无目的以及意志努力程度的不同分类	无意注意	也称不随意注意，是指事先没有预定的目的，也不需要做意志努力的注意
	有意注意	也叫随意注意，是指有预定目的，需要做一定努力的注意
	有意后注意	也叫随意后注意，是指有自觉的目的，但不需要意志努力的注意
根据注意的外显性和内隐性分类	外显性注意	直接把感觉器官转向外界刺激来源的动作
	内隐性注意	对几个可能的感觉刺激中的一个产生知觉集中的行为

四、注意的心理认知模型

(一) 注意的选择性认知模型

1. 过滤器模型

该模型认为神经系统在加工信息的容量方面是有限度的，不可能对所有的感觉刺激进行加工。当信息通过各种感觉通道进入神经系统时，要先经过一个过滤机制。只有一部分信息可以通过这个机制，并接受进一步的加工，而其他的信息就被阻断在它外面，而完全丧失了。

2. 衰减模型

衰减模型主张，当信息通过过滤装置时，不被注意或非追随的信息只是在强度上减弱了，而不是完全消失。而且不同刺激的激活阈限是不同的，有些刺激对人有重要意义，如自己的名字、火警信号等，它们的激活阈限低，容易激活。

3. 后期选择模型

后期选择模型认为，所有输入的信息在进入过滤或衰减装置之前已进行了充分的分析，然后才进入过滤或衰减的装置，因而对信息的选择发生在加工后期的反应阶段。

4. 多阶段选择模型

多阶段选择模型在前面几种观点的基础上提出了一种较为灵活的主张：选择过程在不同的加工阶段上都可能发生。这一理论的两个主要假设：① 在进行选择之前的加工阶段越多，所需要的认知加工资源就越多；② 选择发生的阶段依赖于当前的任务要求。

（二）注意的认知资源分配模型

1. 认知资源分配模型

认知资源分配模型试图把注意看成是一组对刺激进行归类和识别的认知资源或认知要求。这些认知资源是有限的。当刺激越复杂或加工任务越复杂时，占用的认知资源就越多。当认知资源完全被占用时，新的刺激则得不到加工。

2. 双加工模型

双加工模型认为，自动化加工是自动化进行的、不受认知资源限制和不需要注意的加工；意识控制的加工受认知资源的限制，需要注意的参与，可以随环境的变化而不断进行调整。

五、注意的品质和测量

注意的品质包括注意的广度、稳定性、分配和转移。具备较高的注意品质对于交通运输作业人员来说非常重要，因而对驾驶员、调度员这些关键作业岗位人员注意品质的测量就尤为迫切。

（一）注意的广度

1. 定义

注意的广度也叫注意范围，是指在同一时间内，人能够清楚地觉察或认识客体的数量。

2. 举例

列车调度员在指挥列车时需要注意到多趟列车的运行状态，这就需要具备良好的注意广度。对于汽车驾驶员来说，较高的注意广度意味着有不但能注意到近距离的交通信号、行人和道路障碍等，而且能同时注意到远距离的来车和道路情况。

3. 影响因素

（1）注意对象的特点。如用速示器呈现的外文字母颜色相同时，注意广度就大，颜色不同时，注意广度就小；排成一行时注意广度就大，杂乱无章分散排列时，注意广度就小等。

总之，注意的对象越集中，排列得越有规律，越能成为互相联系的整体，注意广度就越大；

（2）随着活动的任务和个人知识经验的不同而有所不同。例如，只要求知觉字母的数量就比要求指出哪个字母有错误时注意广度大。精通外文的人就比刚学外文的人阅读外文时的注意广度大。

4. 测量方法及工具

（1）注意广度的一般标准。

一般来说，成人的注意广度是在 0.1 s 的时间内，认清 8~9 个黑色圆点，注意到 4~6 个没有联系的外文字母，3~4 个几何图形。我国的心理工作者在汉字方面所做的实验表明，在 0.1 s 的时间，对没有内在联系的单字只能看清 3~4 个，对内容有联系的词或句子，一般可看到 5~6 个字。

（2）经典测量方法。

研究注意广度，一般用速示器将数字、图形、词或字母等刺激材料，以很短的时间呈现出来，由于被试的眼球来不及转动，因此他对这些刺激物的知觉几乎是同时进行的，被试所能知觉的数量就作为他的注意广度。以下就是一个经典的测试注意广度的方法，在屏幕上呈现以下画面，瞬间闪烁 2~8 个点，呈现时间 300 ms，要求试验者尽快判断呈现的白点数量。（见图 4-34）

图 4-34　注意广度的测试方法界面

（二）注意的稳定性（持续性）

1. 定义

注意的稳定性是指在同一对象环境或同一活动上的注意持续时间。狭义的注意稳定性是指注意保持在同一对象上的时间。广义的注意稳定性是指注意保持在同一活动上的时间。

2. 举例

当人把注意集中在单一事物上时，注意不能长时间地保持固定不变，而是在间歇地加强和减弱。注意的这种周期性变化叫作注意的起伏现象，这是大脑皮层保护性抑制的表现。如果当注意力集中在任务或活动上时，注意对象会发生变化，就更有可能将注意力保持下去。

例如，行车调度员在工作时，如果只注意一个屏幕，别的都不注意，那么集中 5 分钟都是困难的。如果把注意始终集中于调度工作这一整体性的任务上，注意力分别集中在各个屏幕上，同时需要打电话、调整运行图等，这样就能长时间保持注意的稳定性。

3. 影响因素

（1）注意对象的特点。一般来说，内容丰富的对象比单调的对象更能维持注意的稳定性。但并不是说事物越复杂、刺激越丰富，注意力就越稳定。过于复杂、变幻莫测的对象反而容易使人产生疲劳，导致注意分散。

（2）主体的精神状态和意志力水平。如果一个人身体健康、情绪良好、精力充沛，就能够更好地保持注意力的稳定。而且保持注意的稳定性需要抗拒各种干扰，这就需要主体具备坚强的意志力，持之以恒，坚持不懈。

4. 测量方法及工具

持续性注意通常用警戒作业来测量。这种作业要求被试在一段时间内，持续地完成某项工作，并用工作绩效的变化作指标。

下面给出一个经典的持续性注意的测试方法（见图 4-35）。具体做法是：在屏幕上会依次呈现字母，每个字母呈现时间为 300 ms，刺激间隔 1000 ms，要求被试在 A 之后出现 X 字母时尽快做出反应。

图 4-35　注意稳定性的测试方法界面

（三）注意的分配

1. 定义

注意的分配是指同一时间内把注意指向不同的对象。

2. 举例

驾驶员在驾驶过程中，时而需要注意前方路况，时而注意到后视镜显示的后方情况，时而需要注意表盘，时而关注周围声音，这些都是注意力的分配过程。

3. 影响因素

（1）同时进行的几种活动至少有一种应是高度熟练的。当一种活动达到自动化的熟练程度时，个体就可以集中大部分精力去关注比较生疏的活动，保证几种活动同时进行。

（2）同时进行的几种活动必须有内在联系。活动间的内在联系有利于形成固定的反应系统，经过训练就可以掌握这种反应模式，同时兼顾几种活动。

4. 测量方法及工具

研究分配性注意最常用的方法是双作业操作，即让被试同时完成两种作业，观察他们完成作业的情况。这个测试方法使用的是心理训练专用仪器，叫作注意分配训练仪。在一块金属板上镂刻出一条弯曲的槽孔，槽孔内立着一根金属针。由左右两个旋转把柄带动金属针，可以在槽孔内做左右和前后的运动。实验时，被试用左右两手分别握住旋转把柄，调节金属针在槽孔内由一端向另一端运动。如果双手配合不好，金属针碰上槽孔的边缘，就会接通电流而使警铃发声。记录被试调节金属针从一端到达另一端的时间，以及运行中出现的错误数量，就可以代表他们注意分配的情况。

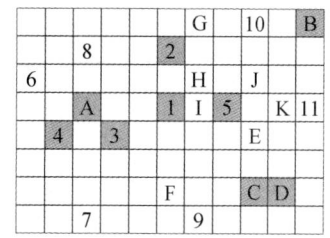

图 4-36　注意分配测试方法界面

下面是一个在电脑上进行的经典的注意分配测试方法（见图 4-36）。屏幕上显示一个表格，表格中会出现 1~11 的数字和 A~K 的字母，要求被试尽快依次按照 1-A-2-B-3-C 的顺序点击相应位置。

（四）注意的转移

1. 定义

注意的转移是指注意的中心根据新的任务，主动地从一个对象或活动转移到另一个对象或活动上去。

2. 举例

一个优秀的飞行员在起飞和降落飞机的五六分钟之内，为了执行各项操作，注意的转移达 200 次之多。

3. 影响因素

（1）对原活动的注意集中程度。个体对原来活动兴趣越浓厚，注意力越集中，注意的转移就越困难。

（2）新注意对象的吸引力。如果新的活动对象引起个体的兴趣，或能够满足他的心理需要，注意的转移就比较容易实现。

（3）明确的信号提示。在需要转移注意的时候，明确的信号提示可以帮助个体的大脑处于兴奋和唤醒状态，灵活迅速地转换注意对象。

（4）个体的神经类型和自控能力。神经类型灵活性高的人比不灵活的人更容易实现注意的转移，自控能力强的人比自控能力弱的人更善于主动及时地进行注意的转移。

4. 测量方法及工具

在屏幕上会呈现任务提示框，蓝色框代表判断接下来出现的数字是奇数还是偶数，红色框代表判断接下来出现的数字是大于 5 还是小于 5，要求被试尽快做出反应。（见图 4-37）

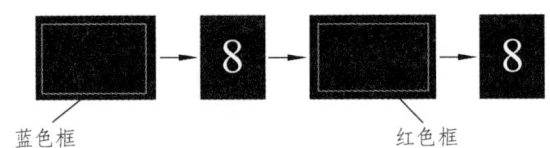

图 4-37 注意转移测试方法界面

知识点导图

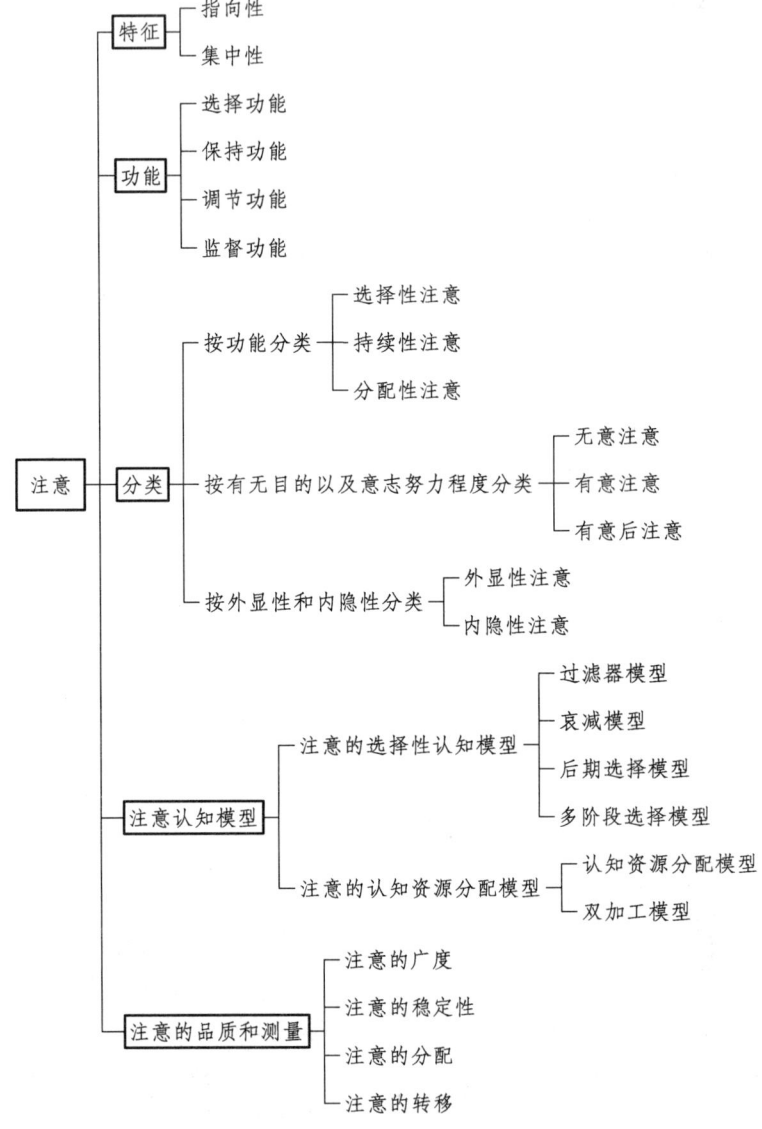

第五节 记 忆

感觉和知觉是人对当前直接作用于感官的事物的认知，相当于信息的输入，记忆则是对信息的编码、存储和提取过程。

一、记忆的概念

（一）定义

记忆是在头脑中积累和保存个体经验的心理过程，用信息加工的术语讲，就是人脑对外界输入的信息进行编码、存储和提取的过程。人们感知过的事情，思考过的问题，体验过的情感或从事过的活动，都会在头脑中留下不同程度的印象，其中有一部分作为经验能保留相当长的时间，在一定条件下还能恢复，这就是记忆。

（二）功能

记忆作为一种基本的心理过程，与其他心理活动是密切联系着的。在知觉中，人的过去经验有重要的作用，没有记忆的参与，人就不能分辨和确认周围的事物；在解决复杂问题时，由记忆提供的知识经验，贯穿于思维和决策的始终。

记忆的功能如图4-38所示。

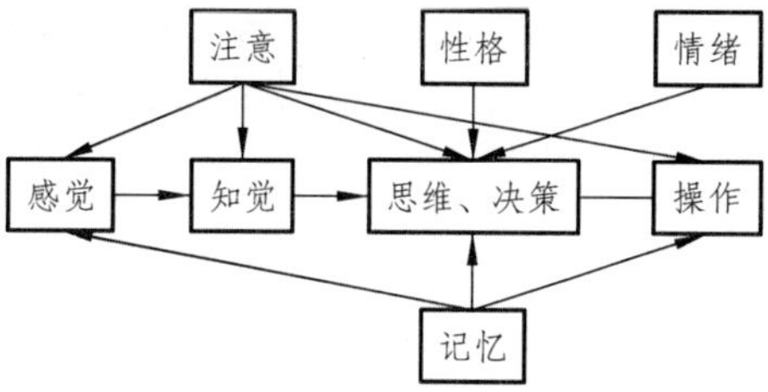

图 4-38　记忆的功能

二、记忆的分类

（一）外显记忆和内隐记忆

根据人的意识对记忆的控制程度，可以将记忆分为外显记忆和内隐记忆。

1. 定义

外显记忆是指在意识的控制下，过去经验对当前作业产生的有意识的影响。它对行为的影响是个体能够意识到的，因此又叫有意记忆。内隐记忆是指在个体无法意识的情况下，过去经验对当前作业产生的无意识的影响，又叫无意记忆。

2. 区别（见表4-7）

表 4-7　外显记忆和内隐记忆的区别

外显记忆（有意记忆）	内隐记忆（无意记忆）
有明确目的	无明确目的
有意志的参与，需经过努力	意志的参与较少，一般没经过特别努力
有计划性	随机的，无计划性
随时间延长而容易发生消退	随时间延长不容易发生消退
记忆内容专一	记忆内容广泛而不专一
对完成特定任务有利	对储存多种经验有益

（二）感觉记忆、短时记忆和长时记忆

根据信息保持时间的长短，可以将记忆分为感觉记忆（瞬时记忆）、短时记忆和长时记忆。

1. 定义

感觉记忆，又叫瞬时记忆，是指作用于人们的刺激停止后，刺激信息在感觉通道内的短暂保留。信息的保存时间很短，一般在 0.25 s～2 s。瞬时记忆的内容只有经过注意才能被意识到，进入短时记忆。

短时记忆，又叫工作记忆，是感觉记忆和长时记忆的中间阶段，保持时间为 5 s～120 s。之所以也被称为工作记忆，指的是一种为当前动作而服务的记忆，即人在工作状态下所需记忆内容的短暂提取与保留。

长时记忆，指信息经过充分的和有一定深度的加工后，在头脑中长时间保留下来的记忆。从时间上看，凡是在头脑中保留时间超过 1 min 的记忆都是长时记忆。

2. 区别（见表 4-8）

表 4-8　感觉记忆、短时记忆和长时记忆的区别

感觉记忆	短时记忆	长时记忆
单纯存储	有一定程度的加工	有较深的加工
保存 0.25～2 s	保持 5～120 s	大于 1 min 以至终生
容量受感受器生理特点决定较大	容量有限，一般为 7±2 个组块	容量很大
属活动痕迹，易消失	属活动痕迹，可自动消失	属结构痕迹，神经组织发生了变化
形象鲜明	形象鲜明，但有歪曲	形象加工、简化、概括

（三）形象记忆、情景记忆、情绪记忆、语义记忆和运动记忆

根据记忆的内容，可以将记忆分为形象记忆、情景记忆、情绪记忆、语义记忆和运动记忆。

形象记忆是指以感知过的事物形象为内容的记忆。这些具体形象可以是视觉的，也可以是听觉的、嗅觉的、触觉的或味觉的。

情景记忆是以时间和空间为坐标对个人亲身经历的、发生在一定时间和地点的事件（情景）的记忆。

情绪记忆是以过去体验过的情绪或情感为内容的记忆。人对经历过的情绪或情感的记忆也会被存储进大脑。

语义记忆是人们对一般知识和规律的记忆，与特殊的地点、时间无关。

运动记忆是以人们过去的操作性行为为内容的记忆。凡是人们头脑里所保持的做过的动作及动作模式，都属于动作记忆。

三、记忆加工模型

感觉记忆、短时记忆和长时记忆是记忆加工过程的 3 个子系统，它们相互之间有着十分密切的联系。如图 4-39 所示，信息首先进入感觉记忆，那些引起个体注意的感觉信息才会进入短时记忆，在短时记忆中存贮的信息经过加工再存储到长时记忆中，而这些保存在长时记忆中的信息在需要时又会被提取到短时记忆中。

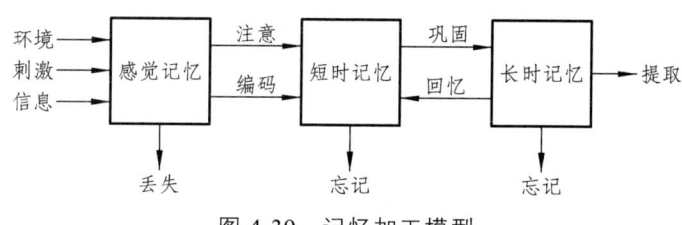

图 4-39 记忆加工模型

四、记忆的 4 个心理过程及记忆加强机制

(一) 编码

编码是人们获得个体经验的过程，或者说是对外界信息进行形式转换的过程。

1. 感觉记忆的编码

感觉记忆的编码主要依赖于物理特性，视觉图像是感觉记忆的主要编码形式。听觉通道也存在感觉记忆，这种形式被称为声像记忆。

2. 短时记忆（工作记忆）的编码

短时记忆的编码以言语听觉形式为主，也存在视觉和语义编码。

短时记忆编码后，与长时记忆发生了意义上的联系，能够成为长时记忆，必要时还能将长时记忆中的信息提取出来解决当前问题。

3. 长时记忆的编码

长时记忆的编码就是把新的信息纳入已有的知识框架内，或把一些分散的信息单元组合成一个新的知识框架。

4. 编码阶段的记忆加强机制

第一，在大脑皮层兴奋水平较高时记忆。艾宾浩斯通过实验发现，被试在上午 11—12 点的学习效率最高，下午 6—8 点的效率最低。

第二，对记忆材料进行组块，即在编码过程中将几种水平的代码归并成一个高水平的、单一代码的过程。短时记忆的容量为 7 ± 2，是以单元来计算的。一个单元可以是一个数字、字母、音节、单词、短语或句子，这就可以靠个人经验扩大每个组块的信息量来增加短时记忆的容量。

第三，进行深度加工。编码时对信息进行深度加工，如语义的加工、对材料进行归类等，就能提高记忆编码效率。

(二) 存储

存储是把感知过的事物、体验过的情感、做过的动作、思考过的问题等，以一定的形式保持在人们的头脑中。

1. 短时记忆的存储

短时记忆存储的有效方法是复述，它可以防止短时记忆中的信息受到无关刺激的干扰而发生遗忘。

2. 长时记忆的存储

长时记忆的存储有以下规律：一是存储信息量随时间迁移而逐渐下降；二是信息内容趋于简略和概括，细节容易淡化，内容更加完整、赋予意义，也可能更加夸张和突出。

3. 存储阶段的记忆加强机制

一是组织有效的复习。复习要及时，间隔时间不能太久。要正确分配复习时间，分散复习比集中复习效果更好。注意阅读与重现交替进行，可以提高记忆效率。同时也要注意排除前后材料对记忆信息的干扰。

二是利用外部记忆手段，如记笔记或编提纲等。

三是注意用脑卫生，注意营养物质，尤其是蛋白质的摄入，熬夜、吸毒、酒精中毒或脑创伤等也会影响记忆。

（三）提取

提取是指从记忆中查找已有信息的过程。记忆的好坏是通过信息的提取表现出来的。

1. 短时记忆的提取

有研究认为，短时记忆的信息提取方式是完全系列扫描方式，也就是对全部项目进行完全的检索，然后再做出判断。

2. 长时记忆的提取

长时记忆的提取有两种方式：再认和回忆。

再认，是指人们对感知过、思考过或体验过的事物，当它再度呈现时，仍能认识的心理过程。

回忆，是人们对过去经历过的事物的形象或概念在人们头脑中重新出现的过程。

3. 提取阶段的记忆加强机制

一是同一时间不能记忆太多相似性高的材料。材料相似性高容易再认出错，材料信息量增加也会使再认出错率增加。

二是缩短时间间隔。一般来说，间隔时间越长再认效果越差。

三是提高思维活动积极性。进行比较、推论等思维活动后，再认效果会提高。

四是个体期待、经验和定势会影响再认效果。还有人格特征，不易受外在因素影响的人有较好的再认表现。

五是暗示回忆和再认有助于回忆，如暗示与回忆内容有关的事物，呈现与回忆内容有关的上下文线索。

六是防止干扰。当发生回忆困难时，可以停止回忆，经过一段时间后再回忆，效果可能更好。

(四)遗忘

遗忘是指记忆的内容不能保持或者提取时有困难。

1. 长时记忆的遗忘与艾宾浩斯遗忘曲线

德国心理学家艾宾浩斯(Ebbinghaus)最早研究了遗忘的发展进程,他采用自然科学的方法对记忆进行了实验研究。他用无意义音节(由若干音节字母组成、能够读出,但无内容意义即不是词的音节)作记忆材料,用节省法计算保持和遗忘的数量。实验证明,遗忘在学习之后立即开始,而且遗忘的进程并不是均匀的。最初,遗忘速度很快,以后逐渐缓慢。他认为"保持和遗忘是时间的函数"。根据实验结果,绘成描述遗忘进程的曲线,即著名的艾宾浩斯记忆遗忘曲线(见图 4-40)。这条曲线告诉人们,学习中的遗忘是有规律的,遗忘的进程很快,并且先快后慢。观察曲线会发现,学得的知识在一天后,如不抓紧复习,就只剩下原来的 25%。随着时间的推移,遗忘的速度减慢,遗忘的数量也就减少。

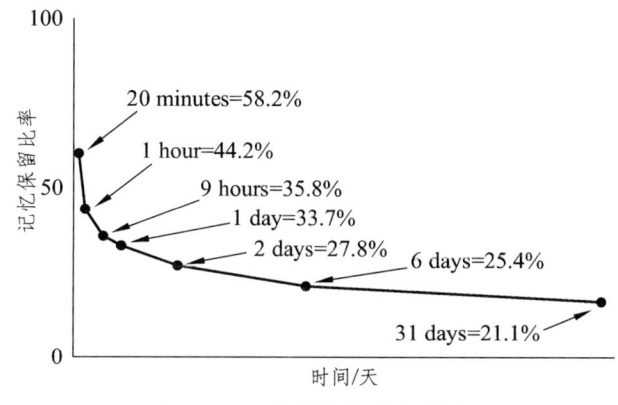

图 4-40 艾宾浩斯遗忘曲线

2. 避免遗忘的记忆加强机制

一是认识到识记材料的性质和数量与遗忘的关系。一般认为,对熟练动作和形象材料遗忘得慢;对有意义的材料比对无意遗忘要慢得多。知道这个规律,我们就可以将记忆材料进行形象化处理,并赋予意义。

二是对重要的记忆内容要加深学习程度。对材料的识记没有一次能达到无误背诵的标准,称为低度学习。如果到恰能背诵之后还继续学习一段时间,称为过度学习。实验证明,低度学习的材料容易遗忘,而过度学习的材料比恰能背诵的材料记忆效果要好一些。

三是将重要的记忆内容放置在整体材料的适当位置。有研究表明,一系列学习材料,最后呈现的信息遗忘得最少,其次是最先呈现的信息,遗忘最多的是中间部分。

五、交通作业中的工作记忆及测量

工作记忆在许多复杂的认知活动(学习、理解和推理等)中起重要作用,能够预测个体在认知加工任务中的表现。我们知道,涉及交通安全的各种心理和行为包含着一系列复杂的认知活动,工作记忆的有效运作在这些活动中起着关键作用。

例如,列车调度员在应急处置时,需要将应急处置安全规定中的内容进行记忆提取,在和列车司机、车站值班员详细了解现场情况后进行记忆的编码和储存,保证记忆不被外界干扰,然后提取出记忆内容,简洁准确地通报信息,严格按规定程序进行处置。

(一)工作记忆的概念

工作记忆被定义为人们在完成认知任务的过程中将信息暂时存储的记忆系统。工作记忆可以被理解为一个临时的心理"工作平台",在这个工作平台上,人们对信息进行操作处理和组装,以帮助我们理解语言、进行决策以及解决问题。可以将工作记忆理解为对必要成分的短时的、特殊的聚焦。

(二)工作记忆的测量

工作记忆的测量内容主要包括测量工作记忆的容量(广度)和工作记忆的适应与更新。测量任务一般包括视空工作记忆任务、数字广度任务、词语广度任务和选择反应时任务等。在交通安全领域中,研究者将多项统一程度高、代表性强、敏感性高的任务做测量任务。为了在现实中方便施测,测量形式主要是计算机化的记忆测评任务。

1. 视觉工作记忆的测量(见图4-41)

步骤1:用计算机呈现测试界面,要求被试在尽快判断图形计算题的同时,记住试题右侧九宫格中黑点出现的位置。若干次判断图形计算题,等式正确按"A"键,等式不正确,按"F"键。

步骤2:回忆九宫格中出现过黑点的位置。

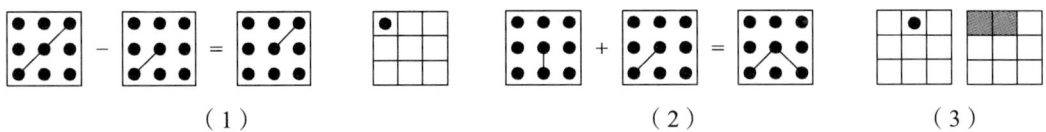

图4-41 测试界面

2. 数字工作记忆的测量(见图4-42)

步骤1:用计算机呈现测试界面,出现一道算式,要求被试在尽快完成算式的同时,记住算式题中的第二个数字。以此经历4道算式。

步骤2:最后依次回忆刚刚要求记住的每道算式中的第二个数字。

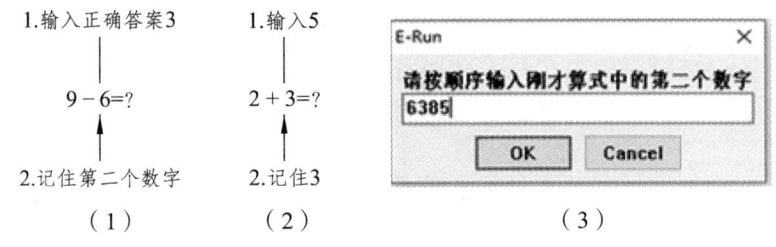

图4-42 示例界面

3. 空间工作记忆的测量(见图4-43)

步骤1:用计算机呈现测试界面,一个界面包含两个九宫格,要求被试首先记住九宫格中红色方块位置；下一个界面，红色方块不再显示，被试按九宫格下方箭头所示方向不断更新记忆中的红色方块的位置。以此经历若干次位置更新。

步骤2：确定黄色背景九宫格中红色方块的对应位置。

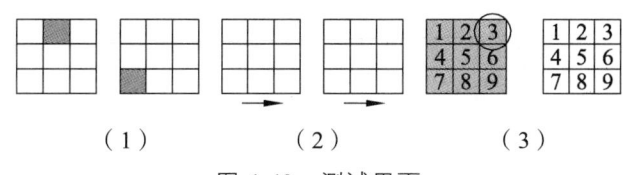

图 4-43 测试界面

4. 工作记忆刷新的测量（见图 4-44）

工作记忆刷新是工作记忆中的更新能力，是个体对刺激的识别能力，以及对无关信息的抑制能力。测量方法是屏幕中央按一定频率出现数字，要求被试记住最后出现的 3 个数字（不足 3 个数字时记住所有数字）并依次输入。

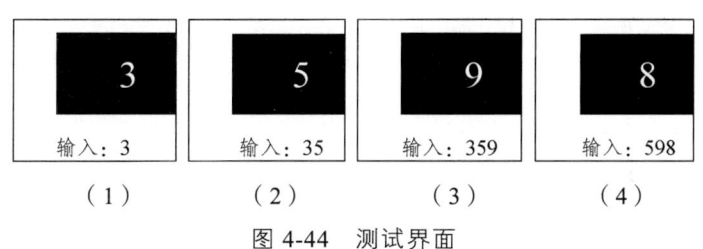

图 4-44 测试界面

知识点导图

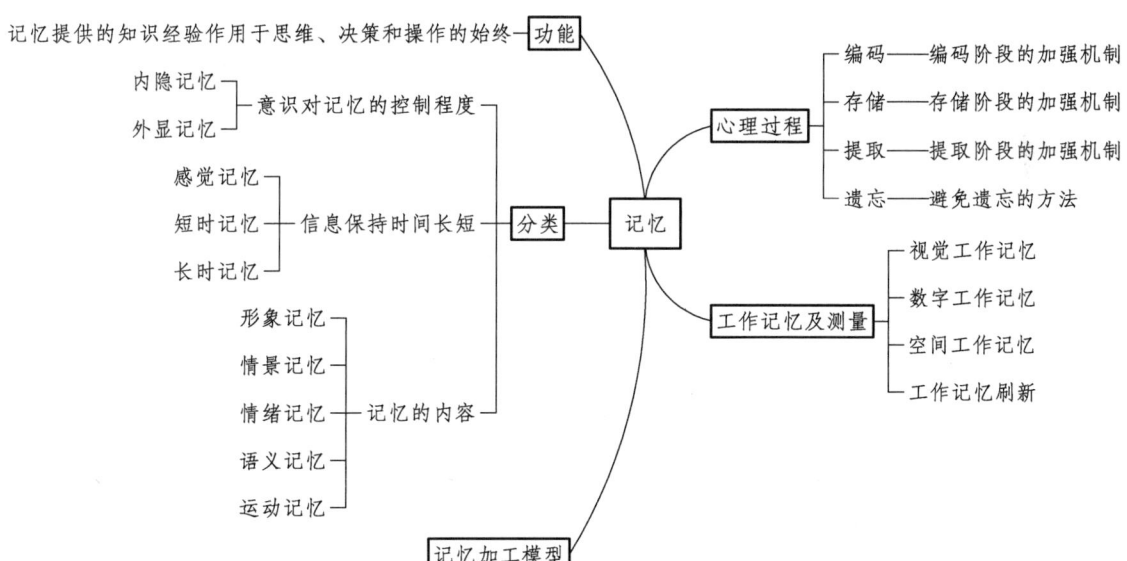

第六节　思　维

思维是在感觉、知觉和记忆的基础上发展起来的更复杂、更高级的认知活动，在交通运输作业中，我们时刻在运用分析、比较、推理等思维过程去处理各种复杂事件，采取不同策略创新性地解决问题，不断提高工作效率和保障作业安全。

一、思维概述

（一）定义

思维是借助语言、表象或动作实现的、对客观事物的概括和间接的认识，是认识的高级形式。

（二）思维过程

思维过程是人们运用头脑中长时记忆的知识经验，对外界输入的信息进行分析、综合、比较、抽象和概括的过程。以下给出思维过程的定义和举例。（见表4-9）

表4-9　思维过程的定义和举例

思维过程	定义	举例
分析	指在头脑中把事物的整体分解为各个部分或各个属性	对城市交通拥堵的原因进行分析，可以是机动车数量增数过快、道路设计问题、公民交通法规意识淡薄、交通管制不到位等
综合	指在头脑中把对象的各个组成部分联系起来，或把事物的个别特性、个别方面结合成整体的过程	道路交通法律法规综合起来就是为了维护道路交通秩序，预防和减少交通事故
比较	指把各种事物和现象加以对比，确定它们的相同点、不同点及其关系	对比司机酒后驾驶和无酒后驾驶对信号灯的反应能力差异
分类	指根据对象的共同点和差异点，把它们区分为不同类别的思维方式	交通参与者可以分为机动车、非机动车、行人等
抽象	指在思想上找出各种事物与现象的共同的特征和属性，舍弃其个别特征和属性的过程	火车、公交车、小汽车、飞机的共同属性就是"有一定速度、可供运输"的载体，这就是抽象的过程
概括	指在抽象的基础上，把事物的共同点、本质特征综合起来的思维过程	各种定理、定义、概念都是概括的产物

（三）思维的种类

思维可以从不同角度进行分类，以下给出几种思维的划分依据和各自的概念。（见表4-10）

表 4-10 思维的种类

划分依据	思维种类	定义
根据思维的凭借物和解决问题的方式来划分	直观动作思维	又称实践思维,是凭借直接感知,伴随实际动作进行的思维活动
	具体形象思维	运用已有的具体形象(表象)进行的思维活动
	抽象逻辑思维	以概念、判断、推理的形式达到对事物的本质特性和内在联系认识的思维
根据思维过程中是以日常经验还是以理论为指导来划分	经验思维	以日常生活经验为依据进行的思维活动
	理论思维	以科学的原理、定理、定律等理论为依据,对问题进行分析、判断的思维
根据思维结论是否有明确的思考步骤和思维过程中意识的清晰程度来划分	直觉思维	未经逐步分析就迅速对问题答案做出合理的猜测、设想或突然领悟的思维
	分析思维	经过逐步分析,遵循严密的逻辑规律,得出合乎逻辑的合理结论的思维
根据解决问题时的思维方向来划分	辐合思维	又称求同思维、聚合思维,根据已知的信息,利用熟悉的规则解决,或者从已给的信息中,产生逻辑的结论
	发散思维	又称求异思维、辐射思维,人们沿着不同的方向思考,重新组织当前的信息和记忆系统中存储的信息,产生出大量、独特的新思想
根据思维的创新成分的多少来划分	常规思维	人们运用已获得的知识经验,按惯常的方式解决问题的思维
	创造性思维	以新异、独创的方式解决问题的思维

二、思维与交通作业

(一)情景意识

1. 定义

在特定的空间和时间内,对环境中各要素的知觉、对这些要素意义的理解及预测它们随后的状态。

2. 情景意识的 3 个层次

情境意识可以划分为 3 个层次:感知、理解和预测。良好的情景意识需要较好地完成感知、理解和预测 3 个层次的工作。

(1)感知:指人们对周围环境中各种要素的感知。感知是情景意识的基础,在此阶段中,人们对某些关键的要素有选择地注意(即选择性注意)和能够短暂记住这些关键要素(即短时记忆)是良好情境意识的重要前提条件。例如,在公路上,司机对周围车辆行驶速度、数量、路标指示牌等的查看和选择性注意;在航空安全报告系统(Aviation Safety Reporting System,ASRS)对 113 起情景意识事件的调查中发现了 169 个情景意识错误,大多数错误可归类为感知阶段的错误。

(2)理解:指人们对感知层次里记忆中的关键要素和关键要素之间关系的判断、理解。

例如，在公路上，自己车辆周围是否有车要选择并线、超车，还是一直直行等。在此阶段，主要依赖于人的大脑中正在进行的思维活动和已有的经验知识。

（3）预测：指人们根据感知和理解，对外部环境的发展趋势做出预测，以确定一种最佳的操作方式。例如，因为车辆多、车速快，所以当我们在高速公路上行驶时，决定提前并线到自己的目的路线上。在这一阶段，决策的果断性和某些人格特征等高级心理过程起着很重要的作用，不同的认知风格或者价值观会最终决定一个人对某种行为方式的评估和偏好。

3. 情景意识与交通安全

情景意识是交通参与者最常见的思维活动，是安全意识中的重要组成部分。拥有较好情景意识的人能敏捷地察觉和了解周围情况的变化及影响，能正确考虑和计划好即将面临的局面。

情景意识高低与人体的思维水平和健康水平息息相关。交通参与者的理解力、判断力和适应性越强，情景意识就越高，事故风险就越小，交通安全系数就越高；交通参与者如果身体健康和心理状况不佳，或经验少与操作技能差、领导与管理能力低等，不能很好地感知外部环境、理解任务进展或预测事件发展趋势，最终使情景意识较弱，以致安全性低，发生事故的可能性就大。

（二）问题解决

1. 定义

问题解决是由一定的情景引起的，按照一定的目标，应用各种认知活动、技能等，经过一系列的思维操作，使问题得以解决的过程。

2. 问题的种类（见表4-11）

表4-11 问题的种类

序号	问题的种类	定义	举例
划分一	界定清晰的问题	指初始状态、目标状态以及由初始状态如何达到目标状态的一系列过程都很清楚的问题	已知A>B，B<C，问A与C哪个大？
	界定含糊的问题	指对问题的初始状态或目标状态没有清楚的说明，或者对两者都没有明确的说明，这些问题具有很大的不确定性	"如何写一篇论文"，这个问题的初始状态和目标状态都是不清楚的
划分二	对抗性问题	在解决对抗性问题时，人们不仅要考虑自己的解题活动，而且这种活动还要受对手解题活动的影响	象棋、围棋、桥牌、扑克等
	非对抗性问题	指在解决问题时没有对手参与的问题	解决代数问题、几何问题等
划分三	语义丰富的问题	如果解题者对所要解决的问题具有很多相关的知识，这种问题称为语义丰富的问题	物理学家解决物理学方面的问题
	语义贫乏的问题	如果解题者对要解决的问题没有相关的经验，这种问题称为语义贫乏的问题	初学物理的人解决物理学的问题

3. 影响问题解决的因素

（1）已掌握的知识。

没有相应的知识不仅难于发现问题，而且缺乏分析问题的基础和提出假设所必需的依据；知识对解决问题的影响，还涉及在必要时是否能及时忆起已有知识，并恰当地加以综合应用。在交通安全管理中，很多管理者或指挥者都会调用以往的操作知识经验，来解决现在出现的问题。

（2）动机和情绪。

它们在问题解决中有积极和消极两方面的影响。恰当的学习动机和求知欲，不仅对发现问题有极重要的作用，而且对深入分析问题、探索各种假设和反复检验，都是重要的动力。但研究证明，只有中等强度的动机和平静的心境状态，才有利于问题的解决。动机和情绪的强度不够，则缺乏动力；过于强烈，则会干扰思维而影响问题解决。

（3）刺激呈现的模式。

每一问题中所包含的事件和物体（不论是实物或是以词语陈述的），当它们呈现在问题解决者面前时，总要涉及特定的空间位置、距离、时间的先后（或同时）顺序，以及它们当时所表现的特定功能，所有这些具体特点及其间关系就构成特定的刺激模式。如果刺激模式直接提供了适合于问题解决的线索，就便于找出解决的方向、途径与方法；如果刺激模式掩蔽或干扰了解题线索，就会增加解题难度，甚至出现偏差。

（4）定势。

定势指重复先前的心理操作所引起的对活动的准备状态。这种思路对同类的后续课题的解决是有利的，但是如果后续问题虽可用前法解决，但也可以采用更合理更简易的步骤时，思维定势就成为障碍，而影响解题的速度与合理化。这是在交通管理改革中特别需要注意的因素。

（5）个性特点。

独立性、自信心、坚韧性、精密性、敏捷性、灵活性以及个人兴趣等特点，均对解决问题的效率产生一定的影响。各个交通岗位的胜任力也需要不同性格特点的人，这样才能解决好不同岗位面临的问题。

总的来说，要想更好地解决问题，可以增加相关领域的知识、制订系统的计划、根据给定条件做出适当推论、建立子目标、必要时采取逆向思维、寻找矛盾点、寻找当前问题与过去相关问题的关联性再用类似方法尝试解决，最后还要多多练习交流，做到熟能生巧。

（三）创造性思维

1. 定义

创造性思维，是一种具有开创意义的思维活动，即开拓人类认识新领域、开创人类认识新成果的思维活动。创造性思维是以感知、记忆、思考、联想、理解等能力为基础，以综合性、探索性和求新性为特征的高级心理活动，需要人们付出艰苦的脑力劳动。

2. 创造性思维的心理因素及测量

（1）发散思维及测量。

吉尔福特（Guilford，1967）认为，发散思维是创造性的主要成分，他还设计了发散生成测验来测量创造性。在测验中，用发散思维的流畅性、变通性、独特性的好坏来衡量创造性的高低。

流畅性是指单位时间内发散项目的数量。创造性高的人，能在短时间内想出数量较多的项目，亦即反应迅速而众多。

变通性是指发散项目的范围或维度。范围越大，维度越多，变通性强。创造力强的人，其思维的变通性较强，他们在解决问题时能触类旁通，举一反三。吉尔福特通过《非常用途测验》来测量人的变通性。例如，他要求被试在 8 min 之内列出红砖的用途。

独特性是指对问题能提出超乎寻常的、独特新颖的见解。吉尔福特采用《命题测验》来测试人的思维的独特性。这种测验方式是：提出一段故事情节要求被试按照自己的意思给予一个适当的题目，题目越奇特越好。

（2）远距离联想能力。

远距离联想能力是在彼此相距很远的观点间看出其关系的能力，它也是创造性的一种构成成分。远距离联想能力高的人能够根据某些标准把互不相关的概念联系起来，形成一种新的联想。

梅德尼克等人（Mednick et al.，1967）采用远距离联想测验来测量创造性的强弱。在测验中，给每个被试呈现由 3 个词或短语组成的测验项目，要求被试说出第 4 个词，并和已呈现的 3 个词或短语联系起来。例如，测验项目的 3 个单词为 food（食物）、catcher（捕捉器）、hot（热）。被试可想出 dog（狗）和它们联系起来，即 dog food（狗食）、dog catcher（捕狗器）、hot dog（热狗）。

（3）一致性评估。

在创造性测量方面，近年来有人提出了一致性评估技术。这种技术通过对创造出的产品的评估，来评价人的创造性。根据这一理论，一项产品如果被熟悉此领域的人认为具有创造性，那么它就具有创造性。研究发现，不同的人对一项产品的创造性水平的评价具有很高的一致性。

第四章 人的信息加工与基本认知能力

知识点导图

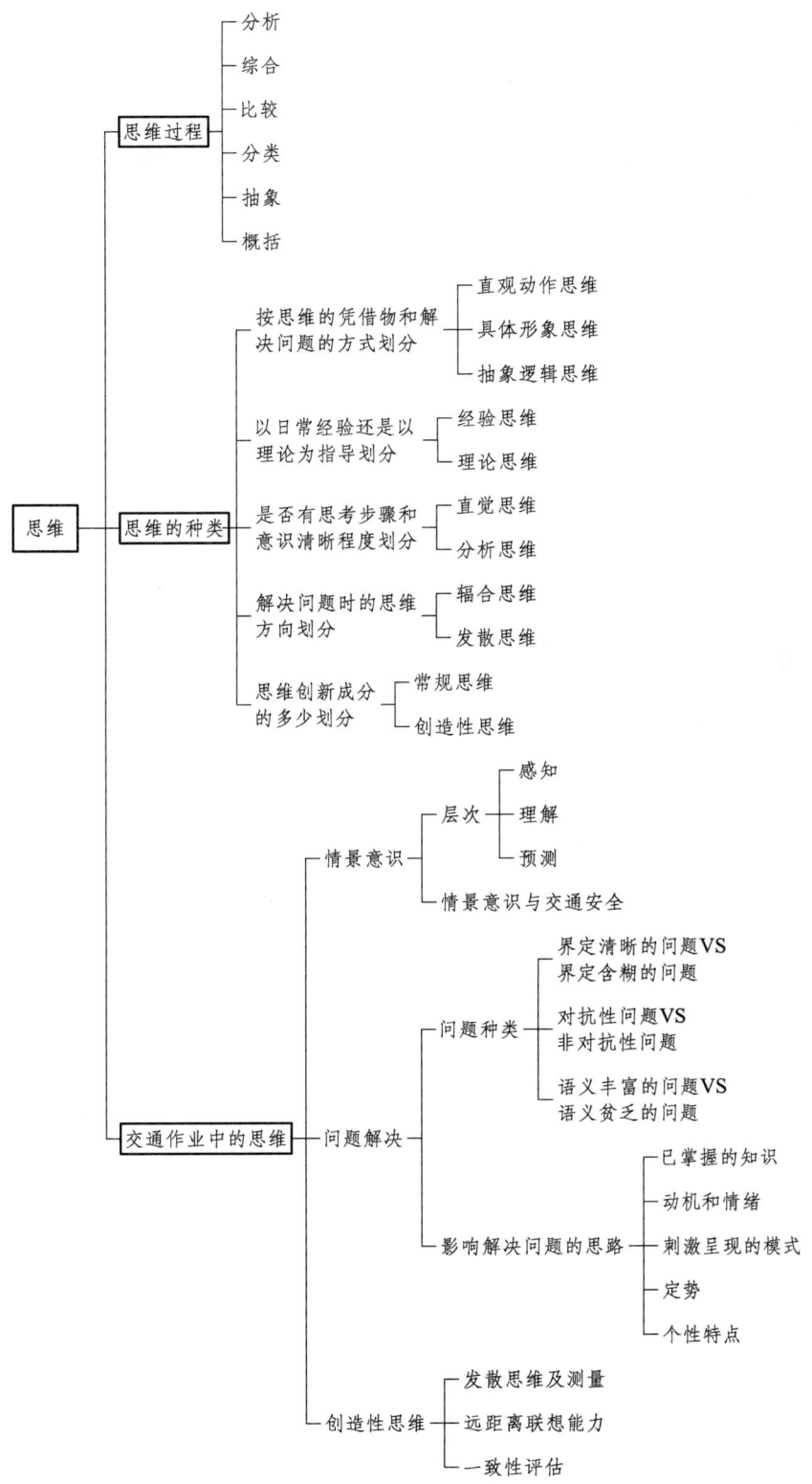

第五章 个体心理与人因安全

人们在参与交通作业和进行有关交通运输管理工作中,除了大脑在进行信息认知加工处理,人的气质、性格、情绪等个体心理特征也会对行为产生重要影响。例如,驾驶员在愤怒情绪下开车就更容易出现冲动的操作,从而影响驾驶安全;又例如,不同人格特征的人也会采取不同的策略应对交通紧急情况。本章将阐述人格和情绪这两个与交通安全密切相关的心理因素及其在交通作业中的表现。

第一节 人 格

人格这个概念源于希腊语 Persona,原来主要是指演员在舞台上戴的面具,后来心理学借用这个术语用来说明人会根据社会角色的不同来更换面具。这些面具只是人格的外在表现,面具后面还有一个与外在表现截然不同的、实实在在的真我。接下来我们就来学习有关人格的知识。

一、人格的内涵

(一)人格的定义

人格是构成一个人的思想、情感及行为的特有统合模式,是一个人区别于他人的稳定而统一的心理品质。

(二)人格的特征

人格的特征如表 5-1 所示。

表 5-1 人格的特征

人格的特征	释 义
独特性	人与人没有完全一样的人格特点,不同的遗传、生存及教育环境,形成了各自独特的心理特点
稳定性	个体在行为中偶然表现出来的心理倾向和心理特征并不能表征他的人格,但是人格也不是一成不变的,随着生理的成熟和环境的变化,人格也可能发生变化
统合性	人格是由多种成分构成的有机整体
功能性	人格决定一个人的生活方式,甚至决定一个人的命运

（三）人格的结构

人格是一个复杂的结构，包括气质、性格、自我调控系统等成分。

1. 气质

气质是表现心理活动的强度、速度、灵活性与指向性等方面的一种稳定的心理特征，即我们平时所说的脾气、秉性。人的气质差异是先天形成的，受神经系统活动过程的特性所制约，无好坏之分。

2. 性格

性格是一种与社会相关最密切的人格特征，在性格中包含着许多社会道德含义。性格表现了人们对现实和周围世界的态度，并表现在他的行为举止中。性格是后天逐渐形成的，性格有好坏之分，能直接反应一个人的道德风貌。

3. 自我调控系统

自我调控系统是人格中的内控系统或自控系统，具有自我认知、自我体验、自我控制 3 个子系统。其作用是对人格的各种成分进行调控，保证人格的完整、统一与和谐。

（1）自我认知。

自我认知是对自己的洞察和理解，包括自我观察和自我评价。恰当地认识自我，实事求是地评价自己，是自我调节和人格完善的重要前提。

（2）自我体验。

自我体验是伴随自我认知而产生的内心体验，是自我意识在情感上的表现。如一个人在认识到自己不适当的行为后果时，会产生内疚、羞愧的情绪，进而制止这种行为的再次发生。

（3）自我控制。

自我控制是自我意识在行为上的表现，是实现自我意识调节的最后环节。

二、人格的维度

1. 弗洛伊德的人格"三我"结构

弗洛伊德将人格结构分为 3 个层次：本我、自我和超我。（见表 5-2）

表 5-2 人格"三我"结构知识点列表

层次	释义	遵循原则
本我	位于人格结构的最底层，是由先天的本能、欲望所组成的能量系统，包括各种生理需要	快乐原则
自我	从本我中逐渐分化出来，位于人格结构的中间层。其作用主要是调节本我与超我之间的矛盾	现实原则
超我	位于人格结构的最高层次，是道德化了的自我，由社会规范、伦理道德、价值观念内化而来，其形成是社会化的结果	道德原则

2. 卡特尔 16 种人格特质

（1）特质的定义。

特质是决定个体行为的基本特征，是人格的有效组成因素，也是测评人格常用的基本单位。

（2）表面特质和根源特质。

卡特尔提出了表面特质和根源特质的概念。表面特质是指从外部行为能直接观察到的特质；根源特质是指那些相互联系而以相同原因为基础的行为特质。

（3）16种人格特质。

卡特尔用因素分析法提出了16种相互独立的根源特质，并编制了《卡特尔16种人格因素测验》（16PF）。这16种人格特质为：乐群性、聪慧性、情绪稳定性、恃强性、兴奋性、有恒性、敢为性、敏感性、怀疑性、幻想性、世故性、忧虑性、激进性、独立性、自律性、紧张性。（见表5-3）卡特尔认为在每个人身上都具备这16种特质，只是在不同人身上的表现有程度上的差异。

表 5-3 卡特尔 16 种人格特质

符号	人格特质	高分者特征	低分者特征
A	乐群性	乐群外向	缄默孤独
B	聪慧性	聪慧、富有才识	迟钝、知识面窄
C	情绪稳定性	情绪稳定	情绪激动
E	恃强性	支配、攻击	谦逊顺从
F	兴奋性	严肃审慎	轻松兴奋
G	有恒性	有恒负责	权宜敷衍
H	敢为性	冒险敢为	畏怯退缩
I	敏感性	理智、着重实际	敏感、感情用事
L	怀疑性	信赖随和	怀疑刚愎
M	幻想性	幻想、狂放不羁	现实、合乎常规
N	世故性	精明能干、世故	坦白直率、天真
O	忧虑性	忧虑抑郁、烦恼多端	安详沉着、有自信心
Q1	激进性	自由、批评激进	保守、服从传统
Q2	独立性	自立、当机立断	依赖、随群附众
Q3	自律性	知己知彼、自律严谨	矛盾冲突、不拘小节
Q4	紧张性	紧张困扰	心平气和

3. 艾森克"三因素模型"

艾森克根据因素分析方法提出了人格的三因素模型。这3个因素如下：

（1）外倾性：表现为内、外倾的差异；

（2）神经质：表现为情绪稳定性的差异；

（3）精神质：表现为孤独、冷酷、敌视、怪异等偏于负面的人格特征。

4. 大五因素模型

有学者对卡特尔的人格特质进行了再分析,发现了5个相对稳定的特质,形成了著名的大五因素模型。这5个因素如下:

(1) 开放性:具有想象、审美、情感丰富、求异、创造、智能等特质;

(2) 责任心:显示了胜任、公正、条理、尽职、成就、自律、谨慎、克制等特质;

(3) 外倾性:表现出热情、社交、果断、活跃、冒险、乐观等特质;

(4) 宜人性:具有信任、直率、利他、依从、谦虚、移情等特质;

(5) 神经质或情绪稳定性:具有焦虑、敌对、压抑、自我意识、冲动、脆弱等特质。

5. A-B型人格

A-B型人格是美国著名心脏病学家弗里德曼和罗森曼于20世纪50年代首次提出的概念。他们发现许多冠心病人都表现出一些典型而共同的特点,如:雄心勃勃、争强好胜、醉心于工作但是缺乏耐心、容易产生敌意情绪,常有时间紧迫感等。他们把这类人的行为表现特征称为A型行为类型,而相对缺乏这类特点的行为称为B型行为。

后来的研究不断总结出A-B型两个人格维度的各自特质。A型人格者属于较具进取心、侵略性、自信心、成就感,并且容易紧张,总愿意从事高强度的竞争活动,不断驱动自己要在最短的时间里干最多的事,并对阻碍自己努力的其他人或其他事进行攻击;B型人格者则属较松散、与世无争,对任何事皆处之泰然。

6. 气质类型学说

(1) 来源。

公元前5世纪,古希腊医生希波克拉特对人格的分类最为著名。他认为人体内有4种液体,即血液、黏液、黄胆汁、黑胆汁。这4种液体在人体内的比例不同,形成了气质的4个类型,即多血质、胆汁质、黏液质、抑郁质。

(2) 现代气质学说。

结合巴甫洛夫的高级神经活动类型学说,即以兴奋过程和抑制过程的强度、平衡性和灵活性,将高级神经活动划分4种基本类型。各个气质类型分别有以下特点(见表5-4)。

表5-4 高级神经活动类型与气质类型学说

气质类型	高级神经活动过程	高级神经活动类型	特点
胆汁质	强、不平衡	不可遏制型	直率、热情、精力旺盛、情绪易于冲动、心境变化剧烈
多血质	强、平衡、灵活	活泼型	活泼、敏感、好动、反应迅速、喜欢与人交往、注意力容易转移、兴趣容易变换
黏液质	强、平衡、不灵活	安静型	安静、稳重、反应缓慢、沉默寡言、情绪不易外露、注意稳定但又难于转移、善于忍耐
抑郁质	弱	抑制型	孤僻、行动迟缓、体验深刻、多愁善感、善于觉察别人不易觉察到的细小事物

三、人格特征与交通作业

(一) 气质与交通安全

1. 正确认识气质与安全

一个人的气质类型是相对稳定的,甚至在婴儿时期,每个婴儿就表现出不同的气质类型。而且气质类型没有好坏之分,如胆汁质的人精力旺盛,热情积极,但是容易缺乏耐心,脾气暴躁。气质类型也不决定一个人的成就高低,但是能影响工作效率。不同气质类型的人,有各自感兴趣的工作领域,适应不同的工作内容。因此,在交通运输行业的人员选拔中,可以针对不同岗位,将气质类型这一因素作为遴选的条件。

2. 气质与交通事故

交通心理学研究显示,人的心理状态对交通安全隐患的影响非常重要,不同气质类型的司机的交通事故发生率不同。胆汁质的人神经系统活动类型是强而不平衡型的,在交通参与过程中,无论是作为驾驶司机,还是行人,都容易缺乏耐心、冲动不自制、忽略细节。在发生交通事故的人群中,胆汁质类型的人占了最大比例。

当然,其他气质类型的人在不同情况下,倾向发生不同类型的交通事故。多血质人的情绪比较容易受到压力的影响,不利于安全驾驶。此外,多血质的人比较粗心,时常疏忽对设备的定期检查,也给行车安全造成隐患。抑郁质的人思想比较狭窄,不易受外界刺激的影响,做事刻板、不灵活,积极性低。因而他们更可能产生驾驶疲劳这一方面的问题。黏液质的人被认为是交通事故发生概率最少的群体。但是他们自信心不足,在遇到突发抉择时容易犹豫不决而导致事故。

3. 案例：飞行驾驶员的气质类型研究

对于一些像飞行员、调度员、司机等岗位,其工作内容具有很大的危险性和紧张性,要求从业人员具备较强的责任意识,能经受长时间的高强度作业,遇事冷静、理智、应变能力强、抗疲劳能力强,这就对了该人员的气质提出了要求。对于应聘这些岗位的人员,不但需要考核他们的业务技能,还需要评价他们的气质类型是否适应该工种。

飞机驾驶员就是一种特殊职业,飞行员的培训和淘汰都是非常严格的。有人对空军某部的部分战斗机飞行员和因不适应飞行工作而由飞行员改为地面工作的参谋人员的气质类型做了调查。结果显示,战斗机飞行员中,多血质型占 45.31%,胆汁质型占 19.80%,胆汁质与多血质混合型占 15.13%,多血质与黏液质混合型占 5.81%,胆汁-多血-黏液 3 种混合型占 2.32%,前 3 项气质类型占了 88.37%,没发现一名抑郁质型飞行员;而地面参谋人员中,黏液质型占 29.90%,抑郁质型占 28.74%,黏液质与抑郁混合型占 23%,3 项合计占总人数 81.64%。说明在这些参谋人员中,神经系统不灵活或弱型人员占主要成分。这表明,强型、平衡而灵活的神经类型是适应于空中飞行特点的,因此要求飞行员的气质特征更多地倾向多血质;反之,具有较多的黏液质和抑郁质倾向的人不适合从事飞行工作。

(二)性格与交通安全

1. 性格与交通事故

性格中的某些特征与交通事故发生率高关联度,也叫作事故倾向性,即一个人身上存在容易诱发事故的特征。下面我们将分别从性格的内倾性和外倾性两个维度,以及场依存和场独立两个维度展开讨论性格与交通事故发生的相关性。

(1)内倾性和外倾性。

性格的内倾性是指一种心理活动过程经常指向自己内心世界的个性。具有这种个性的人不善于社交和口头表达,内在体验深刻,办事谨慎和力求稳妥,讲究条理,喜欢单独行动等。外倾性是指一种心理活动过程常常指向外在事物的个性。具有这种个性的人好社交,善表达,内在体验薄弱,办事大而化之,寻求刺激性,喜欢冒风险和标新立异等。就每一个具体的人来说,绝对内倾或外倾的个性很少见。大多数人只是在某种程度上更偏向内倾或外倾。

研究发现,在安全驾驶方面,内倾个性具有优势。与外倾驾驶人相比,发生交通违法行为和事故的频次都比较低。虽然外倾驾驶人在反应敏捷性上胜过内倾驾驶人,在感知能力上也与内倾驾驶人相当,但内倾驾驶人所具有的审慎而有条理的作风成了安全行车的保障。内倾和外倾驾驶人容易发生的交通事故在性质上也不同,前者往往由于认知判断不当,后者却常常由于情绪兴奋而采取冒险动作,超速行车、强行超车等。

(2)场独立和场依存。

场独立是指个体较多依赖自己内部的参照,不易受外来因素的影响和干扰,习惯独立对事物做出判断。场依存是指个体较多地依赖自己所处的周围环境的外在参照,在环境的刺激交往中定义知识、信息,在知觉一个对象时,很难把它从整个知觉场中分离出来。与个性的内外倾一样,极端依存或极端场独立的人占少数,大部分人位于两极端之间。

在驾驶过程中,驾驶人所知觉到的道路情境就是一个不断变化的知觉场。驾驶人必须随时从这个场中分离出与他的驾驶有关的对象(车辆、行人、变通标志等),以便及时而准确地做出反应,否则就可能出现险情或发生事故。因此,场独立的驾驶人与场依存的驾驶人相比,能更好地完成这类知觉任务以保障行车安全。

2. 案例:机车乘务员的性格特质研究

铁路机车乘务员的人格特质和心理健康问题,一直以来都受到各国铁路管理部门的高度重视。在德国、日本、法国、波兰等国家都将机车司机的人格特质作为上岗前职业适应性测试的重要内容。在我国,很多学者也对机车乘务员的性格特质进行了实证研究。

北京交通大学学者叶龙等通过对哈尔滨铁路局、北京铁路局等铁路局的 42 个机务段的 1 278 名在职机车乘务员进行人格特质的研究发现,合格的机车乘务员需要具备的人格特质为:责任心强、情绪稳定、紧急状态下处事能力较强、不怕单调工作、在长期疲劳状态下适应力较强;易发事故组的人格特质趋向为:性格畏怯、缺乏自信、易紧张、心神不定。

西南交通大学学者陈叶梅、刘玉等研究发现,沉稳性、认真负责性、果断性、严于律己性、积极乐观性、随和性 6 项人格特质能够反映被测动车组司机的人格适应性。

国内学者李少岚以太原铁路局机车乘务员为研究对象进行人格特质测试,提炼出在岗机车乘务员具有反应灵敏、处事果断、忍耐性强、自律性强、情绪稳定的人格特质。

四、人格的测评

(一) 自陈量表测试

自陈量表测试是让被试按自己的意见，对自己的人格特质进行评价的方法，通常由一系列问题组成，一个问题陈述一种行为，要求被试按照自己的真实情况来回答。下面介绍3种心理学上经典的、在各领域使用频率较高的人格测试量表。

1. MMPI

（1）简介。

明尼苏达多相人格测验（Minnesota Multiphasic Personality Inventory，MMPI）是由明尼苏达大学教授哈瑟韦和麦金力编制的，是迄今应用极广、颇富权威的一种自陈量表式的人格测验。该量表包括健康状态、情绪反映、社会态度、心身性症状、家庭婚姻问题等26类题目，可鉴别强迫症、偏执狂、精神分裂症、抑郁性精神病等。该测验一共包括10个临床量表：疑病（Hs）、抑郁（D）、癔症（Hy）、精神病态（Pd）、男子气或女子气（Mf）、妄想狂（Pa）、精神衰弱（Pt）、精神分裂症（So）、轻躁狂（Ma）、社会内向（Si）。另外还有4个效度量表：说谎分数（L）、诈病分数（F）、校正分数（K）、疑问分数（Q）。

（2）量表题目举例。

所有题目均采用是、不一定、否来回答，题目举例如下：

举例题目1：我相信有人反对我。　　是[ ]　　不一定[ ]　　否[ ]

举例题目2：我相当缺乏自信。　　是[ ]　　不一定[ ]　　否[ ]

（3）应用。

MMPI可以应用于正常人的个性评定，也可用于精神疾病诊断。MMPI题量规模十分庞大，能提供十分丰富的信息，但实施起来也较费时，尤其是对病人更为困难，往往要分段实施。后来，有许多人研究MMPI的新应用，总结、演化出了多达200种以上的量表。也有人尝试缩小这一测验的规模，减少测验题目，缩短测验所需的时间。

2. 16PF

（1）简介。

前面我们介绍了卡特尔16种人格特质理论。根据人格特质理论，卡特尔编制了16种人格因素问卷（Sixteen Personality Factor Questionaire，16PF），从16个方面描述个体的人格特征。

（2）量表题目举例。

举例题目1：我总是不敢大胆批评别人的言行。（A）是的　（B）有时候　（C）不是的

举例题目2：在接受困难任务时：（A）我总是有独立完成的信心　（B）不确定　（C）总是希望有别人的帮助或指导

（3）应用。

16PF是世界公认的最具权威的个性测验方法，在临床医学中被广泛应用于心理障碍、行为障碍、心身疾病的个性特征的研究，对人才选拔和培养也很有参考价值。

3. 大五人格因素测定量表

（1）简介。

大五人格因素测试建立在前面所说的大五人格理论基础之上，由美国心理学家科斯塔 Costa 和麦克雷 McCrae 在 1987 年编制成，后来经过两次修订。该测验的中文版由中科院的心理学家张建新教授修订。

（2）量表题目举例。

举例题目 1：我做事有一定的方式，我不喜欢改变我的做事方式。

完全不符合	比较不符合	一般	比较符合	完全符合
1	2	3	4	5

举例题目 2：有时候我感到自己毫无价值：

完全不符合	比较不符合	一般	比较符合	完全符合
1	2	3	4	5

（3）应用。

有学者认为，在大五人格测试中，测试者必须清晰地认识自己，诚实地在测试中作答，否则容易受到测试者伪装和反应倾向的影响。

(二) 投射测验

投射测验是以弗洛伊德心理分析的人格理论为依据设计的，一般由若干个模棱两可的刺激所组成，被试可任加解释，使自己的动机态度、感情以及性格等，在不知不觉中反映出来，然后由主试将其反应加以分析，就可以推论出若干人格特性。以下介绍两种经典的投射测试。

1. 罗夏克墨渍测验

罗夏克墨渍测验是由瑞士精神医学家罗夏克 1921 年编制的一套人格投射测验。测验材料为 10 张墨迹图，其中 5 张是浓淡不同的黑色，2 张由黑与红色印成，3 张由多种颜色印制。主试者按一定顺序把墨迹卡片一张接一张地让受测者看，并让受试者说出他看的墨迹图形像什么，由此想起了什么。主试者记录下受测者的反应，从这些反应中分析、判断受试者的人格特征。由于墨迹测验使用的是图片，不受语言文字的限制，因而还广泛地应用于人格发展和跨文化研究。

2. 主题统觉测验（TAT）

主题统觉测验由 30 张黑白图片组成。根据被试的年龄、性别采用其中 20 张进行测试。要求被试根据图片讲故事，每个故事约 15 分钟，主试记分时要同时考虑故事的内容（情节、心理背景等）和形式（如长度、种类等）。

(三) 情境测验

情境测验就是主试在某种情境下观察被试的行为反应，进而了解其人格特点。情境测验可用于教育评价、人才选拔上。情境测验有很多，如性格教育测验、军事情境测验、情境压力测试、无领导小组讨论等，其中情境压力测试较多地应用于人格测试中。

情境压力测验是特别设计一种情境，使被试产生并面临情绪上的压力，然后由主试观察、记录被试是如何应付的，从而了解他的人格特质。

(四) 自我概念测验

自我概念测验测量被试对自己身体、能力、欲望、目标、态度、价值等各方面的看法。通常有形容词列表法、Q 分类法等。

1. 形容词列表法

形容词列表法是最便利的一种方法。主试先准备一份描述人格特质的形容词表，如友善的、有野心的、羞怯的、紧张的等，让被试从表中列举的形容词中选出符合自己真实情况的词语，最后由主试分析，判别被试对自己的评价情况。由于形容词的意义容易带有社会褒贬的性质，被试为维护个人自尊，可能不会诚实作答。

2. Q 分类法

Q 分类法是给被试看很多张（如 100 张）描述人格词语的卡片，要求被试按卡片上词语所描述的人格特质，与自己进行对照，并分成 1~9 个等级。根据所排列的描述与适合程度可以测量自我概念。此外，这个方法也可用来鉴别人格特质的个别差异。

(五) 人格测试方法总结

前面阐述了 4 类人格测试方法，在现实生活和工作中可以根据情况选择一种测试或多种测试相结合，来对人格进行评价。

人格测试方法的优缺点如表 5-5 所示。

表 5-5　人格测试方法的优缺点

测试方法	优点	缺点
自陈量表	测试内容具体、清晰，施测简单，记分方便	1. 关于情绪、态度等方面的问题，被试会因时空改变而选择不同答案； 2. 容易出现反应的偏向，受社会期许影响
投射测试验	1. 弹性大，被试不受限制，可以任意做出反应； 2. 材料仅为图片，因此可以对没有阅读能力的被试进行施测	1. 评分缺乏客观标准，测验的结果难以解释； 2. 对特定行为不能提供较好的预测； 3. 需要花费大量时间
情境测验	重视分析、实验和控制程序，具有科学性，得到的结果也较精准	只注重现实因素，忽略了个体经验和遗传因素
自我概念测验	施测简单，可以测试到深层次的自我概念	同样受社会期许影响

知识点导图

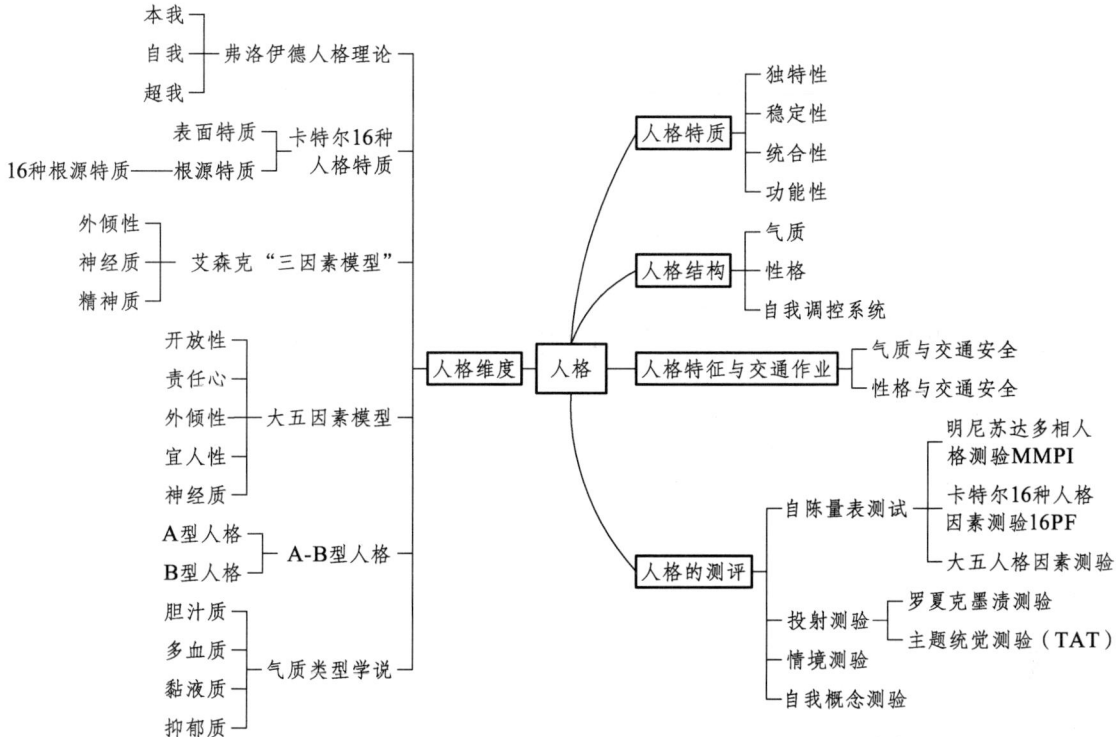

第二节 情 绪

情绪是多种感觉、思想和行为综合产生的心理和生理状态。在一定条件下，人的情绪会影响认知、判断和行为，最终导致完全不同的结果。在历史上也曾出现列车驾驶员因情绪的应激状态，出现超速驾驶行为，导致重大的安全事故，造成人员和财产的损失。因而，当人处于积极、舒适、稳定的情绪状态中，就能更好地感知周围环境，平稳执行各种操作，最终顺利执行交通作业；反之，人处于负面、紧张、焦虑的情绪中，则可能低效率地处理道路交通突发状况，容易采取错误的应对方式，增加交通事故的发生概率。在这一节，我们学习情绪的基本概念，以及情绪认知理论和情绪的测评方法，了解情绪与交通安全的关系。

一、情绪的概念

（一）定义

情绪是以个体的愿望和需要为中介的一种心理活动。当客观事物符合主体的需求和愿望时，就能引起积极的、肯定的情绪，否则就会产生消极的、否定的情绪。

（二）情绪的功能

1. 适应功能

情绪和情感是有机体适应生存和发展的一种重要方式。人们通过各种情绪、情感，了解自身或他人的处境与状况，适应社会的需要，求得更好的生存和发展。

2. 动机功能

情绪、情感是动机的源泉之一，是动机系统的一个基本成分。它能够激励人的活动，提高人的活动效率。适度的情绪兴奋，可以使身心处于活动的最佳状态，进而推动人们有效地完成工作任务。

3. 组织功能

情绪是一个独立的心理过程，有自己的发生机制和发生、发展过程。有研究者认为，情绪作为脑内的一个检测系统，对其他心理活动具有组织的作用，这种作用表现为积极情绪的协调作用和消极情绪的破坏、瓦解作用。

4. 信号功能

情绪和情感具有传递信息、沟通思想的功能。这种功能是通过情绪的外部表现，即表情来实现的。表情是思想的信号，在许多场合，只能通过表情来传递信息，如用微笑表示赞赏，用点头表示默认等。

二、情绪状态的分类

情绪状态是指在某种事件或情境的影响下，在一定时间内所产生的某种情绪，主要有心境、激情和应激等。

（一）心境

1. 定义

心境是指人比较平静而持久的情绪状态。

2. 特性

心境具有弥漫性，它不是关于某一事物的特定体验，而是以同样的态度体验对待一切事物。一种心境持续的时间主要取决于引起心境的客观事件的性质，消极的、挫败的事件则引起悲伤低沉的心境；积极的、成功的事件则引起愉快舒畅的心境；同时，个体的人格特征也影响心境的持续时间，开朗乐观的人更容易调整阴郁的心境，内向悲观的人则难以走出消极的心境。

3. 案例：驾驶员的心境与交通安全

日本心理学家内山道明对100名交通肇事者的调查表明，有12%的人在家里吵过架，9%的人在家里遇到麻烦事，8%的人被上司训过，4%的人在公司里碰到令人讨厌的事。这就是说，33%的人在发生事故前曾具有消极不良的心境。由此可见，消极不良的心境与交通事故的发生有着十分密切的因果关系。因此，人在驾驶过程中应确保良好的心境，当处于心情沮丧、思想出问题的状态中就暂时不开车，避免事故的发生。

(二) 激情

1. 定义

激情是一种强烈的、爆发性的、为时短促的情绪状态。如获得成功后的喜悦、失去亲人后的极度悲伤等。

2. 特性

激情通常是由对个人有重大意义的事件引起的。激情状态下人往往出现"意识狭窄"现象，即认知活动的范围缩小，理智分析能力受到抑制，自我控制能力减弱，使人的行为失去控制，甚至做出一些鲁莽的行为或动作。

3. 案例：驾驶员的激情状态与交通安全

驾驶员在激情状态下，交感神经兴奋加强、情绪唤醒程度高，这种极端的情绪负荷会导致不安全的驾驶行为。有人通过研究发现，在高兴和愤怒的激情状态下，驾驶员会产生更明显的车道偏离，趋向更危险的驾驶行为；在较为平静的情绪状态下，则产生较小范围的车道偏离，趋向相对安全的驾驶行为。

(三) 应激

1. 定义

应激是指人对某种意外的环境刺激所做出的适应性反应。面对这种特发事件时，人需要迅速反应，采取行动，身心处于高度紧张状态，这就是应激状态。

2. 特性

人在应激状态下，会引起机体的一系列生物性反应，如肌肉紧张、血压升高、心率和呼吸加快，这些变化都有助于适应紧急情况，维护机体功能。但是如果持续地处于这种应激状态，机体就会被自身的防御力量损害，导致适应性疾病，又被称为适应性综合征。

3. 案例：飞行员的应激状态与应急处置

2018 年 5 月 14 日，四川航空公司 3U8633 航班在成都区域巡航阶段，驾驶舱右座前挡风玻璃破裂脱落，机组实施紧急下降。瞬间失压，一度将副驾驶吸出机外，所幸他系了安全带，在驾驶舱失压，气温迅速降到 -40 ℃（监测显示，当时飞机飞行高度为 32 000 英尺[①]，气温应该为 -40 ℃ 左右），仪器多数失灵的情况下，机长刘传健凭着过硬的飞行技术和良好的心理素质，在民航各保障单位密切配合下，机组正确处置，飞机于 2018 年 5 月 14 日 07：46 分安全备降成都双流机场，所有乘客平安落地、有序下机并得到妥善安排。

这就是飞行员在空中遇到危机情况时，需要迅速集中智慧和经验，及时决策，妥善处置，让身体机能紧急进入应激状态之中。这种应激状态能够使人急中生智、行动果断、摆脱险境，

---

① 1 英尺 = 0.304 8 m。

但是人如果长期处于应激状态，对健康则十分不利，需要及时缓解紧张情绪。

三、情绪理论模型

（一）情绪的3种经典理论模型

1. 詹姆斯-兰格理论：先有情绪，还是先有反应

很多人认为情绪激动引发反应，比如我们哭泣是因为难过，逃跑是因为害怕。詹姆斯-兰格理论则给出相反的解读：刺激引发自主神经系统的活动，产生生理状态上的改变，生理上的反应导致了情绪。在詹姆斯看来，悲伤乃由哭泣而起，愤怒乃由打斗而致，恐惧乃由战栗而来，高兴乃由发笑而生。一些实验支持了这一理论，如人为操纵受试者的表情，受试者可以感受到相应的情绪。兰格认为，情绪是内脏活动的结果，血管运动、血管宽度的改变以及各个器官中血流量的变化，乃是情绪产生的最初原因。

因此，该理论认为情绪就是对身体变化的知觉。当一个情绪刺激物作用于我们的感官时，立刻会引起身体的某种变化，激起神经冲动，传至中枢神经系统而产生情绪。

2. 坎农-巴德理论：情绪的中心不在外周神经系统，而在中枢神经系统的丘脑

坎农对詹姆斯-兰格理论提出了3点疑问：第一，机体上的生理变化，在各种情绪状态下并无多大的差异，因此根据生理变化很难分辨各种不同的情绪；第二，机体的生理变化受植物性神经系统的支配，这种变化缓慢，不足以说明情绪瞬息变化的事实；第三，机体的某些生理变化可由药物引起，但药物（如肾上腺素）只能使生理状态激活，而不能产生情绪。

坎农认为由外界刺激引起感觉器官的神经冲动，通过内导神经，传至丘脑；再由丘脑同时向上向下发出神经冲动，向上传至大脑，产生情绪的主观体验，向下传至交感神经，引起机体的生理变化，如血压升高、心跳加快、瞳孔放大、内分泌增多和肌肉紧张等。因此，情绪体验和生理变化是同时发生的，它们都受丘脑的控制。坎农的情绪学说得到巴德的支持和发展，故后人将坎农的情绪学说称为坎巴情绪学说。

3. 情绪的认知评价理论

情绪的认知评价理论主要包括阿诺德的评价-兴奋理论、沙赫特的三因素情绪理论和拉扎勒斯的认知-评价理论。

（1）阿诺德的评价-兴奋理论。

这种理论认为，刺激情景并不直接决定情绪的性质，从刺激出现到情绪的产生，要经过对刺激的估量和评价，情绪产生的基本过程是刺激情景、评估、情绪。同一刺激情景，由于对它的评估不同，就会产生不同的情绪反应。

（2）沙赫特的三因素情绪理论。

情绪三因素学说是由美国心理学家沙赫特20世纪70年代提出的。他把情绪的产生归之于刺激因素、生理因素和认知因素三者的整合作用。其中，认知因素中对当前情境的评估和过去经验的回忆，在情绪形成中起着重要作用。

（3）拉扎勒斯的认知评价理论。

认知评价理论认为情绪是人与环境相互作用的产物。在情绪活动中，人不仅反映环境中

的刺激事件对自己的影响，同时要调节自己对于刺激的反应。因此，人们需要不断地评价刺激事件与自身的关系。评价有3个层次：初评价、次评价、再评价。初评价时初步判断事物的性质是属于对自己有利的还是不利的；次评价时结合外在因素进行外部的总体评估；再评价时结合内部与外部进行评估。

（二）情绪理论的比较

上述3种情绪的经典理论假定了情绪的不同成分，也假定了刺激事件导致情绪体验的不同进程。在詹姆斯-兰格理论中，刺激引发自主的唤醒和行为，被知觉到后引发特定的情绪反应；在坎农-巴德理论中，刺激首先作用于大脑的不同中心，直接刺激产生唤醒反应、行为行动和情绪体验；在认知评价理论中，刺激事件和生理唤醒都同时依据情境线索和环境因素得到认知评价，在唤醒水平和评价性质的交互作用中产生情绪体验。图5-1展示的是3种理论所解释的情绪产生过程。

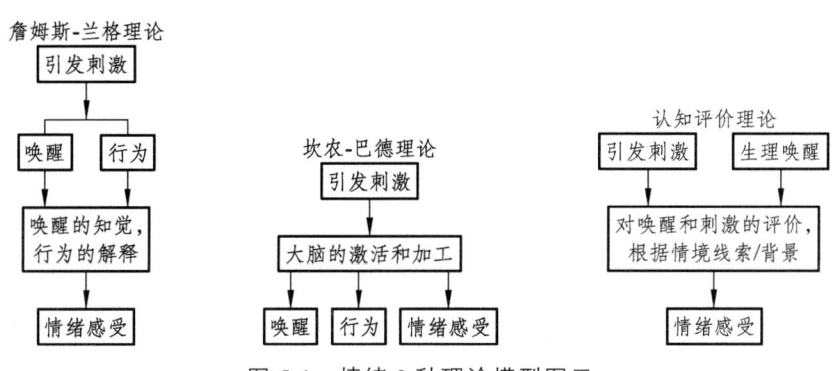

图 5-1 情绪3种理论模型图示

四、情绪识别与测评

情绪是一种复杂、混合的心理现象，由个体的主观体验、外部表现和生理信号组成。因此对于情绪的识别与测评，也可以从这3个方面进行。

（一）主观体验

基于个体主观体验的情绪识别主要通过访谈法、问卷法实现，即研究者通过与访谈对象进行口头交谈或统一使用、严格设计的问卷，来收集被试心理和行为数据资料。下面介绍几个用于测量情绪的经典量表。

1. 生活事件量表（LES）

（1）生活事件的概念。

生活事件是指个体生活中那些迫使人们改变现成行为方式的主要变化。在生活事件量表中包含了48条我国较常见的生活事件，主要包括3个方面的问题：家庭生活方面、工作学习方面和社交及其他方面。这些生活事件是正性的，也有负性的。负性生活事件的分值越高对身心健康的影响越大，正性生活事件分值的意义尚待进一步的研究。

（2）量表简介。

生活事件量表（lifeeventscale，LES）是由杨德森和张亚林于1986年编制的。此表是在20世纪80年代初引进的社会重新适应量表（SRRS）基础上根据我国实际情况修订而成的，其强调个体对生活事件的主观感受。LES总分越高，反映个体承受的精神压力越大。95%的正常人1年内的LES总分不超过20分，9%的不超过32分。

（3）量表项目示例。（见表5-6）

表5-6　量表项目示例

生活事件名称	事件发生时间			性质			精神影响程度				影响持续时间				备注
	未发生	1年前	1年内	长期性	好事	坏事	无影响	轻度	中度	重度	极重	3个月内	半年内	1年内	1年以上	
第一次远走他乡异国																
家庭成员重病或重伤																
与上级关系紧张																

2. 主观幸福感量表（GWB）

（1）主观幸福感的概念。

主观幸福感主要是指人们对其生活质量所做的情感性和认知性的整体评价。在这种意义上，决定人们是否幸福的并不是实际发生了什么，关键是人们对所发生的事情在情绪上做出何种解释，在认知上进行怎样的加工。

（2）量表简介。

GWB量表是由美国国立卫生统计中心编制的，用来评价被试主观幸福感的量表。量表共有33项，得分越高，幸福度越高。此量表中的6个分量表分别对幸福感的6个因子进行评分，分别是：对健康的担心（H）、精力（E）、对生活的满足和兴趣（S）、忧郁或愉快的心境（SH）、对情感和行为的控制（O）以及松弛与紧张（焦虑）（RT）。在国内，段建华等人针对中国人自身的情况进行了修订。

（3）量表项目示例（见表5-7）。

表5-7　量表项目示例

1	你的总体感觉怎样（在过去的一个月里）？ ① 好极了；② 精神很好；③ 精神不错；④ 精神时好时坏；⑤ 精神不好；⑥ 精神很不好
2	你是否感到焦虑、担心或不安（在过去的一个月里）？ ① 极端严重；② 非常严重；③ 相当严重；④ 有些；⑤ 很少；⑥ 无
3	你感到放松或紧张的程度如何（在过去的一个月里）？ 松弛 0　1　2　3　4　5　6　7　8　9　10 紧张

3. 布鲁奈尔心境量表（中文版）（BRUMS-C）

（1）量表简介。

布鲁奈尔心境量表（中文版）（BRUMS-C），是国外学者 Terry 及其同事（2003）编制的布鲁奈尔心境量表（BRUMS）的中文版本，包含愤怒、困惑、抑郁、疲劳、紧张和活力 6 个维度，由 23 个条目构成。要求被试选择最能描述现在感受的空格。

（2）量表项目示例（见表 5-8）。

表 5-8　量表项目示例

	一点都没有	一点点	中等程度	相当多	非常多
1. 恐慌的	□	□	□	□	□
2. 充满活力的	□	□	□	□	□
3. 筋疲力尽的	□	□	□	□	□

4. 对情绪主观体验测评方法的评价

主观体验的情绪识别方法也存在许多局限性，其操作虽然简单且较为经济，但结果往往难以复现和进行精确处理，受施测者和被试的影响较大，需要进行严格设计，一般多用来印证其他情绪识别技术。

（二）外部表现

基于外部表现，即表情的情绪识别主要是对面部表情、姿态表情、语调表情的识别，主要依据是不同情绪状态下人的表情有显著差异，在特定情绪状态下人会产生特定的表情。

1. 面部表情

面部表情是指通过眼部肌肉、颜面肌肉和口部肌肉的变化来表达情绪状态。达尔文（Darwin，1872）在《人类和动物的情绪表情》一书中认为，不同的表情是天生的、固有的，并且能为全人类所理解。下面我们看看不同情绪状态下，面部表情有哪些表现。（见表 5-9）

表 5-9　不同情绪的面部模式

情绪	面部模式
兴奋	眉眼朝下、眼睛追踪着看、倾听
愉快	笑、嘴唇朝外朝上扩展、眼笑（环形皱纹）
惊奇	眉眼朝上、眨眼
悲痛	哭、眼眉拱起、嘴朝下、有泪有韵律地啜泣
恐惧	眼发愣、脸色苍白、脸出汗发抖、毛发竖立
羞愧-羞辱	眼朝下、头低垂
轻蔑-厌恶	冷笑、嘴唇朝上
愤怒	皱眉、眼睛变狭窄、咬紧牙关、面部发红

2. 姿态表情

姿态表情可分成身体表情和手势表情两种。身体表情是表达情绪的方式之一。人在不同的情绪状态下，身体姿态会发生不同的变化，如高兴时"捧腹大笑"，恐惧时"紧缩双肩"，紧张时"坐立不安"等。手势也是表达情绪的一种重要形式。但是手势是后天习得的，不但个体差异大，而且民族之间、不同的社会文化团队之间，都有差异，不便用于情绪的识别。

3. 语调表情

语音、语调也是表达情绪的重要形式，例如郎朗笑声表达愉快的情绪、呻吟表达了痛苦的情绪等，说话时语音的高低、强弱、抑扬顿挫也表达着人们的情绪。

4. 对情绪外部表现测评方法的评价

人脸表情识别技术是现在的研究热点，涉及机器视觉、模式识别和人工智能等众多领域的重点研究方向，包括人脸检测、表情特征提取和表情识别等关键技术。

（1）微表情和非正面表情。

由于表情涉及的面部肌肉运动非常精细，一个细微的差别常常代表了完全不同的情绪。例如，微笑有两种，一种是真的，另一种是假的。当人们表达真正的微笑时，面颊上升，堆起眼周围的肌肉，同时大脑左半球的电活动增加；当人们假笑时，并不感到愉快，仅仅是为了表示礼貌，这时仅是嘴唇的肌肉活动，下颚下垂，大脑左半球电位活动不明显。这就需要运用微表情的识别技术去鉴别。同时，现在多数方法只关注正面或接近正面的人脸图像及视频，并限制了正常的头部运动，在现实中我们也要处理非正面人脸识别的情况，因此非正面人脸表情识别的智能化技术也在不断发展。

（2）局限性。

情绪外部表现测评技术操作较为简单，但在人脸表情数据库中储存的实验样本和人类自然表情之间存在较大差异，现实中很多表情是没有明显的情绪特征的，这就是数据噪声，所以在进行人脸表情特征提取之前需要花费大量时间和精力进行数据预处理。

基于外部表现的情绪识别系统往往识别效率低，再加上人通常会通过伪装表情来掩饰自己的真实情绪，所以不能保证情绪识别的可靠性。就像上面所说的微笑表情，真笑和假笑只有通过脑电数据才看出明显差异。

（三）生理信号

基于生理信号的情绪识别，包括基于外周生理（心电、肌电、皮肤电、眼电、呼吸、心率、血糖等）与中枢神经系统的识别。

1. 基于生理信号识别情绪的科学性

人会通过交感和副交感神经系统的活动，为身体的情绪反应做好准备，诸如恐惧和愤怒等强烈的情绪反应会激活身体的紧急反应系统，交感神经系统会促使肾上腺释放激素，进而促进内脏释放血糖、升高血压、增加汗液分泌等，让身体迅速而高效地为应对潜在危险做好准备。当紧急事件过后，副交感神经系统会抑制这些激素的释放，让机体平静下来。因此，可以看出利用生理信号构成特征向量来实现情绪识别有切实的科学依据。

认知神经科学的研究结果表明,情绪的产生与中枢神经系统,特别是大脑皮层的活动密切相关,下丘脑和边缘系统是控制情绪和进攻、防御、逃避等行为模式的脑区。例如,杏仁核作为边缘系统的一部分,起着情绪通路和记忆过滤器的作用,在对负性经历的意义解释中扮演着重要的角色。皮层也因为其内部神经网络和与身体其他部分的联系而涉及情绪体验过程。

2. 情绪生理信号测评方法的评价

生理指标较之于其他的指标更难以伪装,更直接,包含的信息也更多。其主要局限性在于操作过程需要人体连接设备,增加行动的不便,同时生理信号设备的体积和价格,也限制了其在各个领域的广泛应用。

（四）情绪识别技术的比较

不同情绪识别技术的对比如表 5-10 所示。

表 5-10　不同情绪识别技术的对比

情绪识别技术	主观体验	外部表现	生理信号
数据采集难度	低	中	高
采集过程是否接触人体	否	否	是
信号信噪比	高	中	低
检测的准确性	低	中	高

五、情绪与交通作业

交通参与者的情绪状态影响着交通运输作业的安全与效率。有研究得出,与驾驶安全相关程度最高的 3 种情绪分别是愤怒、焦虑和愉悦。在这里,我们将探讨这 3 种情绪与交通安全的关系。

（一）愤怒与交通安全

愤怒是一种常见的消极情绪,在愤怒情绪的影响下人会变得更具有攻击性,头脑发热,冲动冒险,会做出对自己、车辆或者他人不利甚至危险的事情。研究表明,愤怒易诱发各种危险驾驶行为（如违规、车道偏离、超速和碰撞）。对于驾驶中的愤怒情绪状态,在 20 世纪 80 年代,美国学者提出了"路怒"（roadrage）一词,后来被收入新版牛津词语大辞典。

1. 路怒症的定义

路怒症即驾驶愤怒,是指带着愤怒的情绪驾驶车辆。处于愤怒情绪下的驾驶人往往会在行驶过程中采取一系列发泄行为。例如,口头辱骂,故意用不安全或威胁安全的方式驾驶车辆,甚至导致驾驶人产生公路暴力行为,威胁交通安全。

2. 驾驶愤怒的诱因

（1）个体原因。

驾驶愤怒情绪与个体的人格特质、心理健康水平相关。多项研究表明，驾驶愤怒表达与冲动性感觉寻求、攻击性敌对的人格特征存在显著正相关，与抑郁、焦虑症状显著正相关，而与情绪稳定性、开放性、责任感和宜人性呈现显著负相关。

总之，关于心理因素对驾驶愤怒的影响，往往积极的情绪和人格特征会缓和驾驶愤怒，而负面情绪和人格会导致甚至激化愤怒。因此，为了降低驾驶愤怒出现的频次，应该及时自我心理调整，避免携带负面情绪驾驶。

（2）外在因素。

2014年9月大粤网对299名驾驶员开展的"路怒症"相关网络调查显示，驾驶员表示最容易诱发自己愤怒的3种交通情境分别为：他人的违规驾驶影响自己、周边车辆加塞或超车以及新手开车不懂规矩。

3. 驾驶愤怒量表

驾驶愤怒量表在各国研究中不断得到开发和修订，研究了驾驶人产生愤怒情绪到表达情绪的整个过程，是测量驾驶人心理和行为的有效工具。

（1）驾驶愤怒量表（DAS）。

DAS作为驾驶人愤怒情绪诱发机理的测量工具，有简繁2种形式。繁式共33个题项，包括6个分量表：敌对手势、违规驾驶、警察在场、缓慢驾驶、无礼行为和交通阻碍。简式只有1个维度，共14个题项。DAS作为一种衡量工具有效地推动了驾驶愤怒与驾驶行为的研究。

（2）驾驶愤怒表达量表（DAX）。

DAX以自我报告的问卷调查形式研究驾驶人在开车过程中产生愤怒情绪时的行为表达方式。该量表有49个题项，包括驾驶人表达愤怒的4种形式：身体攻击、语言攻击、借助车辆发泄和自我调节。DAX用来研究驾驶愤怒状态下，驾驶人行为表现特征，对于识别并控制愤怒驾驶，防止愤怒驾驶引发交通事故，具有积极作用。

（3）驾驶愤怒倾向量表（PADS）。

PADS用于测量驾驶人在行车时的愤怒倾向，可以用来预测敌意驾驶行为或愤怒驾驶行为的发生。该量表由19个题项组成。通过研究得出，PADS能显著地预测小型事故、攻击性驾驶、风险驾驶和驾驶愤怒表达。

当然，用量表进行驾驶愤怒的研究，会面临着社会称许性效应难以消除的问题。因此，未来研究需将量表与实车试验结合，以使研究结果具有更好的真实性和准确性。

（二）焦虑与交通安全

焦虑和恐惧也是在交通过程中经常出现的情绪体验。有研究者提出，如果当前的任务要求超出了驾驶者的感知能力，恐惧和焦虑的感受就会出现。具体而言，恐惧通常与驾驶速度呈正相关，而焦虑随着驾驶员目标的安全与速度的冲突而增加。焦虑和恐惧情绪主要对驾驶中的注意力产生影响，包括注意范围的缩小、难以集中注意力以及对威胁刺激关注的增加，这种注意范围的缩小可能会导致对其他关键任务的忽视，以及发现其他相关线索的失败；同时，焦虑使人们倾向将模糊的刺激解释为威胁。在驾驶过程中，焦虑的司机（如新手司机）可能只专注于整个任务的一部分，而忽略了整个任务的过程。

（三）愉悦与交通安全

愉悦作为一种积极情绪，一直以来被认为有助于安全驾驶，可以减少交通事故的发生。但越来越多的研究认为，积极情绪对不同的认知方面有不同的影响。例如，快乐的音乐比悲伤的音乐更能分散司机的注意力，听硬摇滚音乐对驾驶性能和生理反应有负面影响等。过度愉悦更会对驾驶行为产生负面影响。总的来说，不能简单地认为积极的情绪就一定有助于驾驶。

知识点导图

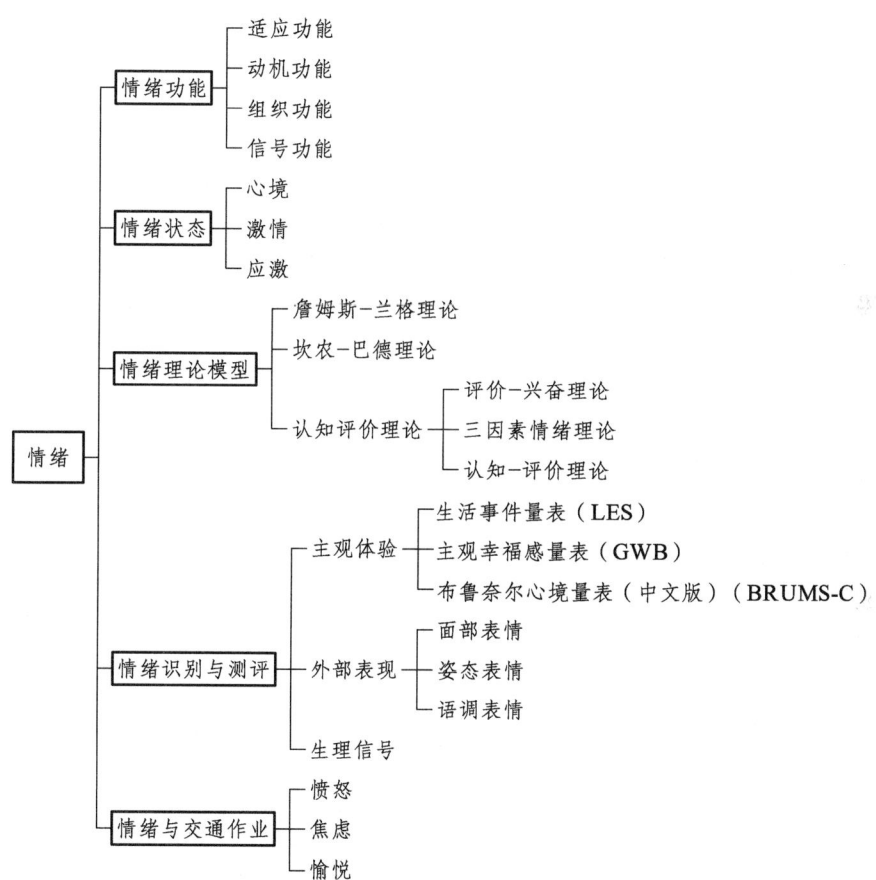

第六章 人的生理、心理状态与行为

第一节 疲 劳

在交通运输作业中,参与者要时刻收集交通系统、交通条件的信息,准确认读、快速判断并执行操作,以保障自身或他人的安全,维护交通管理秩序和效率。在这种注意力高度集中的状态下,容易引发生理或心理疲劳,时间长了就会产生感知觉减退、反应迟钝,甚至判断错误而导致交通事故。一直以来,国内外学者都在关注交通运输作业中的疲劳问题。本节主要讲述疲劳的基本概念、机理及疲劳测定等内容。

一、疲劳概述

(一) 疲劳的定义

疲劳是指人在连续工作后,劳动机能衰退和产生疲劳感的现象,或由于厌倦而不愿意继续工作的一种状态。在疲劳状态下,其工作能力下降,效率降低,事故率上升。

(二) 疲劳的分类

根据研究目的和任务的不同,对疲劳的分类也不尽相同。总的来说,主要从疲劳的表现和产生原因进行分类,分为心理疲劳和生理(体力)疲劳。

1. 心理(精神)疲劳

(1) 定义。

心理疲劳,也称精神疲劳,是指由脑力劳动繁重、神经系统紧张程度过高或长时间从事单调、厌烦的工作而引起的精神疲惫现象。心理疲劳状态下,肌肉工作强度并不大,但神经系统长时间高度紧张或者长期面对单调、乏味的工作,从而引起神经系统功能减退,脑部神经活动处于抑制状态。

(2) 举例。

驾驶员在长时间的驾驶作业过程中,不断接收和处理外界信息,时刻面对各种突发状况,神经处于高度紧张状态,因此,其脑部神经十分活跃,脑力负荷较大。此外,长时间的单调驾驶,驾驶员所获刺激较少,导致其警觉性降低,亦导致思维变迟钝,记忆力下降,产生脑力疲劳。

在铁路行车调度工作中,也会发生心理疲劳现象。调度员长期坐在调度台前工作,体力损耗虽不大,但容易出现头昏眼花、周身倦怠、心烦意乱的感觉,或对日复一日的工作失去兴趣,甚至感到厌烦。这种心理疲劳大多是由情绪问题造成的。

2. 生理(体力)疲劳

(1) 定义。

生理疲劳，也称体力疲劳，是指人体因生理状态而产生的困倦和机能失调现象。

（2）举例。

当驾驶员作业时间过长时，躯体器官会产生僵硬、麻木、酸痛等现象；或在高强度的驾驶作业中，频繁地驾驶操作造成肌肉群持续收缩，消耗肌体内能源物质，同时产生乳酸、二氧化碳等代谢产物，在肌体内持续积累，将导致器官动作迟缓、僵硬甚至酸疼，代谢产物进入血液中，通过循环遍布周身，会进一步刺激脑部神经产生乏力感。

3. 心理疲劳和生理疲劳的相互关系

心理疲劳和生理疲劳是相互关联的，心理疲劳状态下容易产生生理疲劳，心理疲劳极易导致生理疲劳。在很多时候，两种疲劳也会同时出现、互相作用。

4. 其他分类

关于疲劳还有其他分类方式。从疲劳恢复的时间来看，疲劳又分为一次性疲劳、积蓄疲劳和慢性疲劳。一次性疲劳可经过短期休息而得到恢复，通常以一夜睡眠能否恢复为标准；积蓄疲劳不能通过短期休息来恢复；慢性疲劳是一种病态疲劳，一般是由于长期疲劳状态而引起的，这种疲劳使劳动质量下降，影响身心健康。

（三）疲劳的特性

（1）疲劳的保护作用。产生疲劳感不全是消极的，疲劳其实是一种保护性反应，这种保护性反应可以使机体免于过度衰竭。

（2）疲劳的累积效应。未完全恢复的疲劳可在一定程度上继续存在到次日。在重度劳累之后，第二天还感到周身无力，不愿动作，就是积累效应的表现。

（3）疲劳恢复规律。年轻人比老年人恢复得快，体力上的疲劳比精神上的疲劳恢复得快。心理上造成的疲劳常与心理状态同步存在，同步消失。

（4）疲劳的适应性。例如，连续劳动几天，反而不觉得累了，这是体力上的适应性。

二、生理（体力）疲劳

（一）生理（体力）疲劳诱发机理

1. 生理（体力）疲劳的诱发因素

在交通运输作业中，生理疲劳产生的因素主要有以下几个方面：

（1）作业强度、作业速度与作业持续时间。

劳动负担是作业强度、作业速度和作业持续时间的函数。作业强度越大，要求速度越高，持续时间越长，劳动者就越容易疲劳；当然，作业强度太小、速度过慢的任务也容易让人产生倦怠感。因而，适当的作业强度和作业速度下，持续一定的时间，间隔小段休息，能够最大限度地减少疲劳。

（2）作业时间点。

在什么时间进行作业也影响疲劳产生和感受疲劳的程度。比如一天当中，上午的疲劳感最低，到了下午疲劳感逐渐增加，尤其是夜班作业比白天作业更容易疲劳。

（3）作业环境。

不合适的照明条件、湿度、温度、噪声、粉尘等都会增加作业人员的精神与体力负担，造成疲劳感。

（4）主观因素。

作业者的工作态度、工作动机和情绪状态等都对疲劳有明显影响。美国心理学家迈尔提出的疲劳动机理论认为，任何个人，分配给某种活动的能量值都要依赖于个体对该项活动的动机水平。个体的某种动机强度高时，其在相应行为上能量分配就多些；个体的某种动机强度低时，其在相应行为上的能量分配就少些。另外，作业者的兴趣越大，工作态度就越积极，越不容易产生疲劳；个人情绪状态好，也能减少疲劳感，或延长疲劳产生的时间。

2. 生理（体力）疲劳的表现特征（见表6-1）

表6-1 生理（体力）疲劳的表现特征

人体系统	疲劳表现	作业内容和环境
视觉系统	视力减退、视觉模糊	监视作业，计算机作业，在低照度条件下作业
听觉系统	听力下降、出现耳鸣	处于噪声大的环境中的作业
呼吸系统	胸闷气短、呼吸不顺	作业环境废气严重，或易缺氧环境
消化系统	食欲减退、消化不良	应急处置工作，工作时间无法保证三餐，或者长期压力强度大的操作任务
循环系统	心率加快、血压升高	应急处置工作，连续性作业
运动系统	肌肉酸痛、动作迟缓	长时间固定姿势作业，重体力作业，同一动作反复进行
面部表情	颜面呆板、肌肉松弛	持续性疲劳作业，缺乏睡眠
肌肉骨骼	姿态异常、全身无力	驾驶中推挡、踩踏、紧握等动作的反复进行

（二）生理（体力）疲劳测量方法

对生理疲劳的准确测量是提高工作舒适度和效率的基础。目前，对生理疲劳的评价方法主要分为主观症状测量、生理指标测量及直接观察测量几种。

1. 生理（体力）疲劳的主观症状测量

生理（体力）疲劳的主观症状测量是用于测量主观评价作业疲劳度的方法，主要是用调查问卷或生理疲劳量表的方式，将疲劳程度划分为几个不同等级，由调查人员调查被试后填写或者由被试者自己填写，凭借被试者的主观感受对作业生理疲劳度进行测量。目前，在各种研究中使用较多的疲劳主观症状测量量表有"疲劳量表FS-14"、"简易疲劳量表BFI"、日本工业卫生学会工业疲劳研究委员会编制的"疲劳主观症状调查量表"及"疲劳评定量表FAI"等。

（1）疲劳量表FS-14。

① 量表简介。

疲劳量表FS-14是英国King's College Hospital（国王医学院）的心理医学研究室中多名学者于1992年共同编制的，用来测定疲劳症状的严重性，评估临床疗效，以及在流行病学研究中筛选疲劳病例。

疲劳量表FS-14由14个条目组成，每个条目都是一个与疲劳相关的问题。根据其内容与受试者实际情况的符合与否，回答"是"或"否"。14个条目中有8个条目反映生理疲劳，6个条目反映脑力疲劳。

② 量表示例。

题项1：你有过被疲劳困扰的经历吗？　□是　□否

题项2：你是否需要更多的休息？　□是　□否

（2）简易疲劳量表BFI。

① 量表简介。

"简易疲劳量表BFI"也是国际上广泛使用的疲劳测试量表之一，可以从多方面来了解被试的疲劳程度。

② 量表示例。

题项1：请标记一个数字，最恰当地表示您现在的疲劳程度。

0	1	2	3	4	5	6	7	8	9	10
没有										最严重

题项2：请标记一个数字，最恰当地表示您在过去24小时内疲劳对您下述方面的影响（行走能力）。

0	1	2	3	4	5	6	7	8	9	10
没有影响										严重影响

（3）疲劳主观症状调查量表。

① 量表简介。

日本工业卫生学会工业疲劳研究委员会编制了"疲劳主观症状调查量表"，用来评价疲劳程度。此量表由3个因子组成：身体症状、精神症状、神经感觉症状。每个因子包括10项内容，被试根据每个项目回答是或否，计算疲劳出现率。

$$疲劳出现率（\%）=\frac{每个因子分别主述总数}{10}\times100\%$$

② 量表示例（见表6-2）。

表6-2　疲劳主观症状调查量表

编号：		年龄：		性别：	
填表日期：年月日时分					
作业内容：					
请根据你的感觉回答下列问题。是打√，不是打×，务请全部填写。					
身体症状		精神症状		神经感觉症状	
1	头重	11	思考困难	21	头痛
2	疲乏	12	懒于交谈	22	肩酸
3	腿酸	13	烦躁不安	23	腰酸背痛

续表

身体症状			精神症状			神经感觉症状		
4	打哈欠		14	注意力无法集中		24	胸闷	
5	头脑糊涂		15	对事情不感兴趣		25	口渴	
6	昏昏欲睡		16	健忘		26	嗓音嘶哑	
7	眼睛发胀		17	缺乏自信		27	头昏眼花	
8	动作不灵活		18	焦急不安		28	眼睑抽搐	
9	站立不稳		19	易发脾气		29	手足颤抖	
10	想躺下		20	缺乏耐心		30	全身不适	

（4）疲劳评定量表 FAI。

疲劳评定量表（Fatigue Assessment Instrument，FAI）由美国精神行为科学研究室的专家及神经学研究室的专家编制，共 29 个条目，涵盖 4 个维度。维度 1 为疲劳严重程度量表（Global Fatigue Severity Subscale，GFSS），用于定量测定疲劳的严重性，共 11 个条目；维度 2 为疲劳的环境特异性量表（Situation Specific Fatigue Subscale，SFS），用以测定疲劳对特殊环境（寒、热、精神紧张等）的敏感性，评价疲劳是否具有情境的特异性，共 6 个条目；维度 3 为疲劳的结果量表（Fatigue Consequence Subscale，FCS），用以测定疲劳可能导致的心理后果（如缺乏耐心、欲望降低或不能集中注意力等），共 3 个条目；维度 4 为疲劳对休息、睡眠的反应量表（Responsiveness to Rest/Sleep，RR/S），测定疲劳是否对休息或睡眠有反应，共 2 个条目。量表采用 1~7 级评分，要求答题者根据自己近 2 周的情况进行选择。

（5）疲劳主观症状测量方法的优缺点。

主观症状测量最大的优势在于，方法直观且适用范围十分广，实施成本较低，数据的收集和处理也耗时较短。其缺点则是，评分是主观的，评分标准难以统一，被试者个人感受能力的强弱、对调查问题的理解程度或刻意隐瞒等因素都会导致测试结果不准确。因此，主观症状测量方法的可信度并不高，其结果往往与实际有偏差，因此就有了下面将要介绍的客观的生理指标测量方法。

2. 生理（体力）疲劳的生理指标测量

（1）膝腱反射机能测定法。

膝腱反射机能测定法通过测定由疲劳造成的反射机能钝化程度来判断疲劳的方法，不仅适于体力疲劳测定，也适宜判断精神疲劳。让被试者坐在椅子上，用医用小硬橡胶锤，按照规定的冲击力敲击被试者膝部，测定时观察落锤（轴长 15cm，重 150g）落下使膝盖腱反射的最小落下角度（称为膝腱反射阈值）。当人体疲劳时，膝腱反射阈值（即落锤落下角度）增大，一般强度疲劳时，作业前后阈值差 5°~10°；中度疲劳时为 10°~15°；重度疲劳时可达 15°~30°。

（2）皮肤电流反应测定法。

测定时把电极任意安在人体皮肤的两处，以微弱电流通过皮肤，用电流计测定作业后皮肤电流的变化情况，可以判断人体的疲劳程度。人体疲劳时皮肤电传导性增高，皮肤电流增加。

（3）触两点辨别阈限测定法。

用两个短距离的针状物同时刺激作业者皮肤上两点，当刺激的两点接近某种距离时，被试仅感到是一点，似乎只有一根针在刺激。这个敏感距离称作触两点辨别阈或两点阈。随着疲劳程度的增加，感觉机能钝化，皮肤的敏感距离也增大。根据两点阈限的变化可以判别疲劳程度。

测定皮肤的敏感距离，常用一种叫作双脚规的触觉计，可以调节双脚间距，并从标识的刻度读出数据。身体的部位不同，两点阈值也不同。一般，测试的部位是右面颊上部，取水平方向。

（4）心率值测定法。

心率即心脏每分钟跳动的次数。在从事体力操作时，人的心率与肌肉疲劳之间有着密切的关系，一定的劳动量对作业者机体的负荷和由于精神紧张产生的负担都会增加心率。因此，可以根据心率变化来测定疲劳程度。可以用下述3种指标判断疲劳程度：作业时的平均心率、作业刚结束时的心率、从作业结束时起到心率恢复为安静时的恢复时间。

首先，我们要知道什么是正常的心率。正常的心率就是安静时的心率。一般成年人平均每分钟心跳 60~70 次（男）和 70~80 次（女），生理变动范围为 60~100 次/分钟。德国的勃朗克通过研究提出，作业时，心率变化值最好在 30 次以内，增加率在 22%~27%。为了更精准地测量心率，现在还采用遥控心率仪，它可以使测试与作业过程同步进行。

（5）反应时间测定法。

反应时间是指机体从接受刺激到做出反应动作所需的时间，也就是从刺激到反应之间的时距。受试者对呈现的声、光刺激的反应时间被称为反应时。反应时又可分为简单反应时、选择反应时和运动反应时等。在运用过程中，研究者可根据具体情况选择不同的反应时测量。

反应时的长短受许多因素的影响，如刺激信号的性质，被试的机体状态等。因此，反应时间的变化，可反映被试中枢系统机能的钝化和机体疲劳程度。当作业者疲劳时，大脑细胞的活动处于抑制状态，对刺激不十分敏感，反应时间就长。利用反应时测定装置可测定简单反应时和选择反应时。

（6）唾液皮质醇测定法。

皮质醇是肾上腺皮质束状带分泌的一种糖皮质激素，具有多种重要的生理功能，是机体认知、行为、代谢及免疫活动等不可或缺的激素，其浓度水平受疲劳状况调节。有研究发现，进行持续认知任务疲劳组的皮质醇浓度显著高于非疲劳组；而疲劳长期累积不能及时恢复导致的慢性疲劳综合征与皮质醇浓度的降低有关。

具体操作：采用唾液采集器收集唾液，使用前常温保存。采集唾液时，将唾液采集器中的棉棒倒入口中，咀嚼 50~60 s，然后用舌头将其放回采集器中，用离心机高速离心一定时间，用人类皮质醇酶联免疫吸附试验试剂盒对唾液皮质醇进行分析。

3. 生理（体力）疲劳的直接观察测量

作业过程中，我们也可以采用直接观察法判断对方是否产生了疲劳。下面列举了一些异常变现，可以认定为疲劳的征兆。

面部神态：无原因的颜面无光泽，面肌松弛，面色黑沉，表面僵化，不活泼。

眼睛：眼睑下垂，眼窝下凹发黑，瞳孔缩小，眼皮不时跳动，目光无神，经常下视。

动作：动作不灵活，没精打采，反应迟钝，驾驶操作不准确，不时出现错误或失去操作。

言语：说话有气无力，不爱说话，沉默寡言。

三、心理（精神）疲劳

（一）心理（精神）疲劳诱发机理

1. 心理（精神）疲劳诱发因素

心理疲劳诱发因素有很多，很多研究者将这些因素归纳为两个方面：其一是外源性的社会环境因素、工作负担、生活压力等；其二是内源性的认知、人格、年龄、性格等因素。

在交通运输作业领域中，我们探讨心理疲劳诱发因素时，主要选取以下几个方面进行讨论。

（1）职业特性。

在职业特性方面，已有大量研究证实了需要夜间值班、长期倒班的岗位人员确实长期存在心理疲劳现象，最为明显的症状是焦虑和睡眠差。对于一些高风险性、需要紧急处理突发事件的岗位人员，如调度员、交警、空管等进行调查，结果显示他们的精神压力显著高于常模（标准量数），甚至出现中度乃至重度的抑郁、焦虑、疲劳和倦怠的症状。这种心理疲劳的状态对作业操作流程或安全生产事故有一定负面影响。

（2）年龄。

在年龄方面，老年人经验丰富，但认知能力下降，在应对心理疲劳方面也不如年轻人，表现在老年人心理疲劳效应引发的负面表现更加明显。有研究者用返回抑制的任务进行了研究，实验时间为 80 分钟，结果表明年轻被试和年长被试随着任务时间的延长，任务绩效都呈下降趋势，但老年被试应对持续认知任务的执行控制能力下降更早且更快。

（3）情绪和认知。

在交通运输作业中，心理疲劳与情绪状态、认知能力相互作用、相互影响。当负面情绪产生之后，认知操作失败率也会越来越高，心理疲劳程度也就大大增加，消极情绪表现得更加明显。

（4）睡眠和压力。

睡眠缺失和工作压力与心理疲劳的关系显而易见。持续工作时间长，睡眠时间少，恢复时间极短，轮班的工作特性对生理、情绪和认知功能损伤有巨大的负面伤害，故其心理疲劳程度较一般人群普遍偏高；在职业压力方面，员工重复劳动、工作任务的时间和绩效压力等都是心理疲劳产生的关键决定因素，不仅会导致压力和心理疲劳，还会产生相关疾病。

（5）酒精影响。

酒精摄入问题也是心理疲劳的一个重要因素。有研究发现，在酒精影响下，精神疲劳发生期间，作业成绩会从正常水平降低至错误率增加的低效率水平。在长期摄入酒精的情况下，有人会产生慢性酒精中毒，且有研究表明慢性酒精中毒患者在个性、社会表现和接纳程度、自我恢复能力和情绪稳定性、自主性等方面都出现降低的情况，在愤怒、敌对、紧张、焦虑、疲劳无力等方面的出现频率也高于常人，而这些负性的症状就是心理疲劳的典型表现和心理特性。

2. 心理（精神）疲劳的表现特征

心理（精神）疲劳与生理（体力）疲劳不同，生理（体力）疲劳主要是由体力劳动或其他躯体原因导致的肌肉疲劳感，而心理（精神）疲劳主要是由过度的大脑认知活动或心理负面因素导致的，主要表现为大脑反应迟缓、头脑昏沉、注意力集中困难、健忘、欲望降低、工作绩效低下且易出差错等特征，是一种在精神上感到疲惫的感受。心理疲劳所表现出的症状不仅包括心理负面症状，还有躯体的消极表现，长此以往将导致头痛、眩晕、心血管和呼吸系统功能紊乱、食欲减低、消化不良以及失眠等躯体症状。

（二）心理（精神）疲劳测量方法

在现实工作或生活中，个体所感受到的疲劳很多是夹杂生理性和心理性的。但是出于不同的研究任务和目的，对于心理（精神）疲劳的测量，有一些方法是区别于生理（体力）疲劳测量的。这些对心理疲劳的测量主要包含以下两个方面：心理（精神）疲劳的主观测量和客观测量。

1. 心理（精神）疲劳的主观症状测量

心理疲劳的主观测量方法就是让被试在问卷题目提示下，主观评定自己当前的心理、精神或躯体的疲劳状态。其中，运用最广泛的自陈式问卷就是马斯拉奇心理疲劳量表（MBI）和多维疲劳量表（MFI-20）。

（1）马斯拉奇心理疲劳量表（MBI）。

该量表是 Maslach 和 Jackso 等人于 1981 年编制的，包含 15 个条目，包括情绪耗竭、去人性化和个人成就感 3 个独立的分量表。情绪耗竭指个体处于极度疲劳状态，情感资源过度消耗，精力丧失。去人性化，也叫去个体化，指个体在群体压力和群体意识之下，倾向屈服于大众，自主意识或个体责任感削弱。个人成就感即指当个体顺利完成某项任务或工作后，内心满足和愉快之感。

（2）多维疲劳量表（MFI-20）。

该量表是学者 Smets 于 1995 年通过对医疗专业大学生、医生和新兵、慢性疲劳综合征患者、癌症放疗患者、心理学专业大学生进行验证后编制而成的，在目前的心理疲劳测量表中使用得最为频繁和广泛。该量表包含 5 个维度，分别是综合性疲劳、躯体性疲劳、脑力性疲劳、活动减少和动力下降，共 20 个条目，主要用于测试受测者近 2 周内的疲劳情况。该量表的计分采用李克特氏 5 级评分方法，得分越高表示疲劳越严重。

在量表的中文版制定方面，苗雨（2008）等人对该量表进行了修订，由一名心理学家和语言学家进行翻译，保留了原量表的 20 个条目，归纳为 4 个维度，分别是体力疲劳、脑力疲劳、动力下降和活动减少。统计表明该量表具有很好的鉴别力和信效度。

2. 心理（精神）疲劳的生理指标测量

心理疲劳的生理指标测量方法主要是采用仪器辅助或编制实验程序，例如，利用脑电仪进行的脑电图（EEG）和事件相关电位（ERP）的研究、眼动实验、行为实验等，然后通过设备反馈的客观数据进行分析。当然，如今大部分学者在进行心理疲劳研究时，多数是将主观测量和生理指标测量结合起来进行。

(1) 脑电图（EEG）和事件相关电位（ERP）测量方法。

① 测量方法简介。

对于心理疲劳的测量，通过脑神经细胞电生理活动在大脑皮层的反应，也就是 EEG 脑电波的变化，观察由心理疲劳所诱发的反应迟钝、注意力不集中、情绪焦躁等症状。也有在研究中，通过有意地赋予刺激以特殊的心理意义，引起一种特殊的脑诱发电位，也就是通过事件相关电位（ERP）来研究人的心理疲劳机制。

② 测量案例。

首先，α波、β、δ波和θ波是4种基本脑波，每一种脑电波都有其相对应的不同的大脑意识状态。脑电研究得出，驾驶人员高精神负荷时，脑电图θ波增加、α波减少；精神负荷状态向精神疲劳状态转换时，θ波、δ波和α波增加。

在事件相关电位（ERP）研究方面，还有学者发现事件相关电位 P300（P300是事件相关电位的成分，由刺激诱发的潜伏期约 300ms 的晚期正波）。波幅在模拟驾驶前后发生明显变化。疲劳状态下，P300 潜伏期延长，P300 振幅减弱，用 P300a 和 P300b 比值来评估心理疲劳。

③ 测量方法评价。

脑电图所反馈出来的结果虽然具有敏感性高的特点，但由于能引起脑电波变化的因素有很多，如实验室环境、主试状态、应急刺激、设备故障等，我们较难区分脑电波变化反映的是否是我们需要验证的自变量的原因，因此该方法存在特异性差异大、生态效度低的缺点。

(2) 眼动测量。

① 测量方法简介。

眼动仪是在交通运输作业领域使用较多的一种心理疲劳测量仪器。眼动仪基于瞳孔－角膜反射原理或注视点记录原理，记录人在处理视觉信息时的跳视、眼动轨迹、注视、瞳孔、眨眼等相关眼动指标的变化特征。

② 测量案例。

眼动测量在驾驶疲劳研究上的应用，一般是通过安装在驾驶员前方仪表板上的摄像头或驾驶员佩戴眼镜式的眼动设备，获得驾驶员眨眼频率与眼部闭合上时间的数据，作为判断驾驶员警觉程度的依据。在实际运用中，评定方法采用 P80 标准，即眼睛闭合程度超过 80% 的时间占某一特定时间的百分比。

还有研究还发现，睡眠剥夺条件下，瞳孔直径、眼球扫描速度能够预测心理运动警觉任务的表现；也有研究证实精神疲劳状态下眨眼频率增加。

③ 测量方法评价。

眼动仪的测量方法受到环境光线限制和视网膜反射光线的质量限制。例如，在驾驶过程中用眼动仪收集数据时，如强烈的阳光照进车里，此时检测效果就会出现误差。并且收集眼动数据时，如果是将摄像头安置在驾驶舱控制台上，车辆的颠簸会加大眼睛识别和疲劳特征选取的难度。

(3) 闪光融合值测定法。

我们在前面"视觉"的章节提过闪光融合值的定义。闪光融合值是用以表示人的大脑意识水平的间接测定指标。人对低频的闪光有闪烁感，当闪光频率增加到一定程度时，人就不再感到闪烁，这种现象被称为融合。开始产生融合时的频率被称为融合值。反之，光源从融合状态降低闪光频率使人感到光源开始闪烁,这种现象被称为闪光。开始产生闪光时的频率被称为闪光值。

融合值与闪光值的平均值被称为闪光融合值,又称为临界闪光融合值(critical flicker fusion),简称 CFF。量纲为 Hz,一般为 30~55 Hz。人的视觉系统的灵敏度,与人的大脑兴奋水平有关,疲劳后,兴奋水平降低,中枢系统机能钝化,视觉灵敏度降低。虽然 CFF 值因人因时而异,不可能做出一个统一的判断准则,但人在疲劳或困倦时,CFF 值下降,在紧张或不疲倦时则上升。一般采用闪光融合值的如下两项指标来表征疲劳程度。

$$日间变化率 = \frac{休息日后第一天作业后值}{休息日后第一天作业前值} \times 100\% - 100\%$$

$$周间变化率 = \frac{周末作业前值}{休息日后第一天作业前值} \times 100\% - 100\%$$

在正常作业条件下,CFF 值应符合表 6-3 所列标准。

表 6-3 闪光融合值评价标准

作业种类	日间变化率/%		周间变化率/%	
	理想值	允许值	理想值	允许值
体力劳动	−10	−20	−3	−13
脑力结合	−7	−13	−3	−13
脑力劳动	−5	−10	−3	−13

在较重的体力作业中,闪光融合值一天内最好降低 10% 左右。若降低率超过了 20%,就会发生显著疲劳。在较轻的体力作业或脑力作业中,一天内最好只降低 5% 左右。无论何种作业,周间降低率最好是 3% 左右。

(4)心率变异性(HRV)。

心率变异性(Heart Rate Variability,HRV)又称心率波动性,是指逐次心跳周期差异的变化情况或者说是指心跳快慢的变化情况。心率变异性越高,就意味着心脏能够越快地适应内部和外部带来的影响,即机体对环境变化的适应程度越好。反之,则表明机体对环境的适应能力越差,并可能暗示严重的健康损害。在疲劳监测方面,科学家通常选取心率变异性中的几种指标进行评价,这取决于研究项目本身的需要。

(三)疲劳检测方法总结及测量注意事项

1. 疲劳检测方法总结

前面介绍的生理(体力)疲劳测量方法和心理(精神)疲劳测量方法,在实际使用中没有严格的划分界限。例如,反应时测定法可以用于生理疲劳测量,也可以用于心理疲劳测量。对于不同的应用场景,研究者们也选取一种或多种不同的测量方法结合进行,以更准确地评估研究对象的疲劳程度。下面,我们将列举出各种不同的疲劳测量方法,并从精确程度和可应用性两个角度对各测量方法进行对比分析。(见表 6-4)

表 6-4　疲劳测量方法的比较

类别	名称	原理总结	精确程度	可应用性
主观方法	量表测量	根据主观疲劳感受判定疲劳等级	中等	中等
主观方法	疲劳症状自陈	以疲劳表征指标为依据设计量表来评定疲劳程度	中等	中等
客观方法	膝腱反射机能测量法	膝腱反射角度不同，疲劳程度不同	差	差
客观方法	触两点辨别阈限测量法	机体疲劳时感觉机能迟钝，两点刺激阈限增大	中等	差
客观方法	皮肤电流反应测定法	检测肌细胞活动时的生物电变化	高	差
客观方法	反应时间测定法	表征中枢系统机能的迟钝化程度，测定作业者的反应时间	中等	差
客观方法	闪光融合值测定法	用视觉对光源闪变频率的识别程度来判断疲劳	中等	中等
客观方法	心率值测定法	在从事体力操作时，人的心率与肌肉疲劳之间有着密切的关系	高	一般
客观方法	唾液测量法	疲劳时唾液里会分泌出阿尔法淀粉酶，通过测量酶的数量来确定疲劳程度	高	差
客观方法	脑电测量法	达到皮层处于不同状态时，脑电波频率不一样	高	差
客观方法	眼动测量法	疲劳状态时人的眼动指标出现异常，用以判断疲劳程度	中等	中等

2. 生理（体力）疲劳测量的注意事项

测定体力疲劳必须有一系列能够表征体力疲劳度的指标。体力疲劳的测定方法应该能满足如下标准：第一，测定的结果需客观，以数据为依托，不能凭研究者主观感受定义；第二，测量方法不能产生额外的疲劳，导致附加疲劳，使测量产生偏差；第三，测量疲劳度不应使被测试者产生心理负担或生理负担，或分散注意力，从而影响测量。

四、疲劳的实时监测研究

上述疲劳测量方法在实际应用中存在操作成本较高、费时费力、便携性不佳等问题，同时随着检测技术的发展，以及对人因安全管控新要求的提出，很多研究探索利用人脸面部状态的疲劳实时监测系统采集疲劳状态数据。这些监测方法一般采用非接触式测量，对疲劳状态的识别精度和实用性较好。下面对这些技术进行简要介绍。

（一）基于面部特征和头部状态的疲劳实时监测研究

在交通运输领域，随着数码相机和网络摄像头技术越来越成熟，基于面部状态的疲劳实时监测技术正逐步成为热点。在研究中，通过视频监控来检测眨眼频率、瞳孔变化和头部运动的特征，用以判定参与者是否出现疲劳，最终实现快速检测和准确识别疲劳。疲劳的实时监测系统具有应用场景多样化、环境影响因素小、对参与者本人干扰程度小、实时性高、配合使用的算法快速精确等优势。下面简要介绍这种疲劳监测方法。

1. 眼部特征与疲劳判定

（1）正常状态下的眼部特征。

一个人每分钟要眨眼 10 次左右，每次眨眼要用 0.3~0.4 s，每两次之间相隔 2.8~4 s。对于很多交通运输岗位人员来说（如列车调度员、司机、空管人员等），需要长时间地高度集中精力，所以其眨眼频率相对会少一些，正常情况下每分钟 5~10 次。

（2）疲劳状态下的眼部特征。

在疲劳状态出现时，眨眼次数会明显增加，连续闭眼的时间会相应地延长，而且眨眼的时间间隔不稳定，要么是在短时间内频繁眨眼，要么是在长时间内持续睁眼不眨眼。

（3）眼部疲劳判定指标。

目前在研究中使用过的与眼动相关的疲劳监测参数包括 PERCLOS 值（Percentage of Eyelid Closure Over the Pupil Over Time，指眼睛闭合时间占某一特定时间的百分率）、平均闭眼时长（Average Eye Closure Time，AECT）、平均眨眼频率、持续闭眼时间、持续睁眼时间等。其中 PERCLOS 值是普遍认可的疲劳判定指标。

2. 嘴部特征与疲劳判定

（1）疲劳状态下的嘴部特征。

眼部特征不是唯一可以反映作业者疲劳的信息，嘴部哈欠状态也是疲劳的一个显著特征。医学研究表明，打哈欠是脑部缺氧的表现，对人体是一种保护性适应。由于打哈欠时嘴部状态变化很大，从模式识别和图像处理的技术角度来看，它也是一个易测、可靠的面部变化特征。

（2）嘴部疲劳判定指标。

基于嘴部特征状态的疲劳监测指标有两个：一是哈欠频率，即单位时间内被试者打哈欠的次数，该数值越大则表明被测者越疲劳；二是哈欠持续时间，即被试者嘴部张开最大状态的持续时间，时间越长则表明被测者越疲劳。在进行具体研究时，需要考虑哈欠持续时间的个体差异，以及需要通过睡眠剥夺试验等前测实验确定其哈欠阈值。

3. 头部姿势与疲劳判定

人体处于疲劳姿态时，头部不能正视前方，头部的中轴线与头部重心线存在一定的夹角，而且部分人进入疲劳状态时，头部会突然向 1 个方向倾斜。因此，通过测定头部倾斜角度以及头部旋转角速度就可以判断司机的疲劳状态。

（二）基于操作行为的疲劳实时监测研究

基于驾驶人操作行为的疲劳状态识别技术，是指通过驾驶人的操作行为如方向盘操作等推断驾驶人的疲劳状态。很多研究都得出驾驶人的方向盘操作与疲劳之间存在相关关系，将方向盘操作监控作为驾驶疲劳判断的有效手段，因而开发出驾驶人防疲劳装置。但驾驶人的操作还受到个人习惯、行驶速度、道路环境、操作技能的影响，与车辆的行驶状态也与车辆特性、道路等很多环境因素有关，出现特殊操作不全是疲劳的因素，因此还需要提高该项间接检测技术的推测精度。

（三）基于行车轨迹的疲劳实时监测研究

利用车辆行驶轨迹变化和车道线偏离等车辆行驶信息也可推测驾驶人的疲劳状态，这种方法和基于驾驶人操作行为的疲劳状态识别技术一样，都以车辆现有的装置为基础，不需添加过多的硬件设备，而且不会对驾驶人的正常驾驶造成干扰，因此具有一定的实用价值。

日本庆应大学于 2005 年利用 EEG 评价驾驶人的睡意，研究发现车辆的横向位移量、方向盘操作量可以用来作为驾驶人疲劳状态的评价指标，而且可以实现疲劳早期预警。类似的研究也证实了该项技术的理论依据。很多汽车厂商开发利用车辆横向位移量、驾驶人操作量等复合参数来识别驾驶人疲劳状态，实验证明该方法的识别结果与利用驾驶人眨眼次数的识别结果基本一致。

知识点导图

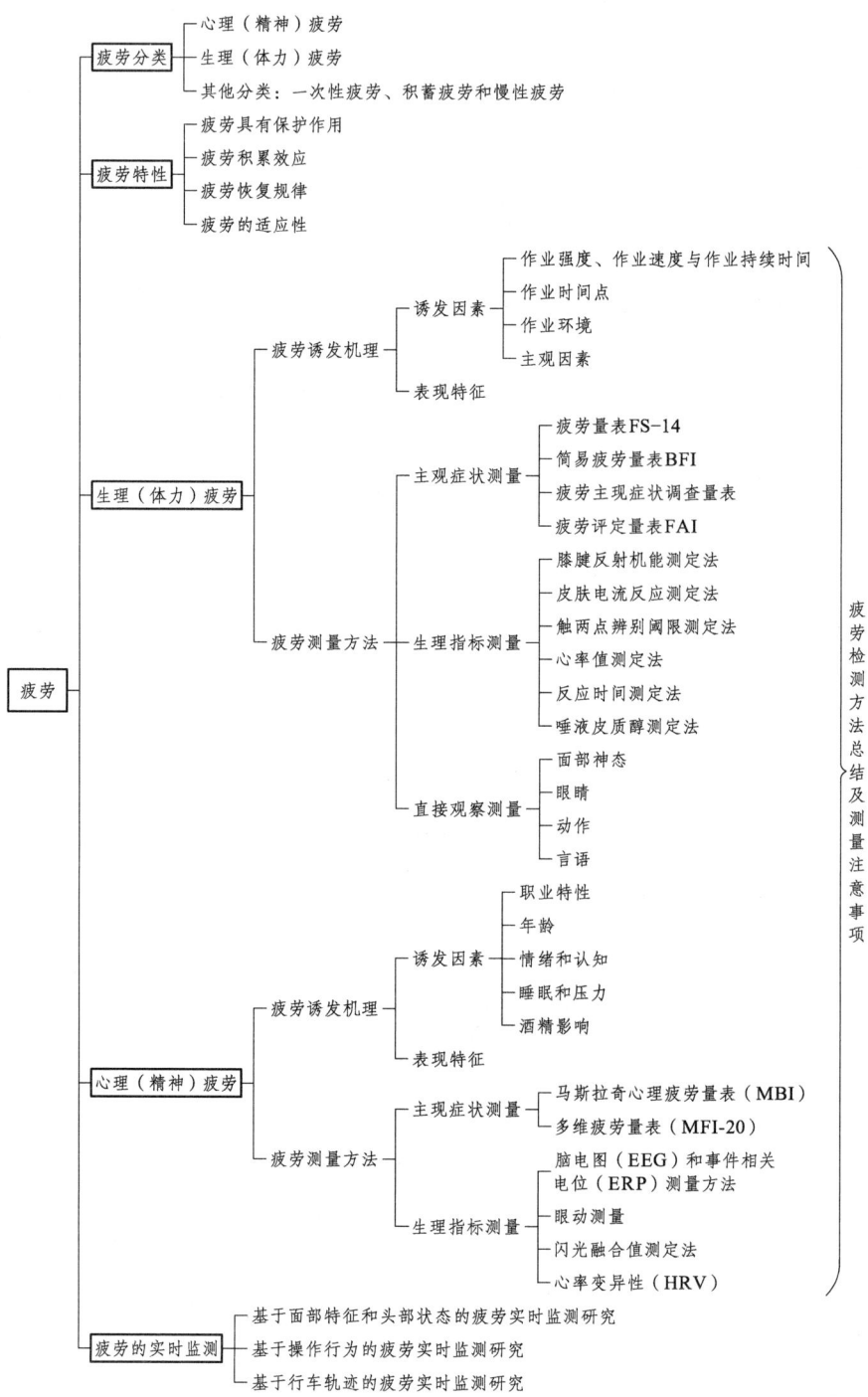

第二节 脑力负荷

脑力负荷是人因工程领域一项重要研究课题。随着计算机信息技术、自动化控制等技术的应用和普及，人-机系统经历了从手工作业到自动化系统的发展过程，使现代人-机系统中体力劳动减少而脑力劳动增加，人的劳动由操作型作业转变为知识型作业。在交通运输领域，过高的脑力负荷将影响作业人员的工作成效，甚至影响交通运输的安全运转。本节主要介绍脑力负荷的概念，并重点讲述脑力负荷的测评方法，以及如何对脑力负荷进行预测。

一、脑力负荷概述

（一）脑力负荷的定义

脑力负荷（Mental Workload，MWL），又被称作"工作负荷""认知负荷""心理负荷"等，是作业人员处于工作或作业状态时，反映作业人员自身信息处理系统被工作任务占用程度的一项指标，涉及作业要求、时间紧迫程度、作业者的能力水平、行为表现、主观努力程度等因素。

（二）脑力负荷与工作绩效的关系

人们关注脑力负荷的研究，主要是为了有效提高生产效率，避免安全事故，最终提升工作绩效。关于脑力负荷与工作绩效的关系，主要有以下两个模型。

1. 脑力负荷与工作绩效的"三阶段"模型

"三阶段"模型认为脑力负荷变化带来的工作绩效的变化可以分为 3 个阶段：在 A 阶段，低脑力负荷情况下出现高的工作业绩，随着脑力负荷的增加，工作业绩在一段相对时间内保持不变；在 B 阶段，随着脑力负荷的持续增加，业绩逐渐下降；在 C 阶段，当脑力负荷达到超负荷状态时，业绩降至最低水平，并且随脑力负荷的进一步增加，工作绩效仍然维持在这一最低水平状态。（见图 6-1）

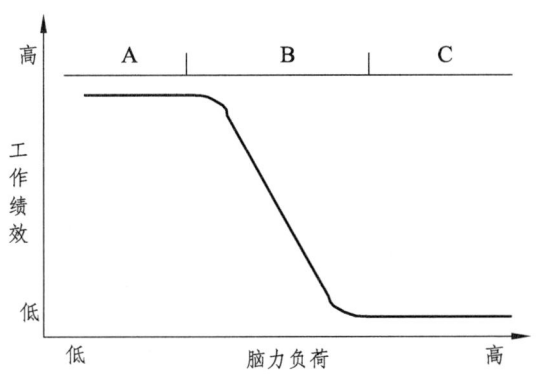

图 6-1 脑力负荷与工作绩效的"三阶段"模型

2. 脑力负荷与工作绩效的倒"U"形模型（见图6-2）

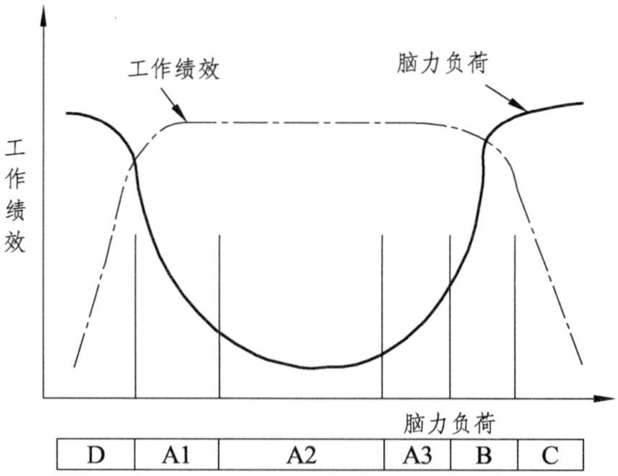

图 6-2 脑力负荷与工作绩效的倒"U"形模型

（1）A 阶段："倒 U 型"模式认为，整个 A 阶段的工作绩效都保持稳定的、较高的水准，其中 A2 段为最佳工作状态阶段，而 A1 和 A3 段，尽管保持了较高水平的工作业绩，但工作者的脑力负荷是高于 A2 段的，即必须付出努力来进行暂时补偿。A1 段是能力相关性补偿，A3 段是任务相关性补偿。

（2）D 阶段：个体逐渐适应任务的能力需求，脑力负荷有所减低，工作绩效开始提升。

（3）B 阶段：任务需求增加，脑力负荷也相应增加。此时业绩不断下降。

（4）C 阶段：任务需求继续增加，脑力负荷达到最高水平，甚至超负荷水平。此时业绩水平降至最低。

从以上模型可以看出，任务需求过低时脑力负荷较低，绩效处于不稳定状态；任务需求适当时脑力负荷适中，绩效最高；而任务需求过高时脑力负荷偏高，需要付出较大努力才能保证作业绩效，当任务需求超过作业人员的能力时出现超负荷的情况，作业绩效大幅降低。

（三）脑力负荷的影响因素

影响脑力负荷的因素非常复杂和多样，主要影响包括作业人员自身的素质和能力、工作内容、为完成工作所付出的努力、完成工作的时间要求、工作要求达到的目标等。对于脑力负荷的影响因素，我们主要从主观和客观两个方面进行陈述。

1. 主观因素

对于同样的工作，受作业人员的主观意愿、工作动机、方式方法、思想情绪、工作状态等影响，作业人员脑力负荷自我感觉并不相同。这些因素都体现在作业人员的信息处理能力上。信息处理能力可以认为是在单位时间内能够处理的信息数量或者能够处理信息的复杂程度。当然，这也与下面要讲的客观因素息息相关。

2. 客观因素

人的脑力负荷与人要完成工作的要求和任务的难易程度等客观因素高度相关。毫无疑问，工作难度越大、任务时间要求越短、任务目标越高，所需要的脑力负荷也越高。

在这里，要提出一个概念，就是时间占有率。时间占有率表示作业人员的信息处理系统在完成给定的工作任务时必需的工作时间。时间占有率和脑力负荷呈正比，时间占有率减小，则脑力负荷降低，时间占有率增大，则脑力负荷升高。

二、脑力负荷评估技术

现有的脑力负荷的评估或检测方法主要有主观量表法、任务绩效法和生理参数法。其中，主观量表法和任务绩效法一般在任务后进行评价，在实际应用中趋于成熟；生理参数法的应用比较前沿，优点是可以实时监测脑力负荷，对于人机系统的实时脑力负荷预警、干预和反馈调控等方面具有较好前景，但在技术实现上需进一步优化。下面分别简要介绍这3类方法。

（一）主观量表法

1. 概念

主观量表法是指作业人员任务后主观填表报告脑力负荷水平，已经作为人机系统脑力负荷评估的重要手段而得到广泛应用。

2. 评估技术

（1）NASA-TLX 评估技术。

美国国家航空航天局任务负荷指数（National Aeronautics and Space Administration Task Load Index，NASA-TLX；Hant 和 Staveland，1988）是一种用于收集人-机系统中操作者主观评定信息的量表，一开始用于航空航天飞行员、控制室操作员以及指挥控制员等人员的脑力负荷评定，后续研究将量表的应用延伸到铁路驾驶、核电站控制操作、机器人辅助研发等领域。它将任务负荷分为脑力需求（Mental Demand）、体力需求（Physical Demand）、时间需求（Temporal Demand）、主观绩效（Performance）、努力程度（Effort）和挫败感（Frustration）6 个维度，每个维度都是在 0~100 范围内取值；作业人员完成任务后根据自己主观感受对每一维度进行评分，并主观评估每一维度在任务负荷中的权重。最终负荷总分为每一维度得分与其对应权重加权求和得到。

（2）SWAT 评估技术。

工作负荷主观评估法（Subjects Workload Assessment Technique，SWAT；Reid 和 Nygren，1988）最初用于评估飞行员在驾驶舱环境下的工作负荷，可以说除了评估工作负荷指数的 NASA-TLX 方法外，SWAT 是测量操作者工作负荷最常用的技术。SWAT 具有 3 个维度：时间负荷、心理努力负荷和应激负荷。时间负荷是指在限制的时间范围内执行任务的程度和同时执行多个任务的程度；心理努力负荷与任务的注意力要求相关联，如注意多个信息源，并执行计算任务；应激负荷主要由操作者变量构成，如疲乏、训练水平以及情绪状态。在使用中，要求参与者对量表中的 3 个维度进行评分，量表中 3 个因素及每个因素的 3 个状态，共形成"3×3×3=27"个脑力负荷水平。这 27 个脑力负荷水平被定义在 0~100。当 3 个因素都为 1 时，其脑力负荷对应的水平为 0；当 3 个因素都为 3 时，脑力负荷水平为 100。SWAT 三点评定量表如表 6-5 所示。

表 6-5　SWAT 三点评定量表

维　度	时间负荷	心理努力负荷	应激负荷
状态一	经常有空闲时间：与其他活动重叠或受其他活动的干扰不是经常发生，或根本就不会发生	很少有意识心理努力或对注意集中性要求很低：活动几乎是自动化的，需要很少或不需要注意力	很少有困惑、风险、挫折或焦虑，即便有也易于适应
状态二	偶尔有空闲时间：其他活动频繁干扰或重叠	中等有意识心理努力或注意集中性：由于任务的不确定性、无法预测或不熟悉，活动的复杂度中等；需要适度的注意力	因困惑、挫折或明显的焦虑构成了工作负荷，处于中等应激状态：要求有明显的补偿来保持良好的绩效
状态三	几乎从来没有空闲时间：其他活动的干扰或重叠非常频繁或一直存在	需要很高的心理努力和注意集中性：非常复杂的活动，需要投入全部注意力	由于困惑、挫折或焦虑情绪，处于很高水平的应激状态：需要非常高的决心和自我控制能力

（3）心理努力评定量表 RSME。

心理努力评定量表（Rating Scale Mental Effort，RSME），将操作者动用脑力资源努力程度从完全没有努力到极大努力划分为 9 个不等的区间，并对应着 0~150 的取值范围，作业人员在任务后根据主观感受进行评分。

（4）多重资源问卷 MRQ。

多重资源问卷（Multiple Resources Questionnaire，MRQ）由 Wickens 的多重资源理论扩展而来，总共 17 项，每一项对应 MRQ 理论中的一种认知资源解释。使用时用户针对每一项报告任务所对应认知资源的平均使用量在 0~100 评分。

（二）任务绩效法

1. 主任务绩效测量

（1）概念。

主任务绩效测量是作业人员在工作中投入主要精力进行的任务，是相对于人们在工作中投入较少精力的次任务而言的。这种划分是为了更好地评定脑力负荷，在评价脑力负荷时必须界定好任务的主次之分。主任务测量评价方式是通过采集作业人员的工作业绩指标并通过这些指标的好坏来判断脑力负荷的。

（2）原理。

当工作难度增加时，人们要付出更多的努力，需要更多的脑力资源去应对。脑力负荷增加，作业人员的工作成效通常会有变化，工作质量会有下降趋势，而作业人员的工作业绩指标目前一般均可以测量，因此作业人员的工作成效可以作为反映脑力负荷的指标。

（3）评价指标和评价方式。

主任务测量的主要评价指标是作业人员的工作成效（如工作效率、时间进度、工作结果、出差错概率等）。目前多采用对速度和准确度的测量。

但这种方法也存在明显的不足，作业人员的工作成效与工作性质密切相关，不同的工作性质决定了一种评价指标难以对不同工作性质的工作进行评价比较；另一个不足是研究人脑力负荷的目的之一就是要通过脑力负荷预测作业人员的工作成效在脑力负荷增加多少时会降低。因此如果工作成效在人的脑力资源可以应对的范围内，就很难测量；只有在工作难度超出了作业人员的主观努力后，工作业绩指标与脑力负荷才是对应关系，此时脑力负荷变化，业绩指标也发生变化。

（4）举例。

在一项驾驶任务的研究中，研究者将速度、横向位置和车头时距作为主任务的绩效测量指标。选择什么样的测量指标取决于所要分析的任务和系统，以及分析所使用的设备。

2. 次任务绩效测量

（1）概念。

次任务绩效测量是让作业人员在同一时间内同时进行两个工作任务：一个是主任务，另一个是额外选定的工作任务（次任务）。

（2）原理。

当主任务的脑力负荷比较高时，作业人员会投入较多的精力应对主任务而对次任务投入较少甚至不投入精力，那么次任务的完成效果就会较差。相反，如果主任务脑力负荷比较低，作业人员就会有较多的精力完成次任务，那么次任务的完成效果就会好，这样通过次任务的绩效指标就可以间接测量作业人员完成主任务的脑力负荷大小。

（3）评价方式。

目前，采用得较多的次任务绩效测量技术包括任务反应时间、追踪任务、记忆提取任务和心算任务等。但需要注意的是，由于作业人员拿出精力去完成次任务，因而对完成主任务有或多或少的干扰，这在实际工作中有时是非常危险的，会危及人机系统运行。因此这种办法一般在实验室内使用。另外，采用这种方法的前提是假定人的工作能力是一定的，在做不同的工作时运用的工作能力是相同的。但是现实中，人的能力不是一成不变的，受人的工作能力分配的影响较大。

（4）举例：

① 次任务举例1：旋转图形判断任务。

Young 和 Stanton 于 2004 年完成了一项在驾驶模拟器环境下对脑力负荷进行测量的研究。该研究中，主任务绩效测量包括记录速度、横向位置和车头时距（与前车的距离）等数据。次任务则设计成与驾驶汽车主任务竞争相同注意资源的任务。次任务由一组旋转图形任务组成，向参与者随机呈现一对手握一面或两面旗帜的贴图（一面旗帜垂直向上；另一面旗帜则进行 0°、90°、180 或 270°的旋转，旗帜由正方形或菱形组成）。要求参与者根据图中举着的旗帜，通过按钮做出关于人物是一样或不同的判断。对参与者的正确反应进行测量，并且假设正确反应的频率越高，参与者的剩余容量就越多。

② 次任务举例2：听觉 Oddball 任务范式。

Wester 等人于 2008 年完成了一项用主要和次要任务来测量驾驶工作负荷的实验。在这项研究中，采用听觉 Oddball 任务范式，按随机标准呈现偏差和新异的声音刺激，同时使用保持车道行驶的主任务。Wester 等人将次任务的结果与 EEG 测量的大脑活动进行了比较，发现在伴随有主任务的情况下，次任务的 ERP（事件相关电位，一种对大脑活动的测量）振幅明显低于次任务单独进行时的 ERP 振幅。

③ 次任务举例3：时间估计任务。

Baldauf 等人在一项采用模拟驾驶任务测量脑力负荷的研究中探索了使用时间估计任务作为次任务的效果。为了确定时间估计是否适合工作负荷的测量，他们将皮肤电位活动的脑力负荷测量技术与工作负荷主观评估技术进行了比较。时间间隔测量要求任务的参与者自行估计 17 s 的时间，每到 17 s 按压 1 次按钮。结果表明，当任务难度增加时，上述所有 3 种测量的时间估计误差均增加，并且时间间隔测量任务并没有对驾驶主任务构成影响。Baldauf 等人认为，伴随着工作负荷水平的增加，时间估计的误差也会增加，因此时间估计此任务对工作负荷的变异是敏感的。

（三）生理参数法

1. 概念

生理参数法是指通过从生理信号中提取出对脑力负荷敏感的因素，实现脑力负荷检测的方法。

2. 原理

随着任务要求的增加，作业人员各种生理信号会发生显著的变化。

3. 评价方式

脑力负荷检测所采用的指标通常是便于采集、处理，设备易便携化的生理信号，如心率、心率变异性、眼动数据、脑电（EEG，ERP）、皮电、呼吸波等与中枢神经系统活动直接或间接相关的生理信号。

在对作业人员脑力负荷的实际研究中，通常将生理测量结合主要和次要任务绩效测量以及工作负荷主观评估等技术一起使用。

4. 基于生理信号的脑力负荷实时监测

在诸如载人航天、飞机驾驶等复杂且安全性要求较高的人-机系统中，需要对系统造成的脑力负荷进行实时评估。在对人的脑力负荷实时监测过程中，可以实现基于脑力负荷实时反馈、动态调节人机任务分配，避免出现过高或过低的脑力负荷，以实现最佳人-机任务分配和人机协作过程，提高人-机系统作业绩效和安全性、改善作业人员的主观体验，从而保障系统的工作效率和安全性。

利用生理信号进行实时、客观、高效的脑力负荷，是主观量表法和任务绩效法都无法实现的。目前很多脑力负荷的前沿研究，引入人工神经网络、支持向量机、线性判别分析等机器学习的方法建立脑力负荷识别模型，这些研究使在线脑力负荷识别成为可能。

5. 举例

（1）基于心率的脑力负荷研究。

心率是十分常见的工作负荷生理学测量方法之一。其基本假设是：随着工作负荷的增加，作业人员的心率也会增加，因此心率变异性（HRV）可作为衡量工作负荷的指标。一项试验研究报告表明，在工作负荷增加的条件下心率变异性（心节律）降低。

（2）基于眼动数据的脑力负荷研究。

在作业人员脑力负荷评估中也使用眨眼率作为评估指标，这是因为视觉要求的增加会导致眨眼率的下降。有学者在一项研究中证实了飞行环境条件下眨眼率和视觉工作负荷之间的关系，同样较高的视觉要求会导致作业人员的眨眼率下降，这样能够增加视觉信息的输入量。

（3）基于脑电的脑力负荷研究。

基于脑电的脑力负荷评估研究是近年来脑力负荷研究的热点。脑电信号中含有丰富的大脑活动信息，是脑科学、认知科学研究中认识大脑功能和心理活动的重要途径，具有高时间分辨率、低成本、无创、易采集、可便携化等优点，是面向复杂作业场景应用、最具潜力的实时脑力负荷检测手段之一，也是目前研究最多、敏感性最高的神经生理信号脑力负荷识别方法。现有脑力负荷研究表明，脑电成分中的自发脑电 sEEG 和事件相关电位 ERP 都不同程度对脑力负荷敏感，都可用于研究脑力负荷的神经机理和脑力负荷检测。

① 脑电 θ、α、β 波：已有研究表明脑电 θ、α、β 等频段的能量对脑力负荷变化敏感，当人处于较高警觉性并进行较高难度的任务时，脑电活动的主要成分会趋向幅度较低、频率较高的 β 频段，当人处于清醒但较低的警觉性时，脑电的 α 波活动增强；当人处于困倦状态，θ 波会明显增强。一般认为，心理压力、思维活跃和注意都会促使脑电活动向较高频段移动并且抑制 α 波的活动，α 波能量通常与脑力负荷有负相关的关系。

② 脑电成分：已有的研究认为 ERP 中的 P300 成分能够反映注意和工作记忆处理，并且其幅值随着脑力负荷升高而降低。除了 P300 成分，ERP 中的早期成分 N100、N200、P1 和 140～280 ms 的正-负成分都对脑力负荷的变化有响应，而 ERP 中的晚期正/负慢波成分与高工作记忆负荷和认知资源分配有关。这些研究都能够证明 ERP 对脑力负荷敏感。

③ 研究范式：总结已有的研究发现，基于脑电的脑力负荷研究相应地也可以分为两类，分别是基于单任务范式的脑力负荷研究和基于双任务范式的脑力负荷研究。单任务范式是指被试在执行脑力负荷任务过程中无其他与任务不相关的辅助任务或刺激，这种范式下通常采用 sEEG、ERP 或两者结合实现脑力负荷识别；双任务范式是指被试在执行脑力负荷任务的过程中，同时施加了其他与任务不相关的辅助任务或刺激，这种范式下通常采用辅助任务或刺激诱发的 ERP 实现脑力负荷识别。

知识点导图

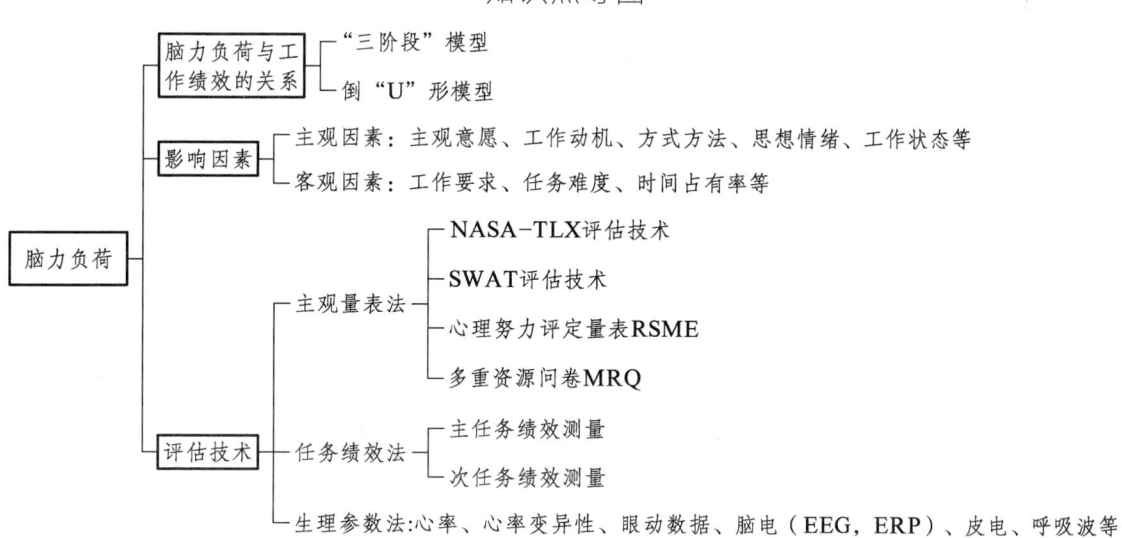

第三节　压　力

交通运输行业具有高风险、不可逆、多环节、大信息量的特点,给交通运输作业人员带来了更大的压力和挑战。本节深入学习压力尤其是心理压力的知识,认识如何从不同角度对压力进行有效干预;紧密结合交通运输行业实际,从人因安全角度出发,介绍压力的基本概念、压力产生的心理机制及评估压力的方法等内容。

一、压力概述

(一)压力的定义

压力是人与环境相互作用的产物,是个体察觉到"需求-能力"不平衡而引起的身心紧张状态。人会受到各种来自内外部环境的刺激,当人对这些刺激做出判断,认为它超过了自身的应对能力及应对资源时,就会产生压力。

(二)压力的特征

压力有以下 4 个方面的特征,具体如表 6-6 所示。

表 6-6　压力的特征分析

特征	描述	举例
特征 1	压力是环境要求个体做选择或改变时,个体所产生的个人感受	高铁司机行车过程中收到调度信息与前方信号显示不一致,需要做出紧急判断
特征 2	压力是个体的主观反应,是对未知事件进行解释的结果	上司要求职工到办公室,职工就开始了各种悲观猜测,内心开始产生压力
特征 3	压力是持续不断的精力消耗,是一种心力衰竭	持续的长时间的紧张加班,睡眠不能保证,身体各方面出现问题,心烦意乱
特征 4	压力是个体面临威胁时的本能反应	职工在多人竞争一个岗位时产生的压力

(三)压力的种类

1. 按压力性质,分为一般单一性压力、叠加性压力和破坏性压力

(1)一般单一性压力:主要指日常生活中不可避免的一些生活事件,如职业、学业、婚姻恋爱、生活变迁、丧失亲友等。

(2)叠加性压力:主要指两个生活事件同时发生或前后相继发生,从而构成双重压力。

(3)破坏性压力:主要指重大的天灾人祸,如战争、自然灾害,危及生命的攻击与伤害、被强暴等。

2. 按压力的作用方向，分为正性压力、中性压力和负性压力

（1）正性压力：有益的压力，产生于个体被激发和鼓舞的情景中，当压力持续增加，正性压力会逐渐转化为负性压力。

（2）中性压力：一些不会引发后续效应的感官刺激，无所谓好坏。

（3）负性压力：有害的压力，经常被简称为压力，如险些发生交通事故、工作中频繁地加班等。负性压力又可以分为两类：急性压力和慢性压力。前者来势汹汹但迅速消退；后者出现的时候不太强烈，但旷日持久。

3. 按严重程度，分为轻度压力、中度压力、重度压力和破坏性压力

（1）轻度压力：压力源不大，刺激比较轻，难度较小，稍微努力就能完成，一般无需关注和进行特别的调控。

（2）中度压力：介于轻度和重度之间，可自行调节。

（3）重度压力：由于压力源大，给人造成了严重的心理冲突，导致焦虑和抑郁持续的时间比较长，程度比较严重，需重点关注和及时干预。

（4）破坏性压力：又称极端压力，包括战争、大地震、空难以及被攻击、绑架等。破坏性压力的后果可能会导致创伤后压力失调、灾难症候群、创伤后压力综合征等，需尽快进行专业的心理咨询和治疗。

（四）压力的诱因

1. 压力诱因概述

个人压力的诱因统称为压力源。个人的人格、家庭情感状态、工作性质、环境与天气等都可以成为压力的诱因。

（1）生物性压力源。

生物性压力源，是指直接阻碍和破坏个体生存与种族延续的事件，包括躯体疾病创伤或疾病、饥饿、性剥夺、睡眠剥夺、噪声、气温变化等。

（2）精神性压力源。

精神性压力源，是指直接阻碍和破坏个体正常精神需求的内在事件和外在事件，包括错误的认识结构、个体不良经验、道德冲突及长期生活经历造成的不良个性心理特点等。

（3）社会环境性压力源。

社会环境性压力源，是指直接阻碍和破坏个体社会需求的事件，分为两方面：一是纯社会性的，如重大社会变革，重要人际关系破裂，家庭长期冲突，战争，被监禁等；二是由自身状况造成的人际适应问题等。

造成压力的诱因绝大多数是综合性的，在对人员压力问题进行研究和分析时，必须把以上 3 种压力源作为有机整体来加以考虑。

2. 案例

有研究分析了动车组在铁路上投入运行之后，对高速铁路客运服务人员造成的心理压力

问题，阐述了压力源和生理心理表现。通过这一研究案例，我们也可以对交通运输其他岗位进行压力源分析。

（1）压力源分析。

① 机车驾驶室装备更新升级。要求机车司机尽快适应新设备，具备敏捷的判断和应急处理能力，在作业时对机车运行信息进行高度监控，对作业程序要求更加规范。

② 列车运行速度和密度的提升，带来高速铁路客运服务人员心理紧张和生理疲劳的加剧。提速后工作环境的改变也要求高速铁路客运服务人员的作业更加规范，应急处置更加高效。同时高速行驶时视景变化极快形成的高密度冲击也加大了高速铁路客运服务人员的心理和生理疲劳。

③ 由于企业经营体制改革后实行长交路、车循环、轮乘制等，高速铁路客运服务人员的工作强度加大了，从而使部分高速铁路客运服务人员超劳现象更加严重。

④ 管理措施的强化，在安全责任意识加强的同时使高速铁路客运服务人员感受到的压力增加。

⑤ 生产力布局的调整，带来高速铁路客运服务人员流动性加大，也使作业时间之外的准备时间增加。由于机务段的大规模重组、车间的调整、机车交路的变化，高速铁路客运服务人员可能较长时间远离家庭而担当作业，且出乘路途过长，使高速铁路客运服务人员休息时间缩短，这样长期积累易造成生理疲劳。

（2）生理、心理的表现与影响。

① 生理表现。长期睡眠不足，血压升高，心跳加快，呼吸急促，肌肉紧张，肠胃不适，甚至出现皮肤的过敏反应，哮喘，心脏疾病等。

② 心理表现。适度的压力可以提高警觉，加强注意力，保持思维敏捷。但是长期、过度的压力则会导致一系列心理问题，出现负面情绪，如忧虑、焦躁、愤怒、沮丧、抑郁等。另外，还会出现思维狭窄、自我效应感降低、注意力分散、记忆力下降，严重的还会出现精神疾病的症状。

二、压力的认知理论模型

（一）压力的内部平衡模型

内部平衡模型又称压力的反应说，认为压力是由于环境刺激物的影响，使人们呈现出的一种心理的反应。这一理论把压力看成是人的主观感受，它着眼于人们对待压力的体验和认知，并且认为压力是以反应为基础的模式，它强调人的心理和精神方面。

情绪心理学家Cannon（1935）曾经提出打或撤的反应问题，他指出远古时代我们的祖先受到动物攻击的时候，身体就会本能地调动全身能量应付，或是准备进攻，或是准备逃走。这时，心脏跳动加重加快，呼吸加速加深，腺体分泌激素，同时更加警觉。这个反应包括一个复杂的交互作用，交感神经的唤醒与肾上腺素分泌的激素之间的交互作用。

在人类社会发展的今天，这种反应依然存在，我们的文化通常又不允许对他人、物体乃至事件进行攻击，所以只能以恐惧、焦虑等紧张的方式加以反应。面对压力每个个体反应的基本模式是相同的，只是表现程度及对个人的影响因人而异。

（二）压力的交互作用模型

交互理论模型是由美国心理学家 Lazarus 在 1966 年提出的。交互理论包括两个主要原则：一是在面临一个情景时，个体与环境相互影响；二是个体与环境的关系超越独立的个体与环境的结合，它们的关系总是在变化着。

如果个体与环境的关系是有压力的话，首先，个体要认为自己所面临的工作与个人有重要关系；其次，只有当个体认为外部或内部的要求使用或超出了自己的资源时，心理压力才会发生。

交互理论模型将人们对于外界刺激的评价分为 3 种：伤害、威胁、挑战。而压力的产生取决于 2 次评价：初级评价和二级评价。在初级评价中，个体考察所面临的情景对于自己的重要性，找出是否存在压力源；在二级评价中，个体考察的是自己所具有的应对压力的资源。

交互理论通过人与环境的关系来探讨工作压力的产生原因，这是它值得肯定的一面；但同时交互理论仍将人和环境都看作是静止不变的，这也正是它的缺陷所在。

（三）"工作需求-控制"模型

研究者 Karasek 在大量的职务再设计和工作压力研究的基础上建立了 JDC 模型（Job Demand-Control Model）。JDC 模型从工作特征出发，对工作压力做出解释和预测。

Karasek 认为，工作压力的产生源于工作本身所包含的两个关键特征，即工作要求和工作控制的共同影响。工作要求是指存在于工作情境中反映员工所从事的工作任务的数量和困难程度的因素，主要包括工作负荷、角色冲突以及问题解决要求等；而工作控制则反映了员工能够对工作行为施加影响的程度，主要包括技能和决策力量。

JDC 模型包含两个基本假设：第一，高工作需求、低工作控制导致高工作压力；第二，当工作需求和工作控制均处于高水平时，工作动机增强，有利于提高员工的工作绩效和工作满意感。在此情况下，高工作需求非但不是工作压力源，反而是对员工的激励因素。

进入 20 世纪 80 年代后，这一模型中又加入了一个社会维度：社会支持，使这一模型变成 "工作需求-控制-支持模型"（简称 JDCS）。JDCS 模型提出了以下主要结论："高需求—低控制—低支持" 的工作往往导致工作压力和生理疾病；"高需求—高控制—高支持" 的工作将增加学习、动机和技能的发展。

（四）"压力源-压力体验-压力结果"模型

"压力源-压力体验-压力结果" 模型的提出者 Robbins 认为，压力与限制和要求相联系，限制会阻碍人们做自己想做的事情，而要求则是指人们丧失了一些自己所渴望的东西。人们所遇到的各种限制和要求会成为潜在的压力来源。潜在压力要变成现实压力必须具备两个必备条件：活动结果的不确定性和结果对人们的重要性。无论条件如何，当人们在能否抓住机会、能否排除限制因素、能否避免损失这些问题上无法确定时，就会产生压力。同时，重要性也是一个关键因素，事情的结果对个体非常重要，则压力感大。该模型在组织压力管理的实践和有关压力管理的理论研究中得到了广泛的应用。（见图 6-3）

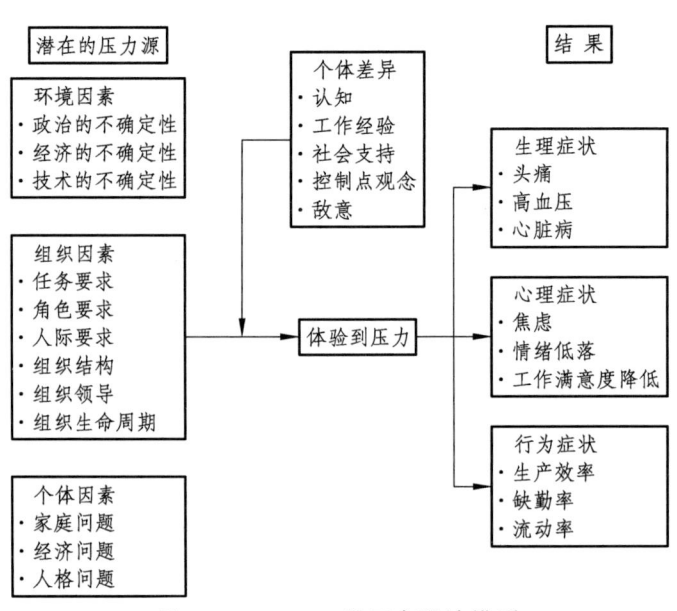

图 6-3　Robbins 的压力理论模型

（五）"压力源-个性特征-应对机制-压力结果"模型

研究者 Williams 和 Cooper 提出了工作压力的动态作用模型，又称为"四元模型"。此模型包含工作压力源、应对机制、个性特征及工作压力结果 4 个要素（见图 6-4）。此模型认为，工作压力源、个性特征和应对机制的共同作用产生工作压力结果。此模型的特点是把压力分为积极压力和消极压力两种类型，认为工作压力结果可以是积极的后果，也可以是消极的后果。这要视工作压力源、应对机制和个性特征这 3 个变量的共同作用所影响，也即这 3 个变量的不同组合可以产生完全不同的后果，可能是积极的后果，如员工个体实现了成长；也可能是消极的后果，员工个体产生了工作焦虑，生产效率低下等消极后果。

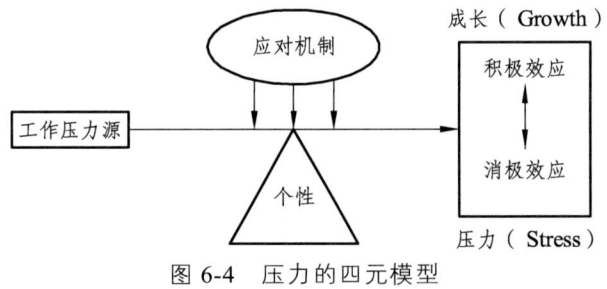

图 6-4　压力的四元模型

三、压力的评估

从前面对压力的认知模型研究中可以看出，适度的心理压力有助于人们提高工作绩效、更好地适应环境，高强度的心理压力则使人体产生明显的应激反应。持续的应激状态不仅会诱发各种生理疾病，而且容易诱发认知功能障碍、抑郁和焦虑等心理疾病。因此，一直以来很多学者都在研究可靠且有效地测量和评估心理压力的方法。

一般来说，对压力的测量方法主要包括通过测量人在不同压力下心理感受的主观量表法和基于生理信号的个体心理压力评估法。

(一) 压力的主观量表评估

1. 中文版压力知觉量表 CPSS

压力知觉量表 PSS 由 Cohen，Kamarck 和 Mermelstein（1983）编制，后来由中国学者杨廷忠和黄汉腾（2003）进行中文版修订，即中文版压力知觉量表 CPSS。

该量表评估了 3 种压力情境：日常琐事、重大事件、应对资源的改变。量表包括紧张感和失控感 2 个方面，共 14 个项目，测量被试近一个月以来的压力知觉水平。典型题项有："因为发生一些意外的事情而感到心烦"和"觉得对生活中的重要事情失去控制感"。量表采用 6 级计分，从"从不"到"总是"分别计 1～6 分。总分越高，表明其感知到了更高的压力水平和更高的失控感。

2. OSI 工作压力评估指标

最为经典的工作压力测量工具是工作压力测量指标体系，这一体系被认为是经典的测量指标体系，即 OSI 指标体系。OSI 指标在英国、欧洲和美国作为广泛的诊断工具而被广泛使用，测量了主要的工作压力源、工作压力结果变量（如工作满意度、心理和生理健康指标），以及个性差异指标（如 A 型行为、控制感、应对策略）等变量。

具体来说，OSI 指标建立在 Cooper 和 Marshall（1976）的工作压力模型的基础上。此问卷由 167 个项目组成，测量了工作满意度、健康状况、典型行为、控制感、工作压力源和应对策略。工作压力源量表包括 6 个维度，分别是工作内在的压力、管理角色、人际关系、职业发展和成就、组织结构和氛围、工作家庭冲突。量表使用了 100 多个组织中的 14500 个样本。研究表明，这 6 个维度的量表具有较高的可靠性，alpha 系数在 0.70～0.84。

3. PMI 工作压力评估指标

PMI 指标（The Pressure Management Indicator）是从 OSI 量表发展来的，是一个包含 120 道题目的自我汇报量表。PMI 指标体系与 OSI 指标体系相比，指标体系更加稳定，更加全面，而且比 OSI 指标体系中的题项少。PMI 指标体系提供了对工作压力各个主要维度的综合测量。PMI 工作压力源测量表中包含工作载荷、人际关系、职业发展、管理责任、个人责任、家庭需要和日常困难干扰问题。

4. 工作压力量表

由 Caplan、何爱华、刘源清 3 人一起研究出来的工作压力测量表分成 8 个维度，分别为技术更新与组织变革压力、工作本身、竞争压力、角色压力、工作环境和氛围压力、激励缺失压力、自身能力和素质压力以及人际关系压力，一共 29 个题项。通过每个题打分后，再计算出总分，总分表示工作压力的大小。得分越多，代表压力越大；反之则越小。该表已经通过了大量的实证研究的验证，信效度良好。

(二) 压力的生理指标评估

1. 应激激素测量

应激激素泛指在个体遇到压力事件之后，自主神经系统和 HPA 轴调节身体应对压力时所分泌的肾上腺素等生物化学代谢物。目前广泛应用于人体心理压力研究的激素主要包括儿茶酚胺（包括肾上腺素和去甲肾上腺素）和糖皮质激素（在动物中称皮质酮，在人体中称皮质醇）。

在现实取样中，肾上腺素和去甲肾上腺素仅能通过血样和尿样来获得；皮质醇则可通过血样、尿样、唾液以及毛发来获得。在测量方面，一般通过放射免疫分析仪或高效液相层析仪等专业生化分析仪测量，测量成本较高。

在应用特性方面，血样中的肾上腺素和去甲肾上腺素的半衰期很短（1~3 min），两类激素的水平反映了交感神经活动的急性状态，该指标仅适用于急性压力研究。而尿样中两类激素及其代谢物相对稳定，反映了个体数小时前的压力体验，该指标仅适用于慢性压力研究。

皮质醇的半衰期较长（大约为70 min）且人体分泌有明显的昼夜节律（通常健康人早晨6—8点清醒时皮质醇水平位于顶峰并大约在午夜时到达最低值），因此皮质醇测量的时间窗很重要。其中，头发中的皮质醇含量反映了取样前数周到数月的应激和社交情境的影响，因此仅适用于慢性压力研究。唾液中的皮质醇总量和皮质醇水平变化在不同时间、不同应激源和不同人群中具有高度的一致性，因此该指标适用于急性和慢性压力研究。

2. 心血管反应测量

心血管反应泛指个体在遇到压力事件后，心脏及血管（包括动脉、静脉及微血管）在应对压力时产生一系列心率、心排血量、心搏量等综合变化。这种综合变化受到交感神经系统及体内应激激素的调控，可准确反映人体心理压力的变化。心理压力的心血管反应具有情境特异性。例如，在应对危险而需要个体唤醒度高时，心率和收缩压明显上升；在探测危险而需要个体安静和注意力集中时，心率会暂时下降，心排血量减少等。

心血管反应测量技术要求高且成本高。心血管反应测量的设备为医用专业仪器，不仅需要专业医学训练的人员记录信号和分析，而且设备和耗材价格昂贵，且测量设备无法在日常工作、学习以及特殊作业环境下测量。测量过程无法避免测量自身产生的压力反应，很多人看到医务人员或专业人员操作电极的时候，就易触发心理压力。

3. 心率变异性测量

心率变异性指窦性心律的波动变化程度，受到交感神经系统和副交感神经系统的双重调节，可有效地反映个体在不同压力下的心血管反应变化。现有的心理压力研究发现，通过心动周期邻近两个R波间隔（见图6-5）的变化计算所得的时域、频域、非线性特征能反映个体在不同任务中的心理压力变化。

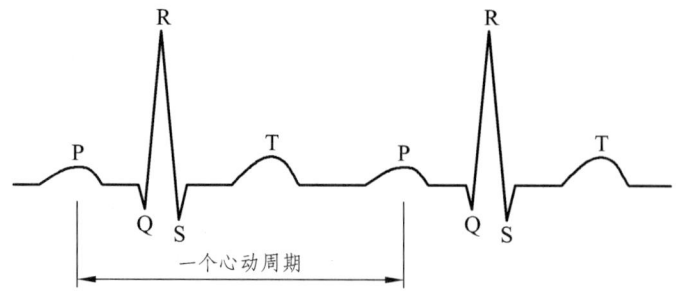

图6-5　心动周期示意图

4. 血谱成像技术

血谱成像技术（Transdermal Optical Imaging，TOI）是近年来一项较为新颖的无接触生理信号检测技术，它采用高清数码摄像机远程实时捕获面部的视频图像，通过机器学习算法获取面部皮肤下的血红蛋白含量变化，进而获得个人的心率、心率变异性等各种反映心血管反应的生理指标。

由于人体面部的不同部分在不同情境下具有不同的空间和时间激活模式，因此，从面部血谱成像技术可以提取各个特定面部区域中的面部血红蛋白浓度变化，然后将来自个体的这些多维和动态数据阵列与基于规范数据的计算模型进行比较，以推断个体的内在情绪状态（如情绪类别、情绪效价、情绪强度等）。

四、压力的干预

交通运输行业的特殊性以及诸多压力，给企业员工造成了较大精神压力、思想困惑和情绪波动，也给企业安全运输和职工队伍稳定带来潜在隐患。下面我们主要从个人压力的干预和管理者对员工压力的干预管理两方面着手，阐述对压力的干预手段。

（一）个人压力的干预

1. 宣泄减压

宣泄是一种将内心的压力排泄出去，以促使身心免受打击和破坏的方法。宣泄内心的郁闷、愤怒和悲痛，可以减轻或消除心理压力，避免引起精神崩溃，恢复心理平衡。

安全地发泄心中的压抑情绪，会同时释放聚积的"攻击性能量"。这种存在于内心却又未表达出来的"攻击性能量"对人的身心健康影响非常大，因此安全地表达与释放出"攻击性能量"对人的身心健康是十分有益的。那么如何安全地释放出"攻击性能量"呢？在很多企业或单位中，会建有宣泄室。如果没有宣泄室，可以选择其他无人的室内空间。我们可以在宣泄室里猛烈地打、骂、涂污橡皮人，也可以在森林里、空旷无人之处、海边等场所大声地喊叫或谩骂。在这些场所中宣泄，既能起到宣泄情绪的作用，同时又比较安全，不会引起麻烦。

心理宣泄虽然有积极的作用，但也可能引起不良后果。我们所说的"宣泄"并不是指纵情发泄，不能把宣泄误解为"想说就说，想做就做"或"想打就打，想骂就骂"的"尽情发泄"。因为这种只顾一时痛快的宣泄虽然可让我们一时解气，但可能导致更加糟糕的后果。另外，我们在宣泄不良情绪的时候，还要注意不要给自己和他人造成伤害。而且宣泄情绪也不能没有节制，以免养成一种不顾后果的随意发泄的习惯。

2. 情绪调节

承受压力时人们往往伴有消极的、剧烈波动的情绪，因此掌握一些简单的情绪调节的方法，可以舒缓压力，恢复内心平衡。基本上可以遵循"识别—感知—转移—平衡"的路径来实现情绪调节。

（1）学习基本的心理健康知识，学会体验自己的情绪状态，能够客观地描述自己的心境与情绪。

（2）营造良好的人际氛围和生活环境，搞好人际关系和家庭关系，使生活充满欢乐和谐的气氛。

（3）转移注意力。当自己暴怒或非常气愤时，应设法转移注意力并离开现场，使情绪平静下来。也可以针对自己的性格特点，借助某一事物或某种联想，来提醒和约束自己。

情绪调节的方法有很多，需要个人针对自己的个性特点、习惯和爱好来寻找对自己有效的方法。

3. 音乐减压

音乐是一定频率的声波振动，这种物理能量可以转移和化解人们的心理焦虑，产生愉悦的感觉。音乐还能通过神经内分泌系统，进一步对人体机能进行调节，如促进血液循环，促进胃肠蠕动及唾液分泌，加强新陈代谢等，从而使人精力充沛。

音乐对神经系统有积极的调节作用，不同的乐曲对人体的作用不尽相同。所以要针对工作性质的不同和紧张程度，选择合适的音乐。例如，长时间脑力劳动后，听一听节奏明快、优美的轻音乐，能使你很快松弛下来；当你精神不振时，可以听听节奏感强、富有激情的音乐，以增强信心。但是也要注意不要过于激动地长时间听节奏感强的音乐，以免让听觉器官承受负担过重而引起疲劳。

除了以上压力干预方法之外，平时也要注意保持充足的睡眠时间和适当的体育锻炼，以缓解精神压力，使生理和心理恢复健康状态。

（二）管理者对于员工压力的干预管理

领导在日常管理中要注意人性化管理原则，通过谈话和调研分析员工体会到的压力及其类型，从组织层面上拟订并实施各种压力干预方案，有效管理减轻员工压力。可以采取以下的做法：

（1）营造良好的工作氛围和条件。管理者要注重给员工提供一个舒适、避免干扰的工作空间和环境，关注噪声、光线污染等环境因素，以提高员工的安全感和专注力，减轻压力；加强企业文化建设，弘扬企业文化；要营造良好的企业文化氛围，鼓励并帮助员工提高心理保健能力，学会缓解压力、自我放松。

（2）有效引导。管理者要引导和帮助员工改变其心态和行为方式，使员工能够正确对待压力。例如，重新确定发展目标、增强业务技能水平、培养员工多种业余兴趣爱好等，都是很好的引导方法。

（3）向员工提供压力管理的信息、知识。单位可为员工提供有关保持心理健康与卫生的期刊、杂志，让员工免费阅读。这也能体现企业对员工成长与健康的真正关心，使员工感受到关怀与尊重。

（4）聘请专业人士为员工提供心理咨询服务。免费向承受压力的员工提供心理咨询，使员工达成一种共识："心理问题就像身体不适一样，是一种正常现象，需要及时向心理咨询师寻求帮助。"

知识点导图

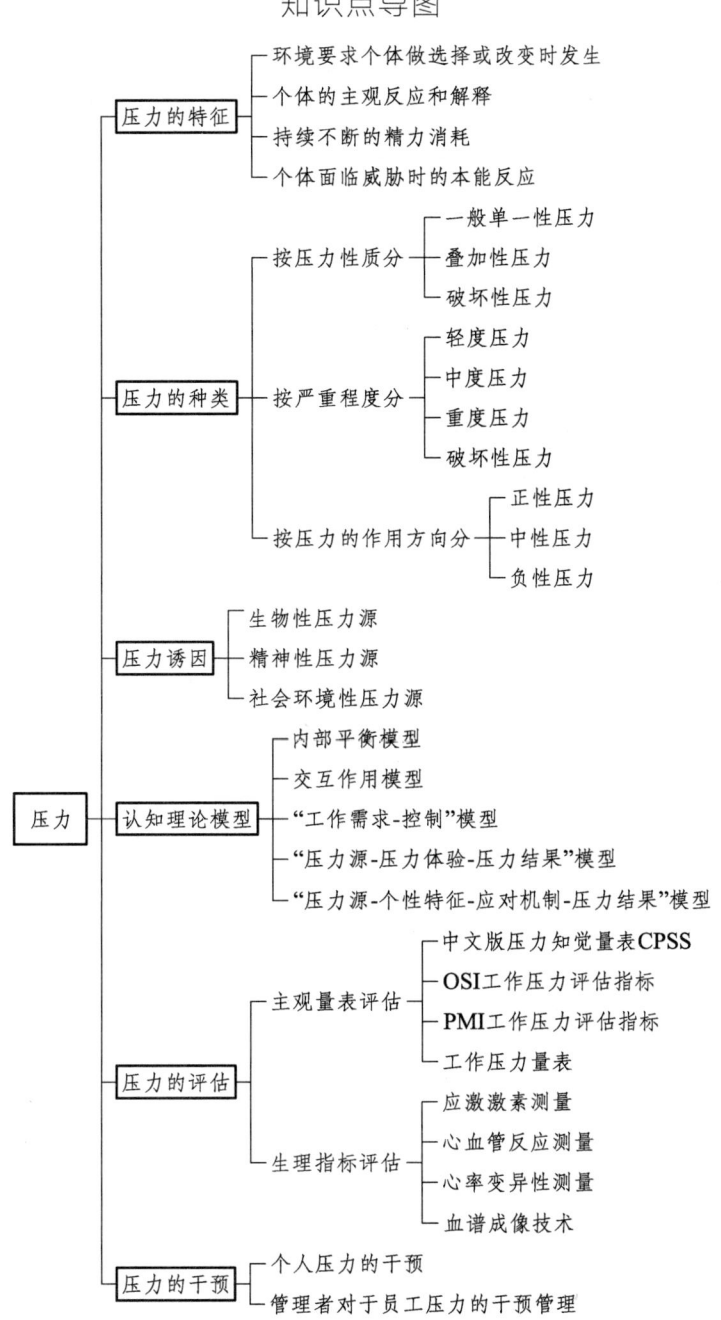

第四节 生物节律与睡眠

作业人所处的生物节律周期和睡眠情况，在很大程度上影响疲劳程度。本节主要介绍生物节律和睡眠的基本概念、表现及造成疲劳的成因，及其对轨道交通行业人员工作绩效的影响。

一、生物节律

（一）生物节律概述

1. 生物节律的内涵

人体的各种生理、生化功能，心理行为和反应以至细胞形态和结构等都具有节律性变化的特点，这就是生物节律（Biological Rhythm）。它是生物在漫长的进化历程中，在体内形成的一种近似钟的机制。作为生命活动的基本特征之一，一些生理节律对人的心理和社会行为，如工作表现等都有着明显的影响。

2. 昼夜生物节律

（1）昼夜生物节律的概念。

昼夜生物节律（Circadian Rhythm）是指生命活动以 24h 左右为周期的变动。就人类而言，是指人体生理、心理功能近似以 24h 为一个周期的内源性节律。人类的这种功能受"内在时钟"的控制，以适应地球表面的昼夜交替变化，并在外环境作用下，逐渐形成内环境稳定和节律稳定。

（2）昼夜生物节律的特性。

① 昼夜生物节律具有内源性特征。即使外界的所有时间信号均被剥夺，人类仍表现出内在的固有的节律特征，保持很明显的接近 24h 为周期的昼夜节律。这种在缺乏外界时间信息条件下仍能继续保持的生理节律称为"自主性节律"（Self Rhythm）。一般来说，自主性节律的周期通常为 24 h 左右。人的心血管、呼吸、内分泌、代谢等生理功能，以及感知、记忆、思维、注意等心理功能，都显示出与环境周期相同步的昼夜生物节律性变化，表现出一定的周期性特点。其中的睡眠-觉醒周期是人类昼夜生物节律最明显的表现之一。一般来说，白天是人们从事工作、学习、娱乐等活动的时间，而当夜幕降临以后，活动逐步减少，并最终进入睡眠状态。

② 昼夜生物节律具有可塑性。人的心理功能的节律变化可以经过刻意联系和系统训练，在一定范围内改善。例如，在管理上提高工作动机和努力程度，改进工作效率和工作能力。

（3）昼夜生物节律的功能。

① 生理功能。

人体几乎有 100 种以上的生理功能具有昼夜生物节律性，如体温、内分泌、泌尿、呼吸、心血管、神经活动，甚至造血机能都表现出傍晚高潮而在凌晨陷入低潮的特征，它们以 24 小时为一个周期变化。就交感神经活动而言，白天交感神经活动占优势，而夜晚则是副交感神经活动占优势。生理功能的昼夜节律中，最典型的就是人体体温的昼夜周期性变化。

例如，人的体温在清晨 4~6 时最低，7~9 时迅速升高，此后上升缓慢，17~19 时达到最高值，继而下降。人的体温的最高值与最低值之间相差约 1 ℃。当体温下降时，睡眠会逐渐到来；而体温升高时，人则会从睡眠中醒来。

② 心理功能。

心理功能也存在似昼夜生物节律性变化。人的警觉度、反应时间、视觉寻觅速度等功能，都是在早晨（刚睡醒）表现最差，而在下午或黄昏时（体温节律的高峰）表现最好。

在心理测试实验研究中，可以通过符号划消测验的表现测查个体的注意搜寻能力与警觉性，反应时可以考察个体的反应速度。数字递加测验可以对个体的数字运算能力进行测验，这些能力是很多作业人员必须具备的基本能力要求。轨道交通从业人员工作能力也具有昼夜生物节律性。事故调查表明，凌晨是驾驶事故或不安全事件的易发时期。昼夜生物节律在心理功能上的表现如图 6-6 所示。

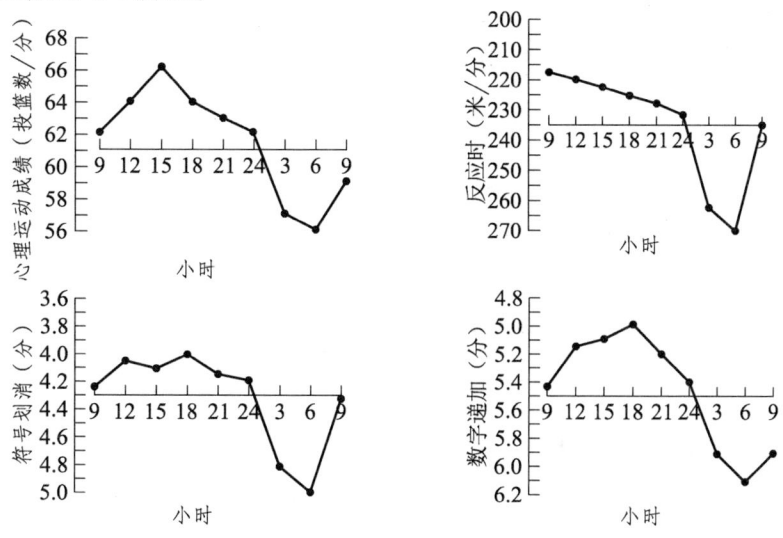

图 6-6　心理功能的节律变化曲线

（二）月节律

（1）月节律的概念。

月节律（Lunar Rhythm）是指有机体生理与心理功能会随着月份的变动而呈现节律性变化的现象。

（2）PSI 周期理论。

PSI 周期理论即以体力、情绪、智力的周期为主线，认为人自出生之日起直至死亡终止，体力、情绪、智力都进行着相当于正弦曲线的周期性节律变化。其中，体力周期 23 天、情绪周期 28 天、智力周期 33 天。用正弦曲线绘制出月节律变化周期曲线，如图 6-7 所示。

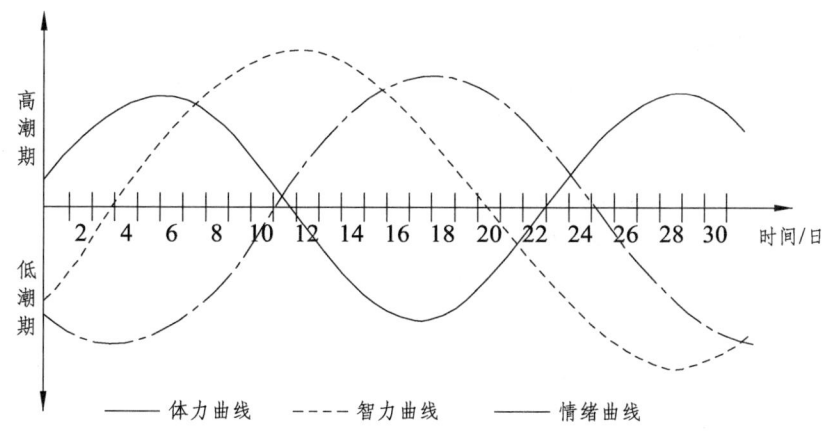

图 6-7　PSI 周期理论变化曲线

在每一个周期中,上半周期对人的活动起到一个积极、良好的作用,称为高潮期。体力表现为体力充沛;情绪表现为有创造力,心情愉快、乐观;智力表现为思维敏捷,更具有逻辑性和解决复杂问题的能力。下半周期对人的活动有一个消极、抑制的作用,称为低潮期。体力表现为容易疲劳、做事拖拉;情绪表现为喜怒无常、烦躁、意念沮丧;智力表现为注意力不集中、健忘、判断准确性下降。

在所有 3 个周期中,由高潮期向低潮期或由低潮期转向高潮期的那一天称为临界日。在体力周期和情绪周期临界日发生事故的可能性很大;而智力周期临界日在安全方面则认为是不重要的,但如果和其他临界日相重,则产生的综合效果增大。在情绪周期与体力周期的临界日相重时,发生事故的概率更大。双重临界日一年中大约有 6 次。在三重临界日一年中有一次,按生物节律的理论,发生危险的概率将增长到最高限度。

(3)月节律对人因安全影响的案例。

日本一家铁路公司查阅了 1963—1968 年发生的 331 起事故,发现其中 59%的事故发生在司机的"临界期"。1969 年该公司开始实行生物节律计划,全年的事故一下减少了 50%。一名瑞士学者对 700 起交通事故的分析发现,57.3%的事故都发生在驾驶员的 3 种生物节律处于临界日时。

有学者运用该理论对 1998 年 1 月—2004 年 2 月中南地区管制原因造成的 9 起飞行事故征候、15 起严重差错事件进行调查分析,这些事件一共涉及 33 名管制员。结果发现,这些事件与当班管制员的人体生物节律指标有一定的相关性,其中 93.3%的飞行事故征候与严重差错事件发生在当事人生物节律的临界状态。

众多事例表明,PSI 周期理论能够在一定程度上对人的身心活动表现予以预测和解释,但迄今为止,PSI 周期理论与事故之间的因果关系并未得到科学实验的证实。但尽管如此,在乘务员和调度人员的工作安排上还是要尽量避免在上述生物周期的低潮期开展重要任务。如果必须在临界日或低潮期值班,应提醒自己小心谨慎、保持清醒头脑和良好心态、严格按章操作,班组人员也要对自己的工作予以积极监控,将可能出现的差错率降到最低。

二、睡眠与睡眠缺失

(一)睡眠的作用

睡眠是有机体节省能量的机制之一,是人类最重要和最基本的生理活动,占人生近 1/3 的时间。通过睡眠这一主动过程,疲劳的神经细胞恢复正常的生理功能,精神和体力得到恢复。具体来说,睡眠有以下几方面的作用:

(1)消除疲劳,恢复体力:睡眠是消除身体疲劳的主要方式。睡眠期间是胃肠道及其有关脏器合成并制造人体能量物质以供活动时使用的好时机。另外,由于体温、心率、血压下降,呼吸及部分内分泌减少,基础代谢率降低,从而使体力得以恢复。

(2)保护大脑,促进记忆:睡眠不足者,表现为烦躁、激动或精神萎靡,注意力涣散,记忆力减退等,如果长期缺少睡眠甚至导致幻觉;睡眠充足者,精力充沛,思维敏捷,记忆力维持较高水平。这是由于大脑在睡眠状态下耗氧量大大减少,有利于脑细胞贮存能量。因此,睡眠有利于保护大脑,提高工作效率。

（3）增强免疫力，康复机体：人体在正常情况下，能对侵入的各种抗原物质产生抗体，并通过免疫反应而将其清除，维持人体健康。睡眠能增强机体产生抗体的能力，从而增强机体的抵抗力；同时，睡眠还可以使各组织器官自我康复加快。

（二）睡眠周期及规律

睡眠过程中存在周期规律，了解睡眠的生物节律可以帮助我们更好地了解睡眠并提高睡眠质量。根据脑电图（Electroencephalogram，EEG）技术显示的脑电波和生理表现，可以发现人从清醒到入睡的整个过程中，人的脑电波有着不同的变化。在 90~100 min 的时间内会经历 1 个有 5 个不同阶段的周期（见图 6-8）。

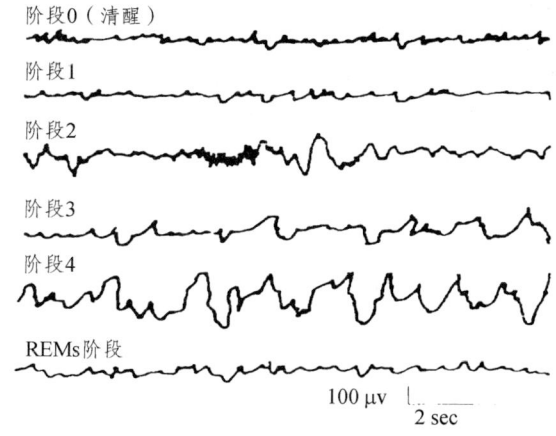

图 6-8 睡眠阶段脑电波态型

注：图下之拐角线，横线下数字表示 2 s 钟曲线的距离，代表频率。竖线为微伏数，代表振幅。

除了阶段 0 清醒状态之外，从阶段 1 开始向下的 5 条曲线代表睡眠的 5 个阶段。这个过程又分为非快速眼动睡眠（non-Rapid Eye Movement Sleep，non-REMs）和快速眼动睡眠（Rapid Eye Movement Sleep，REMs）。根据脑电图及其他身体的变化判断，正常人入睡先进入非快速眼动睡眠（non-REMs）。

1. 非快速眼动睡眠（non-REMs）

阶段 1：睡眠的开始。对于睡眠正常的人来说，这一阶段大约有几分钟的时间。人会感到朦朦胧胧，很容易被惊醒，并能听到周围发生的事情。此时脑电波开始变化，频率渐缓，振幅渐小。

阶段 2：开始正式睡眠，属于浅睡期，持续 30~40 min。这一阶段的睡眠是睡眠时间中最长的一个阶段，若以整夜计算，这一阶段的睡眠占总睡眠时间的 50%。这一阶段的脑波渐呈不规则进行，频率与振幅忽大忽小，其中偶尔会出现被称为"睡眼锭"的高频、大波幅脑电波，以及被称为"K结"的低频、很大波幅脑电波。

阶段 3 和阶段 4：属于深度睡眠，脑电图的波形变为高而宽的 δ 波，又称 δ 睡眠，睡得很沉，意识消失。此时脑波变化很大，频率只有每秒 1~2 周，但振幅增加较大，呈现变化缓慢的曲线。在深度睡眠期，大脑细胞完全休息，精力得到充分恢复；所有身体的机能活动下降，呼吸慢而平稳，心率、血压降低，新陈代谢减缓，表现为副交感神经占优势；脑电波速度变慢，波幅变大；体温下降；生长激素分泌达到高峰；免疫物质产生最多。

2. 快速眼动睡眠（REMs）

睡眠阶段5：个体的脑电波迅速改变，出现与清醒状态时的脑波相似的高频率、低波幅脑波，但其中会有特点鲜明的锯齿状波。睡眠者通常会有翻身的动作，并很容易惊醒，似乎又进入阶段1的睡眠，但实际是进入了一个被称为快速眼动睡眠（Rapid Eye Movement Sleep，REMs）的睡眠阶段。如果此时将其唤醒，大部分人报告说正在做梦，因此又称做梦睡眠。

需要指出的是，睡眠周期是为了研究方便而根据脑电波和生理表现人为划定的，实际上各个睡眠阶段很难划出明确的界线，往往是逐渐变化，重叠交错，各有所侧重的。在整夜睡眠中，人们通常会经历4~5个睡眠周期的反复交替。从入睡到快速眼动睡眠为一个周期，然后再从浅睡进入深睡眠到REMs结束为第二个睡眠周期。大部分深度睡眠出现在前面2~3个周期，即入睡后3~4小时深度睡眠已经完成，这是恢复机体最有效的睡眠时间。

（三）睡眠不足、睡眠剥夺与失眠

1. 睡眠不足

睡眠不足是指没有达到正常的睡觉时间。睡眠不足会带来许多身心的伤害：思考能力下降、警觉力与判断力削弱、免疫功能失调、失去平衡等。

例如，对于铁路司机来说，在排班上有的需要通宵驾驶，这样就会面对睡眠缺失的情况，当通宵工作的时候会出现下班以后也难以入睡、早醒、深睡眠不足的情况。

2. 睡眠剥夺

睡眠剥夺就是指不让人有正常节律的睡眠。如果丧失睡眠，那么机体内各系统就会失去平衡，严重时会导致死亡。

多项研究证实，睡眠剥夺是造成交通事故的重要因素。据赫尔伯特1963年的研究，35%~50%的车祸是由睡眠缺乏造成的。利用驾驶模拟器的研究揭示，驾驶员24小时未睡觉，驾驶不到60 min，就开始打瞌睡。

3. 失眠

失眠又被称为入睡和维持睡眠障碍，是由各种原因引起的入睡困难、睡眠深度或频度过短、早醒及睡眠时间不足或质量差等。

失眠通常可以划分为暂时性失眠和慢性失眠两种类型。

暂时性失眠也被称为情景性失眠，是由于外在工作、生活情景改变造成的暂时适应困难导致的暂时失眠，失眠的时间通常较短，最长也不会超过3周。大多数人在遇到一些令人感到兴奋、压抑或焦虑的事件如严重的家庭、工作或人际关系问题，由于时差或轮班的工作等改变原有睡眠节律，睡眠环境不舒适或对睡眠环境不熟悉时，都可能会出现这种类型的失眠。这类失眠一般会随着事件的消失或时间的延长而改善，但是，如果处理不当，也可能转化成为慢性失眠。

慢性失眠又被称为临床性失眠，指失眠症状至少持续3周。轨道交通作业人员如果出现慢性失眠，就必须尽快采取措施，去医院就医。部分慢性失眠患者由暂时性失眠延续而来，另一些是由躯体化焦虑状态所致，如不安、忧虑、过度警惕、反复思量等。

三、案例：铁路机车司机睡眠状况及对策

（一）铁路机车司机睡眠基本状况

作为铁路生产工作一线的铁路机车司机，他们的身心健康与保证铁路安全运输息息相关。而铁路司机长期的日夜倒班作业模式，打乱了自然睡眠周期的循环；且由于岗位的要求，不规律的外出作业是机车司机的工作常态，使他们难以兼顾工作与家庭，引发焦虑、抑郁等不良情绪进而影响睡眠质量。

有调查表明，动车司机普客与货物列车司机睡眠情况相比较，睡眠障碍问题更为突出。

动车组列车自动化程度高，机车司机单人作业，相较于普客/货物列车司机双人作业，易产生紧张、焦虑等情绪，职业紧张水平亦较普客/货物列车司机高，这都是影响睡眠的因素。他们睡眠不足、睡眠质量、觉醒质量、睡眠时间、睡眠不稳、早醒、失眠后反应等睡眠问题较突出。

（二）针对铁路机车司机睡眠问题的对策与建议

（1）加强睡眠卫生知识宣教，提倡自我睡眠管理。采用微信、健康讲座、健康咨询等多元化的宣传方式，让职工对睡眠的重要性有所认识。引导职工根据自身的作息情况建立规律健康的睡眠习惯，对于睡眠问题已经影响其日常工作生活或已经明确其睡眠障碍是由身体疾病引发的职工，应劝导其及时就医治疗、改善睡眠。

（2）在管理上给予人文关怀，加强心理支持和关爱服务系统的建设。近年来，多个铁路局集团公司已启动员工帮助计划（Employee Assistance Program，EAP），为职工减压赋能。对于重点人群，相关部门可以多了解需求，在能力范围内给予解决。企业的关爱能让职工获得安全满足感，减少焦虑，降低职工职业紧张程度。

（3）继续改善备班公寓环境。公寓的环境会直接影响机车司机备班时的睡眠质量，公寓周围的噪声情况、室内温度湿度的控制设备、窗帘、灯光、寝具等对睡眠都至关重要，建议继续完善公寓环境，提高司机备班时的睡眠质量。

（4）科学合理排班。一线铁路机车司机的主要作业地点是驾驶室，人长时间处在一个封闭、狭小的空间，容易产生焦虑等不良情绪，导致职业紧张水平升高。相关部门在制定一线司机作息制度，安排作业时间、班次时，应考虑这一因素，科学合理安排。

（5）提倡中等强度运动。司机的职业特点多为静坐，休班时间应适当增加体育运动，一方面，可以满足身体活动量，提高职工的身体素质，预防肥胖等引发的睡眠障碍；另一方面，有氧运动可以缓解心理压力和焦虑情绪，调理睡眠，改善睡眠质量。

知识点导图

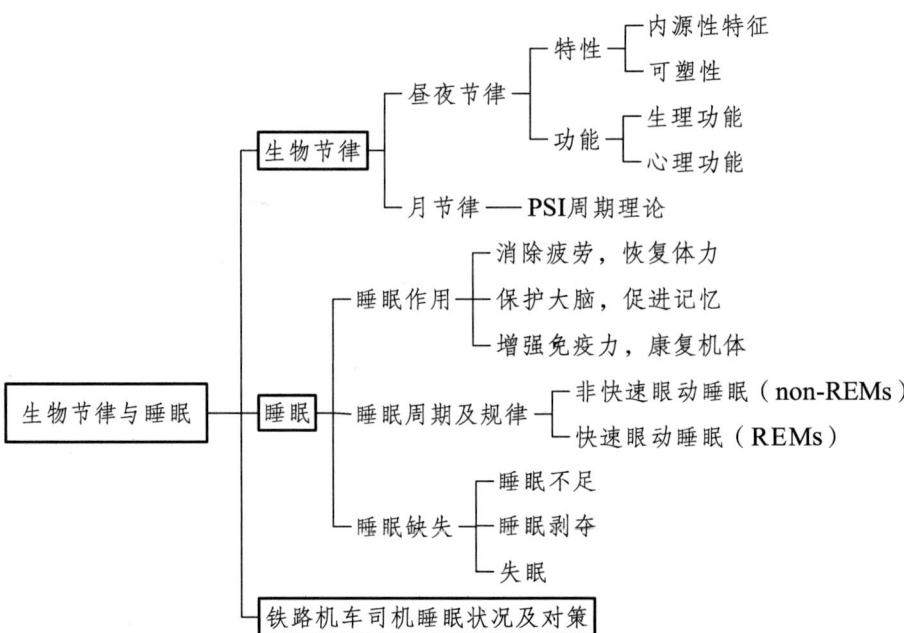

第三篇

PART THREE

作业环境与人因安全

第七章 作业环境概述

轨道交通作业环境涉及普速、高速、地铁等列车内、驾驶室内的环境，以及站台、轨道周围的环境等，当人在这些环境中进行作业操作的时候，环境中的温度、照明、噪声、振动、粉尘、辐射等因素都会对作业安全造成积极或消极的影响。作业环境是进行系统设计和规划管理时必须重点考虑的因素，要尽量排除环境因素对人体的不良影响，营造舒适的作业环境，保护交通参与者的人身安全和健康，最大限度地提升工作效率和系统效能。

第一节 作业环境的概念与分类

一、作业环境的概念

作业环境一般指人的劳动和作业地点周围的物理环境，如办公室、驾驶室、工厂、车间、操作仓等。作业环境的分析是以劳动者个体为中心展开的，研究对作业直接发生作用的环境条件，如空间的大小、照明、通风、噪声等因素。

二、作业环境的分类

对于作业环境的分类，通常按照作业环境对人体的影响和人体对环境的适应程度进行划分。

（1）最舒适区：各项指标最佳，使人在劳动过程中感到满意。

（2）舒适区：在正常情况下这种环境使人能够接受，而且不会感到刺激和疲劳。

（3）不舒适区：作业环境的某种条件偏离了舒适指标的正常值，较长时间处于此种环境会使人疲劳或影响工效，因此，需采取一定的保护措施，以保证正常工作。

（4）不能忍受区：若无相应的保护措施，在该环境下人将难以生存。为了能在该环境下工作，必须采取现代化技术手段（如密封），使人与有害的外界环境隔离开来。

针对不同的研究对象和研究目的，作业环境还有以下几种不同的分类方法，我们用简明的表格形式展示出来。（见表 7-1）

表 7-1 作业环境的分类

分类方法	作业环境类别
按一般性质分类	物理作业环境、化学作业环境、生物作业环境、心理作业环境
按来源分类	自然作业环境、人工作业环境
按环境对人-机的影响程度分类	通常作业环境、异常作业环境
按环境与外部的联系分类	密闭作业环境、开放作业环境
按环境随时间的变化分类	稳态作业环境、非稳态作业环境、瞬变作业环境
按环境的空间特性分类	野外作业环境、室外作业环境、舱室作业环境、高空作业环境、深水作业环境、宇宙作业环境等
按环境的组成因素分类	单因素作业环境、复合因素作业环境等

第二节　作业环境的特性

在人-机-环境系统中，作业环境具有空间属性、物质属性和运动属性。

环境空间属性是指环境可以容纳人与机的存在，并为人与机的活动提供场所。例如，在分析车辆驾驶员的作业环境时，车厢内和路面等空间都是环境条件，其具备一定空间范围的属性。在人-机-环境系统中，需要全面考虑整个系统的空间布局，人和机的工作区域以及特殊空间、场所对人和机的影响。

环境物质属性是指各自不同环境所对应的物理、化学、生物学特性，与它们所服从的物理、化学和生物学的基本规律以及对环境中的人与机产生的物理、化学和生物学的作用。例如，在密闭舱的环境中，气压、温度和气流速度是环境的物理属性；氧、二氧化碳和微量的有害气体涉及环境的化学属性；微生物是环境的生物学属性；它们经常同时存在并且相互影响。因此，在人-机-环境系统中，需要全面考虑环境的物理、化学和生物学属性对人与机所产生的影响，以及它们相互之间产生的作用。

环境的运动属性，体现为环境条件不是静止不变的，而是随着时间的推移而发生变化的。例如，动车启动时，车厢内的温度和湿度，随着空调系统排热以及人体散热量的增加，将发生先高后低的曲线变化，若出现空调系统故障，温度和湿度将迅速上升，人体舒适度快速下降。因此，在考虑系统的性能与功能时，也应当注意环境特性的变化。

总之，环境是容纳人和机存在的场所，也是保障人与机工作的必要条件。环境中的各种因素，无论是物理的、化学的还是生物的，都会对人与机产生作用、施加影响；反过来，人与机的活动也会对环境产生影响。因此，环境与人、机之间的相互作用是密不可分的。

第三节　作业环境案例分析
——旅客列车的车内环境分析

车内空间条件、色彩设计与照明等环境条件是列车客室环境氛围和影响旅客心理舒适度的重要因素。

一、车厢内空间条件的分析

随着现代交通工具安全性能的不断提高，个人空间与个人领域是否受到保护已经成为旅客越来越看重的车内环境因素。如果旅客在乘坐列车过程中，个人空间不断受到侵犯和干扰将会引起其焦虑和不安。

国内现有客车中，乘坐硬坐席时人与人身体之间容易有所接触，旅客安全感最差。普通硬卧车由于每人一铺，人均空间加大并减少了身体接触，所以安全感稍好，但是由于铺与铺之间相对敞开，缺乏隐蔽性旅客仍感受到环境的压力。针对这种情况，可在硬卧每铺前加隔帘，形成个人空间以减少尴尬，增加旅客心理安全感。硬坐席应针对短途旅行设计，尽量不在过夜的长途车上采用。

二、车厢色彩设计

车内色彩环境的设计对象为侧墙、天花板、地板、座椅、窗帘和桌子等。车厢内部色彩应统一而富于变化,即整体色彩搭配简洁明快不凌乱,大面积主色调中有小面积点缀色来活跃气氛。在设计时应将整节车厢内部设施的外形、材质、色彩等外在因素统筹考虑,强调不同设施间的视觉协调关系,形成整体宜人的环境。车窗以上部分一般用浅灰白色、米黄色、乳白色等,而侧窗以下部分用中性偏灰的浅色调。座椅一般用中低明度基调的色彩,如配有图案的麻纹杂色等。这样的设计也能在一定程度上缓解车厢内部空间狭长桶形的结构对人们产生的视觉冲击和压抑感,从而增加车厢空间的宽度感。

三、车厢照明灯光与氛围营造

(1)环境光照明:提供整体环境的基础亮度,一般由顶部两侧柔白光荧光灯提供。为了在夜间形成宁静温馨的环境氛围,可以降低环境光的亮度。

(2)局部照明:局部照明光源可以采用阅读灯的形式,采用直接照明或半直接照明方式,光线最好从肩上端照射,或在桌前方装设亮度较高又不刺眼的台灯。这样可以形成一个小的个人照明区域,既不干扰别人休息,也能增加空间深度感。

知识点导图

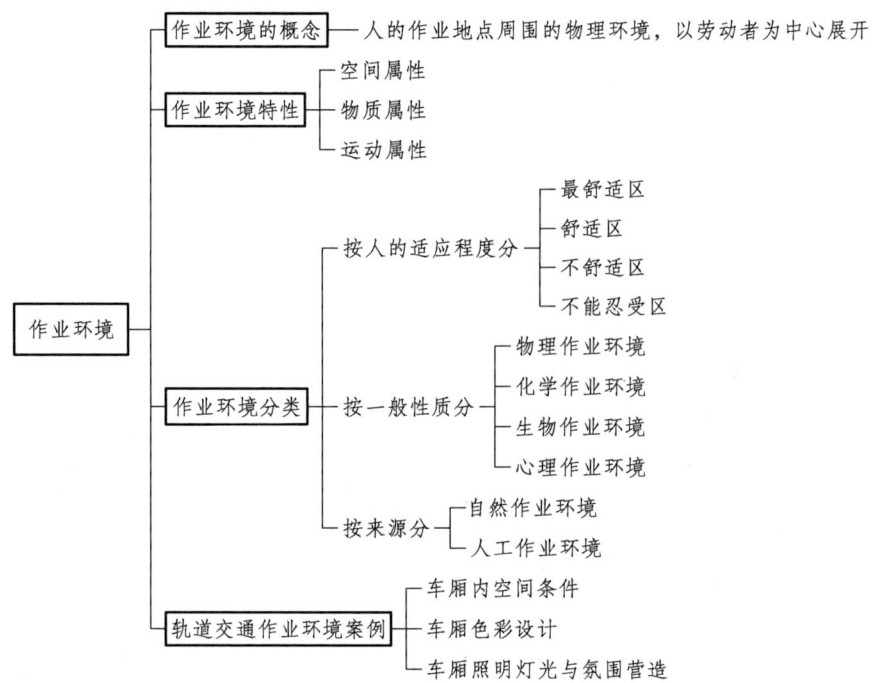

第八章 气压与人因安全

气压条件对人的交通行为产生较大影响,这种影响主要显现在低气压环境和气压波动幅度大这两种情况下。本章将学习气压与交通作业的关系,以及各种气压条件对作业人员的心理与行为产生的影响。

第一节 低气压与交通作业

一、低气压对人体的影响机制

随着离地高度的增加,气压有规律地下降。气压越低,空气越稀薄,空气中氧分压就越低,这样肺内气体的氧分压也随之下降,血液中血红蛋白就不能被饱和,会出现血氧过少现象。在 8 000~8 500 m 高处,只有 50% 的血红蛋白与氧结合,机体内氧的储备降至正常的 45%,甚至危害人体生命健康。一般将 240 mmHg(相当于 8 500 m)的气压视为气压(高度)的生理界限。当气压在 630 mmHg 时(相对 1 500 m),人体即可产生一系列的生理变化,但一般都能适应。当气压低于 400 mmHg 时,人体适应就较困难,具体如表 8-1 所示。

表 8-1 不同高度时气压及人体内血氧饱和百分比

高度(km)	0	1	2	3	4	5	6	7	8	9	10	11
气压(mmHg)	760	674	594	526	462	405	354	310	270	230	210	170
大气氧分压(mmHg)	159	140	125	110	98	85	74	65	56	48	41	36
肺泡氧分压(mmHg)	105	90	70	62	50	45	40	35	30	<25	<25	<25
动脉血氧饱和百分比(氧容积%)	95	94	92	90	85	75	70	60	50	<50	<50	<50

那么在低气压环境下人体生理功能具体会发生哪些变化呢?

(1)心率加快。

(2)登上 2 100 m 以上高山时,红细胞增多,红细胞的性质也发生变化。网织红细胞成熟期和红细胞寿命都缩短,每个红细胞内所含血红蛋白轻度增加,红细胞脆性降低,电泳能力增强,红细胞内磷酸甘油酯含量增多。

(3)认知功能发生变化。在低压环境下,血氧和最大通气量降低。有研究表明,在刚到达 3 200 m 时,脑力活动减退,但不久后可复原。在 3 500 m 左右高山地区,人们的听觉、痛觉、视觉的敏感度都有所提高。到达 5 200~6 100 m 时,这些感觉功能会减退。

(4)激素上的改变。高山居民与平原居民比较,其尿中肾上腺素与去甲肾上腺素排泄增加,而 17-酮与雄性激素则减少。高山居民甲状腺机能也会减退。

（5）机体内各器官及组织的毛细管穿透性都有所增加。

（6）免疫功能减退。如补体及溶菌酶的活力受到抑制，T细胞活力减退，免疫球蛋白A、M、G的合成也受到抑制，这可能是人体的应激反应。在高山居住30天后，一般性免疫功能即可恢复。

以上结论采集于刚到低压环境下的人群，对于长期生活在高海拔低压环境下的人来说，其身体各项机能已适应高原环境，心率、激素、免疫功能等趋于平稳。

二、低气压对交通安全的影响

在低气压环境下，氧气含量降低，对于在这样的环境下进行道路驾驶和列车驾驶的人员来说，无论是生理上还是心理上都要承受一定的压力。

1. 更易出现疲劳

在高原地区行驶时，驾驶员易出现频繁打哈欠、手脚不灵活、眼皮酸痛等疲劳症状。与平原地区相比，高原公路缺氧感受明显，低氧环境更加容易使驾驶员感到疲劳，行驶1~3小时就会出现明显的疲劳症状。这些都会影响驾驶员获取道路交通安全设施信息的准确度，直接影响行车安全。在疲劳状态下，驾驶员还会出现知觉、记忆能力、注意力等认知能力方面的问题。

2. 认知能力减退

在低气压环境下，静视力和动视力显著降低，速度估计时间、反应时间、失误反应次数、处置判断错误次数等指标均明显上升。相对于其他环境地区，高原地区公路驾驶员总体表现出反应能力、速度估计能力和处置判断能力方面的不足。

3. 心理紧张度增加

一般来说，低气压现象出现的高原地区公路坡陡沟多，道路线形复杂，地形上纵坡的平曲线半径越小，则离心力越大，乘客的舒适性越低，同时驾驶员操作也更加频率，进而使驾驶员心理紧张度增加，行车安全受到的影响越大。在气压、海拔和坡度的共同作用下，驾驶员心率变化更为明显，海拔越高、气压越低、坡度越大，心率增长越大。此外，驾驶过程中的脑力负荷也大大增加。

4. 易出现情绪问题

有研究表明，在低压环境下，驾驶员容易出现孤独、情绪低落、烦躁不安的情绪。由于心理紧张，会不停地注意汽车仪表，特别关注路标，害怕发生事故。还有一个现象是，在高海拔低压条件下，驾驶员自身感觉到的车速比实际车速快。

第二节 气压波动与交通安全

现在人们越来越意识到气压快速波动对人体带来的感受和影响，下面我们将简要介绍气压波动对人体的影响机制,以及气压波动对交通安全产生的危害。

一、气压波动对人体的影响机制

1. 从高气压快速回到标准气压

人在进入高压环境中后,一般超过1个小时,人的机体各组织就逐渐被氮饱和。当人重新回到标准大气环境时,人体内过剩的氮便从各组织血液中由肺泡随呼气排出,但这个过程进行慢、时间长。如果从高压环境很快回到标准气压环境,则脂肪中积蓄的氮部分就会停留在人的机体内,并膨胀形成小的气泡阻滞血液、液体和组织形成气栓而引起病症。

2. 从标准气压快速到低气压

当人从标准气压环境到达低气压环境时,人的血红蛋白不能被氧饱和而出现血氧不足,导致人体发生一系列生理反应。以从低地登到高山为例,因为气压下降,机体为补偿缺氧就加快呼吸及血液循环,出现呼吸急促、心率加快的现象。人体特别是脑缺氧时,还会出现头晕、头痛、恶心、呕吐和无力等症状,神经系统也会出现障碍,甚至会出现肺水肿和昏迷,随之人体的血液含氧量逐渐降低。

二、气压波动对交通安全的影响

在自然环境下,气压突然降低会让人感到烦躁不安;如果出现人为原因的气压快速波动,更会对生产安全产生不良影响。以下我们将给出几种气压波动影响交通安全的例子:

(1)对于高铁来说,气压的急剧波动主要发生在会车和进出隧道时,尤其是隧道内的两车交会。由于列车的速度较快,其相对速度急剧增加,两车之间的空气压力会产生剧烈的变化,产生压力波。压缩空气受到两列车壁和隧道壁的空间限制,使隧道内的空气流动有独特的规律和特点。列车表面产生很强的压力波,有可能使车窗玻璃破裂,同时隧道内的压力变动将引起车内压力变动,使乘客的耳朵产生疼痛感。因此在设计高铁和隧道时,会研发相应的装置来缓解压力变化带来的不良影响。

(2)加拿大科学家在研究了大量汽车事故后发现,多数事故发生在气压下降的时候。

(3)有研究表明,在低气压区域内温度突然升高会导致"路怒症"事件增多。

(4)在飞机机舱或航天器中,气压增加或降低太快,可能会危及人员生命。

知识点导图

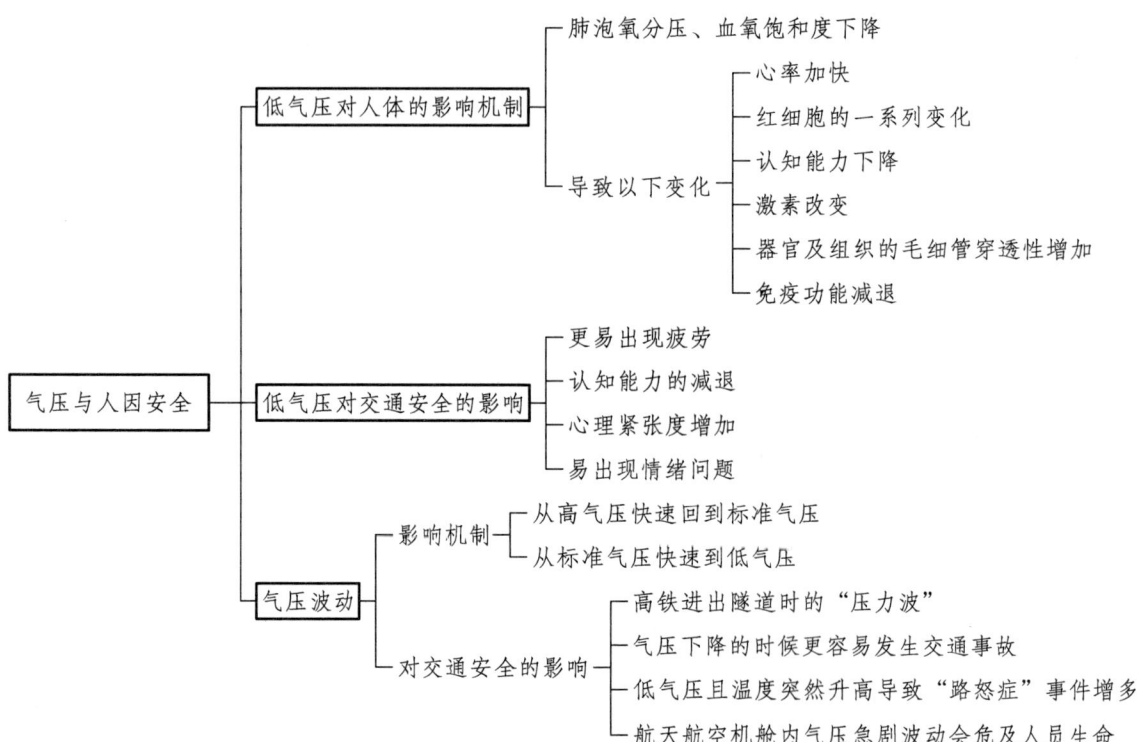

第九章 光环境与人因安全

作业人员所感知和加工的信息绝大多数来源于视觉信息,周围光的亮度、色温、显色性、光源的光谱分布等均对交通作业人员的生理、心理产生较大影响。本章分析和研究在不同照明条件下交通作业人员的视觉功能和特点,针对不同交通运输作业场景提出相应光环境标准。

第一节 光环境概述

一、光环境的概念

1. 光环境的定义

光环境是指与光产生的生理与心理效果相关的物理环境。

2. 光环境的分类

交通运输作业场所的光环境一般包括自然光环境和人工光环境。

(1) 自然光环境是指利用自然界的天然光源形成作业场所光环境。例如,随着太阳一年四季的变化和昼夜更替,阳光所产生的角度、冷暖、强弱等都有所变化,光影也随之产生多样的变化,给作业空间带来了不同的氛围,使人们产生相应的心理感受。影响自然光环境的因素很多,如天气变化、区域位置、遮挡物等。

(2) 人工光环境是利用一定的介质,根据光的特性和光学原理创造的光环境。由于这一类光是人工光源,其可塑性优于自然光。它可以通过光源的形状、颜色、亮度、照度、光与物体的物理变化等创造出一个舒适的空间环境,从而提高视觉效能。

二、光环境对生产与安全的影响

(1) 光环境对生产效率的影响。

大量研究证实,良好的光环境可以改善视觉条件和视觉环境,从而使信息处理对象从背景中更易识别出来,对于作业者来说可以提高其注意力、减少疲劳,减少生产事故,提高工作效率。

(2) 光环境对安全的影响。

良好的光环境可以让作业人员在安全隐患的早期发现潜在缺陷,尽快改进生产管理,减少出错次数与事故发生率,从而维护生产安全,保护作业人员的视力和生理健康。

三、光环境的影响因素

1. 照度和亮度

保证光环境的光量和光质量的基本条件是照度及亮度。在光环境中辨认物体的条件有:

物体的大小、照度或亮度、亮度对比或色度对比、时间。这 4 项是互相关联、相辅相成的。其中只有照度和亮度容易调节，其他 3 项较难调节。可以说，照度和亮度是明视力的基本条件。

（1）照度。

照度是照明设计的数量指标，指被照面上光的强弱，以被照场所光的面积密度来表示，单位为勒克斯（符号为 lx）。由于视觉工作对象的正确布置及其如何变化通常难以预测，多数时候生产环境所追求的光的均匀程度较高，但是当要营造气氛或者着力突出某一视觉对象的时候，不必保持照度的均匀，而该将光线照度有所侧重。

（2）亮度。

为了形成良好的明视和舒适的照明环境，需要有适当的亮度分布。亮度分布可通过规定室内各表面的适宜的反射系数范围，以组成适当的照度分布来实现。

2. 光色

光色指光源的颜色，如天然光、灯光等的颜色。按照 CIE 标准表色体系，将 3 种单色光（如红光、绿光、蓝光）混合，各自进行加减，就能匹配出感觉到与任意光的颜色相同的光。此外，人工光源还有显色性，表现出它照射到物体时的可见度。在光环境中，光还能激发人们的心理反应，如温暖、清爽、明快等，因此在光环境中应考虑光色的影响。

混光是将两种不同光色的光源进行混合，通过灯具照射到被照对象上，呈现出已经混合的光。在光环境中往往也用混光。

激光是某些物质的原子中的粒子受到光或电的激发时由低能级的原子跃迁为高能级的原子，由于后者的数目大于前者的数目，一旦从高能级跃迁回低能级时，便放射出相位、频率、方向完全相同的光。它的颜色的纯度极高，能量和发射方向也非常集中。

3. 背景亮度

人们观测物体时，眼睛注视的范围与物体周围背景的亮度有关。根据实验，容易看到注视点的最佳环境是，背景亮度大约等于注视点亮度。一般来说，在光环境中背景亮度比视觉对象暗些为宜。背景环境相对较暗，容易看清楚物体；背景环境相对过亮，则不易看清楚物体。

4. 视野外的亮度分布

视野外的亮度分布指周围建筑物墙面、窗户、室内顶棚及地面、其他操作台等表面的亮度分布。在光环境中它们的亮度各不相同，因而构成亮度对比，从而影响视觉感知。

5. 眩光

当视野中亮度的分布或范围不当，或在时空方面存在着亮度的悬殊对比，会引起视觉的不舒适感或降低观看细部或目标的能力，由此就产生了眩光现象。之前我们在视觉的章节中详细介绍过眩光，这里就不赘述了。眩光属于光环境中需要极力避免的有害因素，图 9-1 就是一个眩光影响司机观察交通指示灯的例子。图中是交通晚高峰时刻，太阳与红绿灯重合，强烈的光线使司机无法看清红绿灯，从而产生眩光现象。

图 9-1 落日与交通灯重合

6. 阴影

在光环境中,无论自然光或人工光,都会存在阴影。在空间中由于阴影的存在,才能突出物体的外形和深度,因而有利于光环境中光的变化,从而丰富物体的视觉效果。但是,在光环境中希望存在着较为柔和的阴影,而要避免浓重的阴影;同时在交通运输作业中要防止阴影引起的视错觉现象。

第二节 光环境与交通作业

一、交通运输作业中光环境设计的基本原则

交通运输作业环境的光照条件应满足人员生理心理舒适性需求和交通作业安全目的。具体来说,有以下设计原则:

(1) 适宜的亮度和照度水平。同一空间环境中,亮度和照度不应过高或过低,同时应考虑该空间以外的环境,如在夜晚进行驾驶时,驾驶室内的亮度就要降低,否则外黑内暗,会妨碍对外界环境的视觉感知;亮度和照度也不宜过于均匀一致,否则易产生单调感,引起注意力下降和疲劳感。

(2) 不让光线直接照射眼睛,避免产生眩光,而应让光源光线照射物体或物体的附近,只让反射光线进入眼睛,以防止晃眼。

(3) 注意阴影的干扰。轨道、道路、驾驶舱、斑马线等交通场景周围的光线聚集、照射方向和散射要考虑是否会引起作业人员的视觉不适和错觉。尤其注意避免阴影的干扰,但可保留必要阴影,使物体有立体感。

(4) 光源光色要合理,照明和色相协调。在以安全为主的情况下兼顾美学设计感。

(5) 经济因素。创造良好的交通照明环境不能忽视经济条件的制约,必须考虑设计、建设和维护的成本。

二、交通运输作业场景下的光环境设计

(一) 道路照明设计

1. 道路照明分类

首先,需要将道路照明进行分类,根据道路使用功能,城市道路照明可分为主要供机动

车使用的机动车交通道路照明和主要供非机动车与行人使用的人行道路照明两类。机动车交通道路照明又按快速路分为主干路、次干路、支路。

2. 道路照明评价指标

道路光环境设计主要指标是照度和亮度。

（1）机动车道路照明应以路面平均亮度（或路面平均照度）、路面亮度均匀度（或路面照度均匀度）、眩光限制、环境比和诱导性为评价指标。

（2）人行道路照明应以路面平均照度、路面最小照度和垂直照度为评价指标。

3. 道路照明标准值

（1）机动车交通道路照明标准值。（见表9-1）

表9-1 机动车交通道路照明标准值

级别	道路类型	路面亮度			路面照度		眩光限制阈值增量 TI（%）最大初始值	环境比 SR 最小值
		平均亮度 L_{av}（cd/m^2）最小值	总均匀度 U_0 最小值	纵向均匀度 U_l 最小值	平均照度 E_{av}（lx）维持值	均匀度 U_E 最小值		
I	快速路、主干路（含迎宾路、通向政府机关和大型公共建筑的主要道路，位于市中心或商业中心的道路）	1.5/2.0	0.4	0.7	20/30	0.4	10	0.5
II	次干路	0.75/1.0	0.4	0.5	10/15	0.35	10	0.5
III	支路	0.5/0.75	0.4	—	8/10	0.3	15	—

注：① 表中所列的平均照度仅适用于沥青路面，若系水泥混凝土路面，其平均照度值可相应降低约30%；
② 表中各项数值仅适用于干燥路面；
③ 表中对每一级道路的平均亮度和平均照度给出了两档标准值，"/"的左侧为低档值，右侧为高档值。

（2）交汇区照明标准值。（见表9-2）

表9-2 交汇区照明标准值

交汇区类型	路面平均照度 E_{av}（lx），维持值	照度均匀度 U_E	眩光限制
主干路与主干路交汇	30/50	0.4	在驾驶员观看灯具的方位角上，灯具在80°和90°高度角方向上的光强分别不过 30 cd/1000 lm 和 10 cd/1000 lm
主干路与次干路交汇	30/50		
主干路与支路交汇	30/50		
次干路与次干路交汇	20/30		
次干路与支路交汇	20/30		
支路与支路交汇	15/20		

注：① 灯具的高度角在现场安装使用姿态下度量；
② 表中对每一类道路交汇区的路面平均照度给出了两档标准值，"/"的左侧为低档照度值，右侧为高档照度值；
③ 当各级道路选取低档照度值时，相应的交汇区应选用以上述标准中的低档照度值，反之则应选取高档照度值。

（3）人行道路照明标准值。（见表 9-3）

表 9-3　人行道路照明值

夜间行人流量	区域	路面平均照度 Eav (lx)，维持值	路面最小照度 Emin(lx)，维持值	最小垂直照度 Evmin(lx)，维持值
流量大的道路	商业区	20	7.5	4
	居住区	10	3	2
流量中的道路	商业区	15	5	3
	居住区	7.5	1.5	1.5
流量小的道路	商业区	10	3	2
	居住区	5	1	1

注：① 最小垂直照度为道路中心线上距路面 1.5 m 高度处，垂直于路轴的平面的两个方向上的最小照度。
② 机动车交通道路一侧或两侧设置的与机动车道没有分隔的非机动车道的照明应执行机动车交通道路的照明标准；与机动车交通道路分隔的非机动车道路的平均照度值宜为相邻机动车交通道路的照度值的 1/2。
③ 机动车交通道路一侧或两侧设置人行道路照明时，当人行道与非机动车道混用时，人行道路的平均照度值与非机动车道路相同。当人行道路与非机动车道路分设时，人行道路的平均照度宜为相邻非机动车道路的照度值的 1/2，但不得小于 5 lx。

（二）公路隧道光环境设计

驾驶人员驾驶车辆接近到远离隧道的过程中，经历了一系列光环境变化，因而需要营造一个良好的、符合驾驶人员生理心理特性的、平稳变化且符合视觉特征的光环境。

1. 驾驶人在隧道驾驶中的视觉特性

（1）临近隧道时的视觉问题（白天）。

隧道内外亮度差距极大，当驾驶人员接近隧道时，若隧道照明设置不当，根据隧道长度、线性、外部环境会产生"黑洞效应"（白天时，隧道洞外亮度远大于隧道洞内亮度，当驾驶人员驱车驶入隧道时，突然进入一个相对较暗的环境，亮度环境突变，驾驶人员所见到的是黑乎乎的一片，易产生"黑洞效应"）。

（2）刚进入隧道时的视觉问题（白天）。

驾驶人员刚驶入隧道时，照明环境突变，人眼需要一段时间适应这种变化，被称为视觉的"暗适应"。有时候灯具的色温度、显色性也会造成不适感。

（3）驶离隧道的视觉问题（白天）。

驾驶人员驶离隧道时，外部环境亮度相对较高，如果隧道照明不足，会产生"白洞效应"（即视觉的"明适应"现象，洞外亮度相对较高，驾驶人员所见到的是白茫茫的一片，易产生"白洞效应"），驾驶人员驶离隧道后也需要时间适应外部光照环境。

（4）隧道群驾驶中的视觉问题（白天与夜间）。

在白天，隧道群各隧道间距较短，车辆会很快进入下一隧道，驾驶人员会短时间内不断经历暗-明-暗的变化；在夜间，驾驶员驶离上一个隧道时，外部环境较暗，但视野范围内的下一隧道入口亮度较周围环境亮，驾驶人员注意力集中在下一隧道入口处，对隧道间道路注意力下降。

2. 隧道光环境设计

为了保证安全，隧道需要保持 24 小时的照明，白天对照明的要求还远远大于夜间对照明的要求。隧道内各部分亮度与毗邻路段亮度有一个平稳过渡，加设相应的人工照明。加设人工照明后，到了夜间，隧道洞内亮度相对于洞外较亮，与白天情形正好相反。为了在确保行车安全的同时减弱夜间进出隧道的不适应感，夜间公路隧道照明较白天弱，在某些特定情况下，甚至只需开启必要的电光诱导装置。

隧道的照明设计细致而严谨，2014 年，我国在十余年的研究、实践的基础上，颁布实施了《公路隧道照明设计细则》（JTG/TD70/2-01-2014）。如需了解具体指标可以查看该细则。我们只需要认识到，合适的隧道照明并非"越亮越好"，而是接近段、入口段、过渡段、中间段、出口段之间平稳过渡，使各段之间的亮度变化形成一条平滑的曲线，使人眼能够自然、快速地适应光照环境的变化。

知识点导图

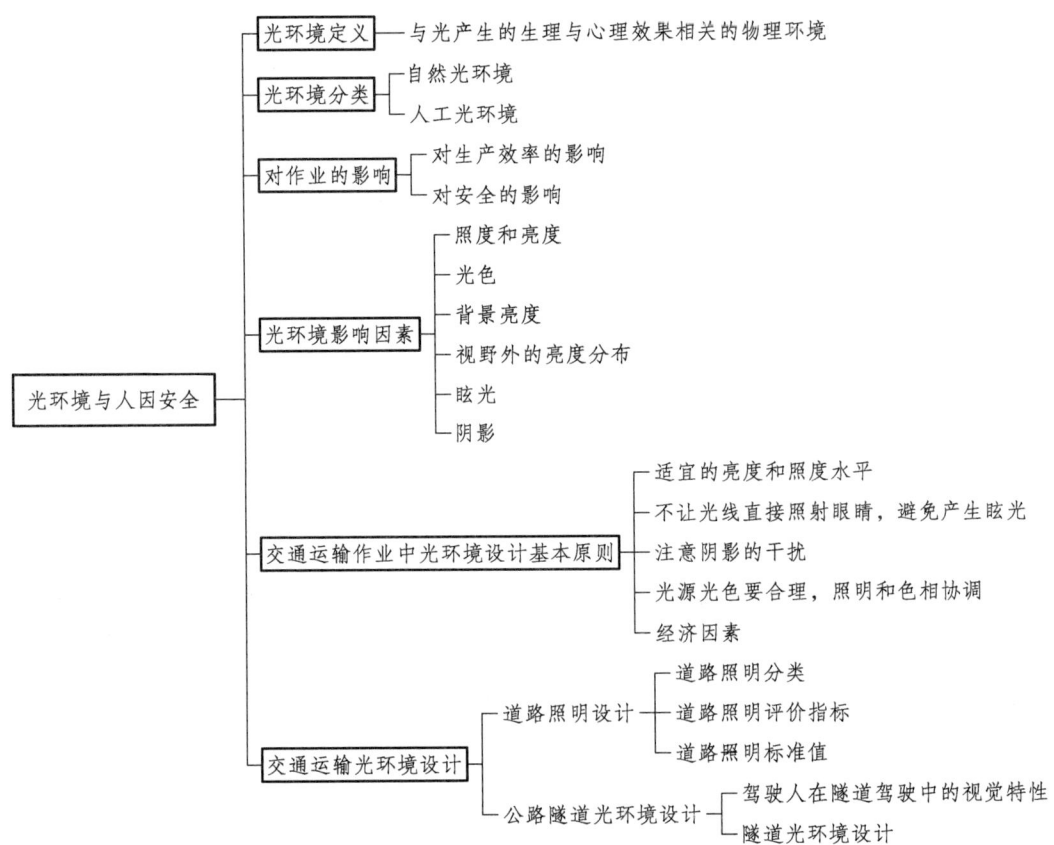

第十章　声环境与人因安全

在交通运输作业中，存在着机械的运作与摩擦、鸣笛、警示音、轮轨之间的作用力、人员流动、施工维修等因素，因而是最容易产生噪声的领域。当人长期处于这些杂乱无章的声响中时就会对其生理和心理产生一系列影响。在这一章节中，我们主要介绍了声环境的概念和对人的影响，探讨交通运输中噪声的来源、评价与优化等。

第一节　声环境概述

一、声环境的概念

一般来说，声环境是指人凭借耳朵所能听到的全部声音构成的声音环境。当周围的声音已经引起人的烦躁或音量过强而危害人体健康，就产生了噪声。

二、声环境的分类

根据 2014 年颁布的《GB3096—2008 声环境质量标准》，按区域的使用功能特点和环境质量要求，声环境功能区分为以下 5 种类型：

0 类声环境功能区：康复疗养区等特别需要安静的区域；

1 类声环境功能区：以居民住宅、医疗卫生、文化教育、科研设计、行政办公为主要功能，需要保持安静的区域；

2 类声环境功能区：以商业金融、集市贸易为主要功能，或者居住、商业、工业混杂，需要维护住宅安静的区域；

3 类声环境功能区：以工业生产、仓储物流为主要功能，需要防止工业噪声对周围环境产生严重影响的区域；

4 类声环境功能区：交通干线两侧一定距离之内，需要防止交通噪声对周围环境产生严重影响的区域，包括 4a 类和 4b 类两种类型。4a 类为高速公路、一级公路、二级公路、城市快速路、城市主干路、城市次干路、城市轨道交通（地面段）、内河航道两侧区域；4b 类为铁路干线两侧区域。

对于各声环境功能区规定了以下的噪声限值（见表 10-1）。

表 10-1　各声环境功能区的噪音限值　　　　单位：dB（A）

声环境功能区类别	时段	
	昼间	夜间
0 类	50	40
1 类	55	45

续表

声环境功能区类别		时段	
		昼间	夜间
2 类		60	50
3 类		65	55
4 类	4a 类	70	55
	4b 类	70	60

三、声环境检测

（一）噪音检测设备

测量仪器精度为 2 型及 2 型以上的积分平均声级计或环境噪声自动监测仪器，其性能需符合 GB3785 和 GB/T17181 的规定，并需定期校验。测量前后使用声校准器校准测量仪器的示值偏差不得大于 0.5 dB，否则测量无效。声校准器应满足 GB/T15173 对 1 级或 2 级声校准器的要求。测量时传声器应加防风罩。

（二）噪声检测过程标准

1. 测点选择

根据监测对象和目的，可选择以下 3 种测点条件（指传声器所置位置）进行环境噪声的测量：

（1）一般户外。

距离任何反射物（地面除外）至少 3.5 m 外测量，距地面高度 1.2 m 以上。必要时可置于高层建筑上，以扩大监测受声范围。使用监测车辆测量，传声器应固定在车顶部 1.2 m 高度处。

（2）噪声敏感建筑物户外。

在噪声敏感建筑物外，距墙壁或窗户 1 m，距地面高度 1.2 m 以上处。

（3）噪声敏感建筑物室内。

距离墙面和其他反射面至少 1 m，距窗约 1.5 m，距地面 1.2~1.5 m 高处。

2. 气象条件

测量应在无雨雪、无雷电天气，风速 5 m/s 以下进行。

3. 测量记录

测量记录应包括以下事项：日期、时间、地点及测定人员；使用仪器型号、编号及其校准记录；测定时间内的气象条件（风向、风速、雨雪等天气状况）；测量项目及测定结果；测量依据的标准；测点示意图；声源及运行工况说明（如交通噪声测量的交通流量等）；其他应记录的事项。

第二节　声环境与交通作业

一、噪声对人的影响

(一) 噪声对人的生理影响

1. 对听力的影响程度分级

程度 1：暂时性听力下降。

在噪声作用下，可使听觉发生暂时性减退，听觉敏感度降低，可听阈提高。当人离开强噪声环境而回到安静环境时，听觉敏感度不久就会恢复。这种听觉敏感度的改变是一种生理上的"适应"，称为暂时性听力下降。

不同的人对噪声的适应程度不同。但暂时性听力下降却有明显的特征，即受到噪声作用后听觉有较小的减退现象，约 10 dB；回到安静环境中听觉敏感度能迅速恢复；通常以在 4 000 Hz 或 6 000 Hz 处比较显著，而低频噪声的影响较小。

程度 2：听力疲劳。

在持久的强噪声作用下，听力减退较大，恢复至原来听觉敏感度的时间也较长，通常需数小时以上，这种现象被称为听力疲劳。噪声引起的听力疲劳不仅取决于噪声的声级，还取决于噪声的频谱组成。频率越高，引起的疲劳程度愈重。

程度 3：持久性听力损失。

如果噪声连续作用于人体，而听觉敏感度在休息时间内来不及完全恢复，时间长了就可能发生持久性听力损失。另外，如果长期接触过量的噪声，听力阈值就不能完全恢复到原来的数值，造成耳感受器发生器质性病变，进而发展成为不可逆的永久性听力损失，在临床上称作"噪声性耳聋"，它是一种进行性感音系统的损害。

程度 4：爆震性耳聋。

上面介绍的都是缓慢形成的噪声性听力损失。如果人突然暴露于极其强烈的噪声环境中，如高达 150 dB 时，人的听觉器官就会发生鼓膜破裂出血、迷路出血、螺旋器（感觉细胞和支持结构）从基底膜急性剥离，一次刺激就有可能使人的双耳完全丧失听力，这种损伤称为声外伤，或称爆震性耳聋。

2. 对其他生理机能的影响

（1）对神经系统的影响。

造成大脑皮层的兴奋和抑制平衡失调，如患者出现头痛、耳鸣、多梦、失眠、心慌、记忆力衰退等症状。

（2）对内分泌和心血管系统的影响。

导致人体甲状腺机能亢进，肾上腺皮质功能增强，表现为心跳过快、心律不齐、心电图改变、高血压等症状。

（3）对消化系统的影响。

导致肠胃机能阻滞、消化液分泌异常、胃酸度降低、胃收缩减退，表现为消化不良、食欲不振、胃功能紊乱等症状。

（二）噪声对人的心理影响

噪声对心理的影响主要是使人产生烦恼、焦急、讨厌、生气等不愉快的情绪。噪声强度越大，引起烦恼的可能性越大；响度相同而频率高的噪声比频率低的噪声更容易引起烦恼。噪声强度或频率结构不断变化的噪声比稳定的噪声更容易引起烦恼。脉冲噪声比连续噪声的影响更甚，响度越大影响也越大。

（三）噪声对语言交流的影响

我们在有关听觉的章节里介绍过声音的掩蔽效应，就是一个声音由于其他声音的干扰而使听觉发生困难，需要提高声音强度才能产生听觉的现象。因此，噪声对人的语言信息传递会产生不良影响。有研究表明，交谈者相距 1 米在 50 dB 噪声环境中可用正常声音交谈。但在 90 dB 噪声环境中应大声叫喊才能交谈，因此还会影响交谈者的情绪，使交谈者的情绪由正常变为不可忍耐。

因此，许多国家的标准在规定作业场所的最大允许噪声级时，对于需要高度集中精力的工作场所均以 50dB（A）的稳态噪声级作为其上限。

（四）噪声对工作效率的影响

噪声会影响工作效率，尤其是噪声级达到 70 dB（A）以上时。噪声对工作产生的影响有以下几方面的特性：

（1）通常会影响工作者的注意力；
（2）对于脑力劳动和需要高度技巧的体力劳动等工种，会降低其工作效率；
（3）对于需要高度集中注意力的工种，会造成差错；
（4）对于需要经过学习后才能从事的工种，会降低工作质量；
（5）对于不需要集中注意力进行工作的情况下，人将会对中等噪声级的环境产生适应性；
（6）如果已适应了噪声，同时又要求保持原有的生产能力，将要消耗较多精力，从而会加速疲劳；
（7）对于非常单调的工作，处在中等噪声级的环境中，噪声就像一只闹钟，可能产生有益的效果；
（8）在能够遮蔽危险报警信号和交通运行信号的强噪声环境下，还易引发事故。

二、交通运输中噪声的来源

交通运输中的噪声主要来源于交通噪声和建筑噪声。

交通噪声主要指机动车辆、火车、飞机和船舶的噪声。机动车辆噪声多与车速有关，车速增加一倍，噪声级大约增加 9 dB；城市机动车噪声大多集中在 70~75 dB；地铁噪声大约为 100 dB 以上，飞机在 300 m 以上高空飞过时，产生的地面噪声大约为 85 dB。

当我们在户外驾驶、骑行或步行时，除了听到交通噪声外，还会听到道路周围的建筑噪声。建筑噪声音量较大，且大多数都是露天作业，对交通运输作业产生的影响不亚于交通噪声本身。例如，距离建筑施工机械设备 10m 处，打桩机噪声强度为 105 dB，铆钉枪的为 91 dB，风镐机的为 93 dB，铺路机的为 88 dB，推土机、刮土机的为 91 dB。

三、交通运输噪声治理与优化案例

（一）案例一：交通道路噪声的治理

道路噪声治理是一个涉及多个层面（政府规划、管理层次、工程实施）、非常综合的一个命题。在这里我们只能概要地介绍治理手段，感兴趣的可做课后延伸阅读。

1. 宏观规划与管理对策

对交通噪声进行综合治理，需要规划部门、环保部门、交管部门通力合作，搞好地区规划，在沿线两侧的项目开发，特别是房地产开发项目中，依据环境管理部门提供的科学数据，合理规划、科学布局，避免产生新的噪声敏感点。另外，道路两侧建筑物规划也要考虑噪声控制，如学校教室、医院病房、居民住宅等，不宜两侧相对建设，以避免声波反射带来更大的噪声污染。

在交通管理中，要加强交通管制。通过合理地组织交通以及进行适当的交通管制，也可以进一步降低交通噪声。还要做好环境影响评价。新建及改扩建道路建设前，建设单位必须委托有资质单位进行建设项目的环境影响评价，根据要求实施噪声污染防治工程。

2. 工程实施对策

（1）降低声源噪声辐射。严格控制新建道路及改建道路施工质量，保证道路在运营期不发生下沉、裂缝、凹凸不平等问题而增加车辆行驶噪声，减少反复维修施工的次数。

（2）控制噪声传播途径。在用地条件允许的情况下，要适当增加机动车道至建筑物的距离，保持最低限度的噪声衰减距离或缓冲带。科学建设道路两侧的绿化设施，利用绿色长廊把机动车道与非机动车道隔离开。对已经受到交通噪声污染的道路两侧的敏感建筑物，采取安装隔声屏障和隔声窗的措施。（见图10-1）

隔声屏障是使声波在传播中受到阻挡，从而达到在特定位置上实现降噪作用的装置。其降噪原理主要是通过声屏障材料对声波进行吸收、反射等一系列物理反应来实现的。噪声在传播途径中遇到障碍物的时候，如果障碍物的尺寸远大于声波长时，大部分声能被反射和吸收，一部分绕射，于是会在障碍物背后一定距离内形成"声影区"。声影区的大小与声音的频率和屏障高度等有关，频率越高，声影区的范围就越大。采用声屏障降噪的效果一般可达5~10 dB，实际降噪效果因声屏障材质、高度、长度以及声源特性等有关实际参数而有所不同。

图10-1 高速路上设置的隔声屏障

（3）功能置换或搬迁。距离道路较近且噪声超标严重的敏感建筑（学校、医院、养老院等），宜对敏感建筑物进行功能置换或搬迁。这种噪声防治措施是在各种方法都无法解决时，采取的最后的手段。这样可以彻底解决噪声扰民问题，但是实施起来比较困难，耗资大、耗时长，对于国家及省级重点工程比较适用。

（二）案例二：地铁噪声分析及降噪措施

1. 地铁噪声分析

地铁噪音主要来源于以下方面：

动力系统噪声：牵引设备噪声、辅助设备噪声和其他设备噪声；

轮轨噪声：包括有节奏的滚动噪声、钢轨接缝处的撞击噪声和弯道处的啸叫噪声；

滚动噪声：又称"吼声"，由钢轨和车轮表面的粗糙不平引起；

撞击噪声：由车轮和钢轨的结合处撞击产生；

啸叫噪声：列车车轮在轨道上滑动摩擦所产生的一种窄带噪声，强度大，频率高。啸叫噪声出现在小半径弯道或列车制动时，由车轮相对于轨道横向运动而产生。

2. 减振降噪常用措施

（1）轨道结构方面的减震降噪措施。

主要措施包括：采用较大半径曲线线路；采用重型、无缝化的钢轨；采用合理的轨道结构；采用减振型扣件，如轨道减振器扣件、柔性扣件等；加强轨道的养护维修；利用附加阻尼结构；约束阻尼结构减振整体道床。

（2）车辆上的减振降噪措施。

主要措施包括：改善车身结构；在机车车辆上使用新型减振器，如采用金属-橡胶复合减振器；采用弹性车轮、充气橡胶车轮、阻尼车轮及弹性踏面车轮等；采用隔音、吸音材料。

（3）传递、接收方面的减振降噪措施。

主要措施包括：采用铺设轻质吸声桥面和路面；在高架桥上安装吸声天棚，设置声屏障；在住宅、建筑处涂抹吸音材料，进行减振吸音处理。

第十章　声环境与人因安全

知识点导图

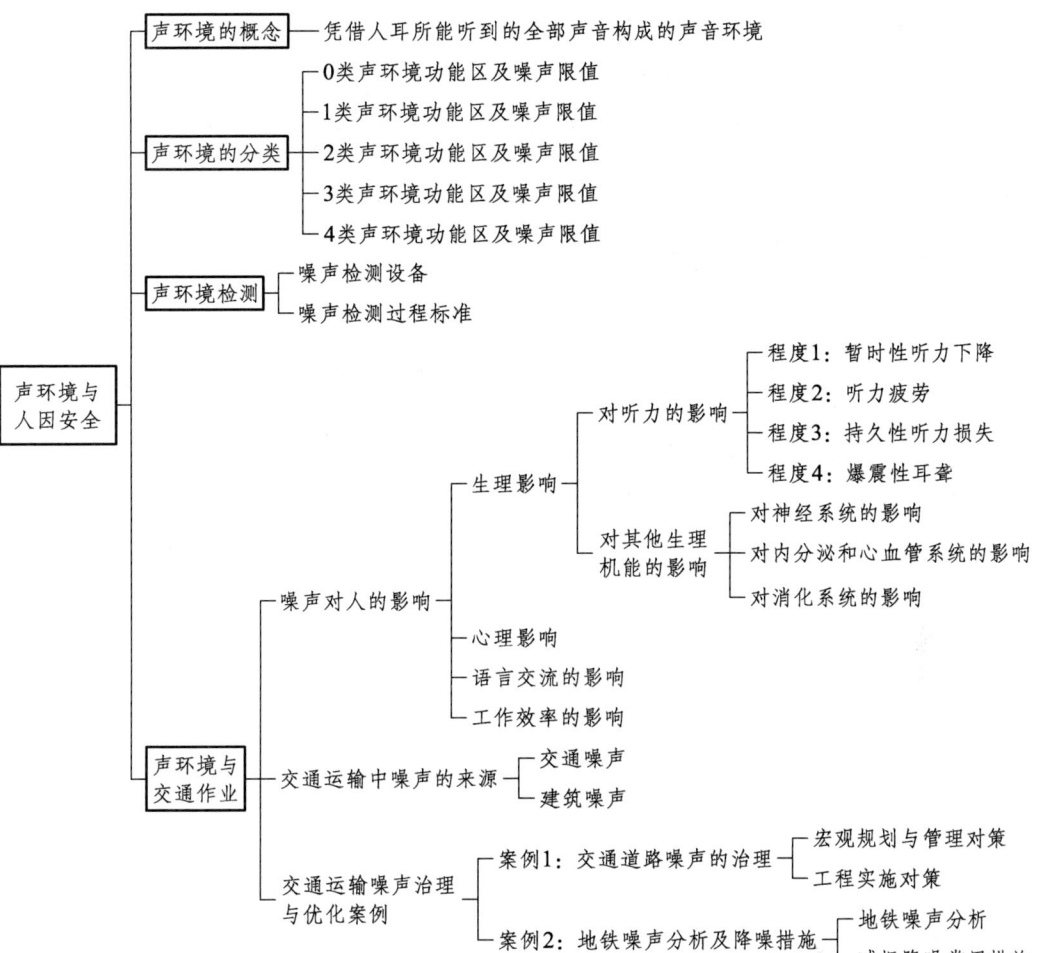

第十一章 温度环境与人因安全

温度环境的主要影响因素包括空气温度、空气湿度、空气流速和热辐射，它们构成了对作业者产生重大影响的微气候。在交通运输领域中，无论人们在室外还室内作业，周围的温度条件都会对人的工作效率、作业安全，甚至身心健康产生重要影响。在这一章中，我们主要介绍温度环境的概念以及温度对作业安全的影响，理解热舒适环境的概念，并从交通安全的角度阐述温度环境的改善与营造。

第一节 温度环境概述

一、温度环境的定义及组成因素

温度环境是用来表示环境冷热程度的物理量，在有的研究中也称微气候，包括气温、气湿、气流和热辐射 4 种物理因素。

（一）气温

作业环境中的气温除取决于大气温度外，还受太阳辐射和作业场所热源（如通电发热的物体、机器运转发热和人体散热等）的影响。热源通过传导、对流使作业环境的空气加热，并通过辐射加热四周物体，形成第二热源，扩大了直接加热空气的面积，使气温升高。

（二）气湿

作业环境的气湿用空气相对湿度表示。相对湿度在 80% 以上称为高气湿；低于 30% 称为低气湿。

（三）气流

作业环境中的气流除受外界风力的影响外，也与作业场所中的热源有关。热源对空气加热使温度上升，室外的冷空气从门窗和下部空隙进入室内，造成空气对流。室内外温差越大，产生的气流越大。

（四）热辐射

热辐射主要指红外线及一部分可视线，太阳及作业环境中的各种熔炉、开放火焰、熔化的金属等热源均能产生大量热辐射。红外线不能直接加热空气，但可加热周围物体。当周围物体表面温度超过人体表面温度时，周围物体表面则向人体放散热辐射而使人体受热，称为正辐射。相反，当周围物体表面温度低于人体表面温度时，人体表面则向周围物体辐射散热，称为负辐射。

二、温度环境的测量

环境温度是用来表示环境冷热程度的物理量。由于反映环境温度的性质不同,其测量方法主要有以下几种。

(一)干球温度法

将水银温度计的水银球不加任何处理,直接放置在环境中进行测量,得到的温度为大气温度,又称气温。

(二)湿球温度法

将水银温度计的水银球用湿纱布包裹起来,然后放置在环境中进行测量,由此法所测得的温度是湿度饱和情况下的大气温度。干球温度和湿球温度的差值,反映了测量环境的湿度状况。

湿球温度与气温、空气中水蒸气分压间存在一定的关系:

$$he(Pw-Pa)=hc(Ta-Tw)$$

式中,he 为热蒸发系数;Pw 为湿球温度下的饱和水蒸气分压(湿球表面的水蒸气压强)(Pa);Pa 为环境中的水蒸气分压(Pa);hc 为热对流系数;Ta 为干球温度(°C);Tw 为湿球温度(°C)。

(三)黑球温度法

将水银温度计的水银球放入一直径为 15 cm 外涂黑的空心铜球中心进行测定。此法的测量结果可以反映出环境热辐射的状况,关系式为:

$$Tg=(hcTa+hrTr)/(hc+hr)$$

式中,Tg 为黑球温度;hc 为热对流系数;Ta 为干球温度(°C);Tr 为平均辐射温度(°C);hr 为热辐射系数。

以上 3 种方法测定的温度各代表一定的物理意义,各值之间存在较大差异,在表示温度时必须注明测定时采用的测量方法。

三、温度环境对人的影响

人体具有较强的恒温控制系统,可适应较大范围的温度条件。但是,人处于远远偏离热舒适范围并可能导致人体恒温控制系统失调的温度环境中,会明显影响工作效率,并对人体造成伤害。

(一)低温环境对人的影响

人在低温环境下,体表温度降低,皮肤、血管收缩,流至体表的血流量下降甚至完全停滞,引发组织冻结,造成局部冻伤;低温环境还引起人体全身过冷,导致皮肤苍白、脉搏和呼吸减弱、血压下降以及血量、白细胞和血小板减少，引起凝血时间延长；低温环境还会影响手的精细运动灵巧度和双手的协调动作。长时间暴露于 10 ℃ 以下，手的操作效率就会明显降低。此外，低温环境还会导致神经兴奋与传导能力减弱，出现痛觉迟钝和嗜睡状态，进而在心理上使人产生紧张、不安情绪。

（二）高温环境对人的影响

人在高温环境中停留时间较长，体温会渐渐升高，当局部体温高达 38 ℃，便会产生不舒适反应。人在体力劳动时主诉可耐受的深部体温（通常以肛温为代表）为 38.5 ℃～38.8 ℃，高温极端不舒适反应的深部体温临界值为 39.1 ℃～39.4 ℃。皮肤温度达到 41 ℃～44 ℃ 时即会感到灼痛，若高温继续上升，皮肤基础组织便会受到伤害。

同时，人在高温环境下，出汗量增加，水盐代谢加快，进而导致血输出量增加，脉搏加速，胃液酸度下降，消化液分泌量减少，使消化吸收能力受到抑制。此外，高温环境还对中枢神经有抑制作用，使大脑皮层兴奋过程减弱，影响注意力、记忆力和思维，进而在心理上使人产生烦躁情绪。中暑和热衰竭是高温作业中的易发病。

（三）温度环境对工作的影响

1. 温度环境对脑力劳动的影响

一项研究对室内空气温度与脑力劳动的影响机制进行实验，最终得出以下结论（见图 11-1 和图 11-2）。图 11-1 是脑力劳动工作效率随室内空气温度的变化关系；图 11-2 是脑力劳动相对差错次数与空气温度的变化关系。虽然两图中的曲线是在实验条件下，根据明显的变化趋势得出的一般结论，但在实际工作条件下，这一结论也得到了证实。

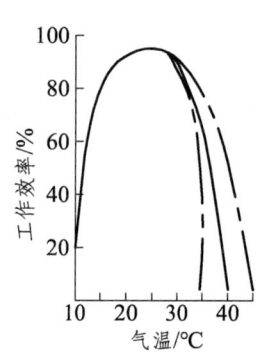

图 11-1　脑力劳动工作效率与气温的关系

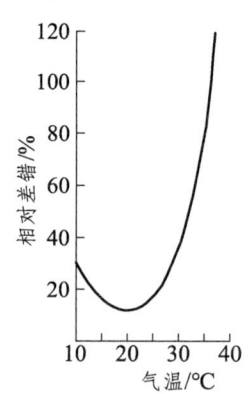

图 11-2　脑力劳动相对差错次数与气温的关系

2. 温度环境对体力劳动的影响

针对体力劳动比例较大的岗位人员的研究表明，长时间在过高或过低的环境温度下从事体力劳动，安全事故和缺勤的发生概率增加，车间产量下降。当环境温度超出有效温度 27 ℃ 时，需要用运动神经操作、警戒性和决断技能的岗位的工作效率明显降低，而非熟练操作工的工作效能比熟练工损失更大；低温对人的工作效率的影响，最敏感的是手指的精细操作。当手部皮肤温度降低至 15.5 ℃ 以下时，手部操作灵活性会急剧下降，人手的肌力和肌动感觉能力都会明显变差，从而使操作效率下降。

四、热舒适

（一）热舒适的定义

要研究温度环境，就要着重探讨什么样的温度条件使人感到舒适，因而就引入了"热舒适"这一术语，它指人对周围热环境所做的主观满意度评价。

（二）热舒适的评价因素

分析和评价某一热环境是否舒适包括 3 个方面。

1. 物理方面

根据人体活动所产生的热量与外界环境作用下穿衣人体的失热量之间的热平衡关系，分析环境对人体舒适的影响及满足人体舒适的条件。

2. 生理方面

研究人体对冷热应力的生理反应如皮肤温度、皮肤湿度、排汗率、血压、体温等并利用生理反应区分环境的舒适程度。

3. 心理方面

分析人在热环境中的主观感觉，用心理学方法区分环境的冷热与舒适程度。

（三）人体热平衡方程

人的热舒适感主要建立在人和周围环境正常的热交换上，即人体新陈代谢的产热率和人向周围环境的散热率之间的平衡关系。人体为了维持正常的体温，必须使产热和散热保持平衡。图 11-3 是人体的热平衡示意图，它用一个多层圆柱断面来表示人体的核心部位、皮肤和衣着。

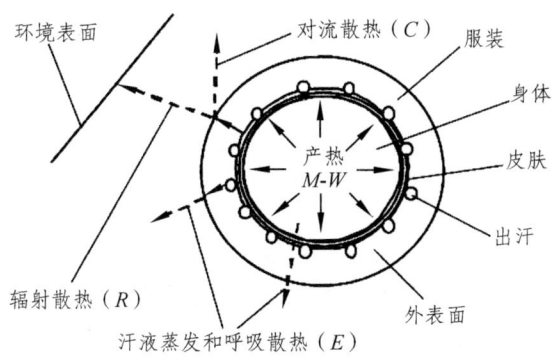

图 11-3　人体和环境的热交换

人体的热平衡方程如下：

$$M-W-C-R-E-S=0$$

式中，M 为人体能量代谢率，取决于人体的活动量大小（W/m²）；W 为人体所做的机械功（W/m²）；C 为人体外表面向周围环境通过对流形式散发的热量（W/m²）；R 为人体外表面向周围环境通过辐射形式散发的热量（W/m²）；E 为汗液蒸发和呼出的水蒸气所带走的热量（W/m²）；S 为人体蓄热率（W/m²）。

上式中的各项指标均用人体单位表面积的产热和散热表示。裸身人体皮肤表面积可以用下式计算：

$$A_D = 0.202 M_b^{0.425} H^{0.725}$$

式中，A_D 为人体皮肤表面积（m²）；H 为身高（m）；M_b 为体重（kg）。

根据上式，如果一个人的身高为 1.78 m，体重为 65 kg，则皮肤表面积为 1.81 m² 左右。

（四）热舒适的评价指标

影响人体热舒适的因素与条件十分复杂，从 20 世纪 20 年代起经过大量的实验研究，综合不同因素的相互作用，已陆续提出若干评价热舒适的指标与热舒适范围。应用较为广泛的评价指标主要有 ISO 标准、贝氏标度和 ASHRAE 标度。

1. ISO 7730 标准

国际标准化组织（ISO）根据丹麦工业大学范格尔（P.O.Fanger）教授的 PMV（Predicted Mean Vote，用以表征人体热反应的评价指标，代表了同一环境中大多数人的冷热感觉的平均）研究成果制定了 ISO 7730 标准《适中的热环境——PMV 与 PPD 指标的确定及热舒适条件的确定》，在 ISO 7730 标准中以 PMV-PPD 指标来描述和评价热环境。该指标综合考虑了人体活动程度、衣服热阻（衣着情况）、空气温度、空气湿度、平均辐射温度、空气流动速度等 6 个因素，以满足人体热平衡方程为条件，通过主观感觉试验确定出的绝大多数人的冷暖感觉等级。ISO 7730 标准详细规定了高舒适度室内环境要素和控制值。其中涉及温度环境的有以下指标：

（1）室内温度：20 ℃ ~ 26 ℃，即冬季满足 20 ℃ 以上，夏季满足 26 ℃ 以下。

（2）相对湿度：相对湿度为 40% ~ 60%。

（3）室内空气品质：室内新风量要求：30m³/h·人；空气流速：夏季 0.3 m/s，冬季 0.2 m/s，可吸入颗粒 PM10 低于每日 0.15 mg/m³；细菌菌落总数低于 2 500 cfu/m³。

2. 贝氏标度

Bedford 在 1936 年提出热舒适的 7 级评价指标。热舒适的指标分别为：冷、凉、舒适的凉爽、舒适并不冷不热、舒适的温暖、暖、热。

3. ASHRAE 标度

根据美国堪萨斯州立大学等长期研究结果，产生了美国供暖、制冷与空调工程师协会的 ASHRAE55-74 标准，即《人们居住的热舒适条件》。ASHRAE 标度在 1996 年开始使用 7 级热感觉指标：冷、凉、微凉、中性、微暖、暖、热。

第二节　温度环境与交通作业

一、交通运输作业环境的温度环境标准

(一) 操作间（舱）内人的热舒适标准

交通运输作业环境都属于室内和舱内，如飞机或火车的驾驶舱、乘客所处的客舱、轿车、交通指挥厅、调度指挥中心等。虽然这些操作间空间特征不尽相同，但是在环境的温度和湿度等方面可以考虑以下标准。（见表 11-1）

表 11-1　操作间（舱）的热舒适标准

操作间的温度环境特征		冬季		夏季	
		温度（°C）	相对湿度	温度（°C）	相对湿度
主要放散对流热的空间	散热量不大的　轻作业 中等作业 重作业	14~20 12~17 10~15	不规定	不超过室外温度 3 °C	不规定
	散热量大的　轻作业 中等作业 重作业	16~25 13~22 10~20	不规定	不超过室外温度 5 °C	不规定
	需要人工调节温度和湿度的　轻作业 中等作业 重作业	20~23 22~25 24~27	≤(80~75)% ≤(70~65)% ≤(60~55)%	31 32 33	≤70% ≤(70~60)% ≤(60~50)%
放散大量辐射热和对流热的空间，辐射强度大于 2.5×10^5 J/(h×m²)		8~15	不规定	不超过室外温度 5 °C	不规定
放散大量湿气的空间	散热量不大的　轻作业 中等作业 重作业	15~20 13~17 10~15	≤80%	不超过室外温度 3 °C	不规定
	散热量大的　轻作业 中等作业 重作业	18~23 17~21 16~19	≤80%	不超过室外温度 5 °C	不规定

(二) 其他需要考虑的温度环境因素

1. 季节因素

夏季进行交通作业时，舒适温度应设置偏高，而冬季则偏低。

2. 作业类别

当室内湿度为 50% 时，交通运输办公室管理者、调度员、指挥中心人员（坐着办公）的热舒适温度为 18 °C~24 °C；飞行员、列车司机、机动车驾驶员等坐着从事轻体力劳动的人员热舒适温度为 18 °C~23 °C；站着从事轻体力劳动的作业人员热舒适温度为 17 °C~22 °C；站着从事重体力劳动人员热舒适温度为 15 °C~21 °C。在有很强烈热辐射的情况下，气温还要低些。

3. 服装因素

衣着对舒适温度的影响是显而易见的，穿厚衣服对环境舒适温度的要求较低。因此对于工作服来说要考虑作业人员的热舒适要求。

4. 地域因素

人在不同地区的冷、热环境中长期生活和工作，对环境习惯不同，对舒适温度的要求也不相同。

5. 性别、年龄等因素

女子的舒适温度比男子高 0.55 ℃；40 岁以上的人比青年人约高 0.55 ℃。

二、典型的交通运输作业场景温度环境研究

出于交通安全、提升交通运输效率和节能环保等方面的要求，各交通运输行业非常重视作业环境的建设与改善，尤其是像城市轨道交通这样的人员高度密集、流动性强和安全要求高的行业，更加重视环境舒适性的营造。

在这一部分，我们给出了地铁温度环境的研究方法、测试工具、环境标准和改善建议，其他交通运输行业的温度环境研究可以以此为参考，进行相应的方法和工具上的调整，为温度环境改进提供建议。

1. 地铁温度环境研究方法

对地铁温度环境进行研究遵循以下思路和方法：

（1）采集地铁站冬夏两季的温度环境测试数据；

（2）数据采集地点应尽量覆盖多个部位，如地下通道、地铁站厅、站台各部位的温度、湿度、风速等，这样才能更全面地发现存在的问题及其影响因素。

（3）结合主观问卷调查。通过问卷调查的方式，可以了解地铁站乘客及工作人员对地铁站的热舒适满意度，结合实测数据，从主客观两个方面进行分析。问卷内容包括：被调查者的背景情况，如性别、年龄等；被调查者在地铁环境中的衣着情况，包括每次乘坐地铁时长及乘坐频率等；对不同季节温度、湿度、风速及空气质量的主观感受，及其认为的主要环境影响因素。

2. 地铁温度环境研究指标

（1）PMV-PPD 指标。

PMV-PPD 指标就是在面前所说的国际标准 ISO7730 的预测平均投票数和预测不满意百分数，是最具权威、最具代表性的热舒适评价和预测指标，在热舒适方程的基础上建立，用以反应人体热平衡偏离程度的人体热负荷。

PMV 不是单一的环境因素，而是综合考虑了人体活动程度、衣服热阻、空气温度、平均辐射温度、空气温度和空气平均流速等 6 个因素，是至今为止，考虑人体热舒适感觉因素最全面的评价指标。这一指标常常被用来跟人们的实际热感觉 TSV 进行对比。由于人与人之间存在生理、心理等各方面的差异，不是每个人的感觉都与 PMV 一致，因此，便有了预测不

满意百分比 PPD（Predicted Percent Dissatisfied）这一指标。

(2) 有效温度指标 ET。

有效温度 ET（Effective Temperature）指标，是将干球温度、湿度、空气流速对人体冷热感觉的影响综合成一个单一的指标数值。该数值等于产生相同感觉的静止饱和空气的温度，目的在于研究温度对热感觉的影响程度。后来经过实践改进，产生了一个新的指标，即有效温度 ET*。新的指标引进了皮肤湿润度的概念，提供了一个适用于穿标准服装和坐着工作的人的舒适标准，后被 ASHRAE54-74 采用，并出现在 ASHRAE 的 1977 版手册中，之后标准有效温度 SET 规定了各种运动水平的衣服热阻，便形成了最通用的舒适指标。

(3) 热感觉投票与热中性温度。

热感觉投票 TSV（Thermal Sensation Vote）和平均热感觉 MTS（Mean Thermal Sensation）都可以用来描述人体热感觉，前者是某一温度的热感觉值，后者是某一温度区间的热感觉平均值。每个人的热感觉不同，MTS 比 TSV 的准确度高很多，能更好地预测人体热感觉。通常以 0.5 ℃ 为一个区间，分为若干区间，计算每个区间里人们热感觉投票的平均值，以所处的温度建造一个点，将若干点连成线以后，就得到了线性回归的关系。将现场研究结果与 PMV 预测值进行对比，设 MTS 为 0，便可得出热中性温度。

3. 城市轨道交通方面的温度环境标准

(1) UIC553-规程。

目前国内在地铁系统设计方面的技术规定还在完善之中。因此在实际的设计工作中会借鉴国际铁路联合会 UIC 的第 553-1 号规程。

温度设计：测点即高度为 1.1m 处当室外温度为 -20 ℃ ~ 19 ℃ 时客室内温度应为 22 ℃。最大偏差控制在 ±2 ℃ 以内。地板上 1.1 m 的高度最大温差 2 ℃。0.1 ~ 1.7 m 高度内最大温差 3 ℃。外部温度 t_e 大于 19 ℃ 时，内部温度 t_i 计算式如下：

$$t_i = 22 + 0.25(t_e - 19)$$

相对湿度设计：车内温度为 20 ℃ ~ 27 ℃ 时，相对湿度保持在 35% ~ 65%。

风速设计：系统运转时，需使气流速度高于 0.07 m/s，以避免出现"静止区域"。

(2)《地铁设计规范》（GB50157—2013）。

① 当车站采用空调系统时，站厅中公共区的空气计算温度应低于空调室外空气计算干球温度 2 ℃ ~ 3 ℃，且不应超过 30 ℃；站台中公共区的空气计算温度应低于站厅的空气计算温度 1 ℃ ~ 2 ℃，相对湿度均应为 40% ~ 70%。

② 地下车站公共区冬季室内计算温度应低于当地地层的自然温度，但最低温度不宜低于 12 ℃。

③ 站厅及站台的瞬时风速不宜大于 5m/s。

④ 当采用通风方式时，高架线和地面线站厅内的夏季空气计算温度不应超过室外计算温度 3 ℃，且不应超过 35 ℃。

4. 地铁温度环境的薄弱点和改善措施

多项研究表明，人们对地铁温度环境的满意度较其他市内公共交通工具高，但也存在一些问题，其主要薄弱点主要体现在以下方面：

（1）普遍来说地铁的地面站热环境状况较差。

（2）在冬季，多数站点公共区域温度低于规范要求。冬季热舒适满意度比夏季偏低，尤其是湿度方面，冬季的地铁站内容易出现过于干燥的感受。

（3）地铁冬季出口处风速较大，出站时不舒适感受明显。

（4）夏季乘客对客流量较低地铁站温度感觉偏凉。

（5）长期在地铁站内的工作人员热舒适满意度低于乘客，在温度和湿度的设置上应多考虑他们的需求。

针对以上问题，对地铁温度环境的改进提出以下建议：

（1）地铁地面站应适当考虑设置有效环境调控设备，以保证乘客在地面站乘车候车的舒适性。

（2）地铁站热环境与空气品质受地铁站与城市接驳形式、地铁站出入口形式影响，考虑到通风与健康，地铁出口通往地下建筑时应增大出口处新风量，出地面出口应尽量减少拐弯次数，避免在通道内产生憋闷感受。冬季应考虑在地铁站出口处设置挡风措施，避免出口处及通道内风速过大，损害乘客健康。

（3）针对地铁站客流较低站点存在夏季温度较低，且乘客及工作人员偏凉感觉集中情况，建议此类型站点在夏季适当提高空调设定温度，大约至 27 ℃。提高地铁站夏季空调设定温度可能造成地铁站内异味感觉趋于明显，但由于建议提高空调设定温度站点为客流较低站点，且在其他温度较高站点未发现异味感受突出状况，因此不考虑提高温度带来的异味问题。

（4）在地铁站设计时，环控系统出风口应避开工作人员固定工作地点。

第十一章 温度环境与人因安全

知识点导图

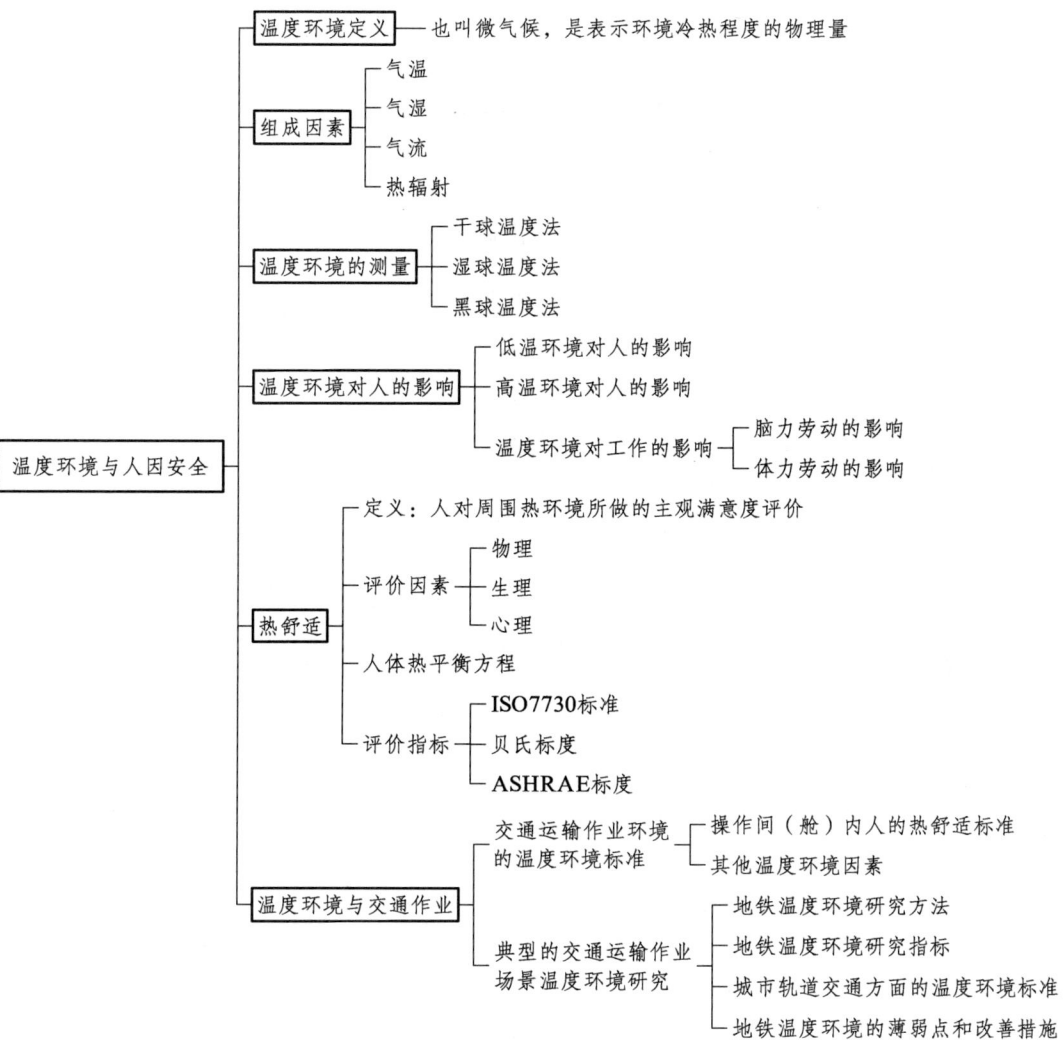

第十二章　其他作业环境因素

第一节　作业环境中的悬浮颗粒物

一、悬浮颗粒物的概念

空气动力学当量直径是指将各种形状的颗粒标准化成为密度为 1 g/cm³ 的具有同样空气动力性质（即沉降速度）的球体，或者说相当于同样沉降速度的水滴的直径。

空气动力学当量直径小于 10 μm 的颗粒称为可吸入颗粒物（记作 PM10），可通过呼吸进入人体的上下呼吸道。尤其是空气动力学当量直径小于 2.5 μm 的颗粒，称为细颗粒物（记作 PM2.5），可以通过上下呼吸道和支气管，到达肺部发生沉积，甚至通过肺泡进入血液循环。

二、悬浮颗粒物对人的影响

悬浮颗粒物作为我国首要的空气污染物之一，严重影响室内空气品质并威胁居住者的健康。越来越多的资料显示，空气中的颗粒物污染与人体呼吸道疾病、心血管疾病和癌症等健康问题密切相关。

细颗粒物上往往富集重金属、酸性氧化物、有机污染物（如多环芳烃、农药等），并且是细菌、病毒和真菌的载体，对人体危害极大。细颗粒物易于进入呼吸道深部，与肺组织细胞接触后难以掉落，通过刺激作用导致肺组织细胞损害。沉积的细颗粒物作用于 II 型肺泡上皮细胞，抑制细胞分化和细胞代谢能力，损伤上皮细胞，甚至导致肺上皮细胞增生发生纤维化。

此外，细颗粒物还会通过吸附的毒性成分引起肺组织生化成分改变及炎症因子的释放，诱发炎症。由于对呼吸道的急性刺激作用，细颗粒物可能会引发哮喘。有研究表明，细颗粒物具有自由基活性，其含有的金属成分、有机成分等会刺激肺泡巨噬细胞产生自由基，对组织细胞造成氧化损伤。

流行病学研究已经发现细颗粒物暴露与人群心血管事件危险度增加显著相关，会增加心肌梗死和卒中等心血管系统疾病的入院率和病死率，特别是增加缺血性心脏病及心律失常的发生率。

第二节　作业环境中的各种气体成分

一、空气中气体成分简介

对于干洁空气来说，各种气体成分按体积的百分比来计，氮气占 78%，氧气占 21%，二氧化碳占 0.03%，臭氧占 0.000 001%，另外还有一些微量气体。这些微量气体的成分和占比，随着环境的不同而不同。有些气体即使量小，长期作用于人体也会对人体的健康产生影响。

因此，各种气体成分在室内浓度达到一定时就会造成室内空气的化学污染，其中主要是指有机挥发性化合物（Volatile Organic Compounds，VOCs）和有害无机物引起的污染。

（一）空气中的有机挥发性化合物

有机挥发物是一类低沸点的有机化合物的总称，美国环保署（EPA）对 VOCs 的定义：除了 CO_2、碳酸、金属氧化物、碳酸盐以及碳酸铵等一些参与大气中光化学反应之外的含碳化合物。它主要包括醛类、苯类、烯等近 300 种有机化合物，其中最为主要的为甲醛、甲苯、二甲苯等芳香族化合物。

（二）空气中的无机物污染

无机物污染主要为 NH_3 和各种燃烧产物，包括 CO_2、CO、NO_x、SO_x、等，这些污染物主要为室内燃烧产物。

二、气体成分对人的影响

（一）有机物对人的影响

1. 氢化氰（HCN）

HCN 是由含氮材料燃烧生成的，这类材料包括天然材料和合成材料，如羊毛、丝绸、尼龙、聚氨酯、丙烯腈二聚物以及尿素树脂。它是一种毒性作用极强的物质，毒性约是 CO 的 20 倍，它基本上不与血红蛋白结合，但可以抑制细胞利用氧气（组织中毒性缺氧）及人体中酶的生成，阻止正常的细胞代谢，引起目眩、虚脱、意识不清等症状。

2. 丙烯醛

丙烯醛是一种对眼睛、上呼吸道、肺部等部位产生强烈刺激感的物质，存在于许多燃烧生成的气体中，它既可由各种纤维材料燃烧产生，又可由聚乙烯热解生成。

丙烯醛极具刺激性，其浓度低至百万分之几时仍会刺激眼睛，角膜中的神经末梢受到刺激会产生疼痛、反复眨眼和流泪，强烈的刺激还可以导致眼睛损伤；对上呼吸道来说，丙烯醛刺激那里的神经，在鼻、嘴、喉内产生灼热感并导致黏液分泌；肺刺激的特征是咳嗽、支气管缩窄和肺流阻力增大。暴露于高浓度下 6~48 小时便会出现组织炎症、组织损伤、肺水肿以及随后的死亡。

3. 甲醛（CH_2O）

甲醛是一种无色有强烈刺激性气味的气体，易挥发，易溶于水，其 30%~40%的水溶液俗称福尔马林。甲醛容易聚合为多聚甲醛，其受热后则发生解聚作用，在室温下缓慢分解出甲醛。它的释放速率与家用物品所含的甲醛量有关，还与温度、湿度、风速有关。温度越高，甲醛释放越快；由于甲醛的水溶性很强，如果室内湿度较大，则甲醛易溶于水雾中滞留室内；如果室内湿度较小，则容易向室外排放。表 12-1 列出了不同的甲醛浓度对人体的影响。

表 12-1　甲醛暴露与人体健康的关系

甲醛浓度（mg/m³）	对人体的影响	甲醛浓度（mg/m³）	对人体的影响
0.0～0.05	无刺激和不适	0.1～25	上呼吸道刺激反应
0.05～1.0	嗅觉阈值	5.0～30	呼吸系统、肺部刺激反应
0.05～1.5	神经生理学影响	50～100	肺部水肿及肺炎
0.01～2.0	眼睛刺激反应	>100	死亡

（二）无机物对人的影响

1. 一氧化碳（CO）

CO 是一种无色无味的剧毒气体，是火灾中造成人员死亡的主要因素之一。室内 CO 主要来源于吸烟、含碳燃料的不完全燃烧等。

CO 的主要毒害作用在于对血液中血红蛋白的高亲合性，其对血红蛋白的亲合力比 O_2 高 250 余倍，这就极大地削弱了血红蛋白与 O_2 的结合力，使血液中 O_2 含量降低，供氧不足（低氧症），引起头疼、虚脱、意识不清和肌肉调解障碍等症状。

CO 与血红蛋白结合成碳氧血红蛋白（COHb）。COHb 的浓度在人体冠状动脉和脑部动脉处急剧升高，在其他地方则相对要慢得多。美国《消防手册》（第 17 版）指出，COHb 饱和水平（即 COHb 在血液中所占数量的比例）高于约 30% 便对多数人构成潜在危险；达到约 50% 便很可能对多数人就是致命的；当其浓度足够高（约 60%）时，死因通常判定为 CO 中毒。

2. 二氧化碳（CO_2）

CO_2 是一种无色无味的气体，高浓度时略带酸味，不助燃，密度比空气大。虽然 CO_2 在可探测到的水平上毒性不太大，但中等浓度却会增加呼吸的速率和深度。其主要生理作用是刺激人的呼吸中枢，导致呼吸急促，并且还会引起头疼、嗜睡、意识不清等症状。当室内 CO_2 浓度大于 1.5% 时，会引起呼吸困难和呼吸频率加快、改变血液 pH、减弱人体的活动能力等；当浓度大于 3% 时，会引起头痛、眩晕和恶心；当浓度大于 6%～8% 时，可导致昏迷，甚至死亡。因此居室内 CO_2 浓度应保持在 0.07% 以下，最高不应超过 0.1%。

3. 氯化氢（HCL）

HCL 主要是含氯材料燃烧后的产物，是强烈的感觉刺激物，也是烈性的肺刺激物。其浓度为 0.75×10^{-4} 时就会对眼睛和上呼吸道极具刺激。

4. 氮氧化物（NO_x）

NO_2、NO 等氮氧化物构成 NO_x 混合物。研究表明，在对人的健康影响方面，NO_2 的浓度比暴露时间更关键。通常在低浓度下几个小时的暴露不会对肺部产生不利影响，只有几周以上的低浓度暴露才可能引起肺部损伤，但是在高浓度 NO_2 中的短期暴露就可能对健康产生不利影响。

5. 二氧化硫（SO_2）

SO_2 主要由煤或者油燃烧产生，极易溶于水，因此它可能会在眼睛、鼻子和喉咙黏膜处变成亚硫酸、硫酸，产生更强的刺激。当 SO_2 浓度在 $1.0\times10^{-5}\sim1.5\times10^{-5}$ 时，呼吸道的纤毛运动和黏膜的分泌作用均会受到不同程度的抑制；当它的浓度为 2.0×10^{-5} 时，会对眼睛产生很强的刺激，长时间暴露在这种环境中，会引起慢性呼吸综合征；当浓度为 2.5×10^{-5} 时，气管中的纤毛运动会有 65%～70% 受到障碍。而如果 SO_2 与粉尘一起进入人体，则由于粉尘能够把吸附在其上的 SO_2 直接带到肺部，因此使毒性增强 3～4 倍。

第三节 作业环境中的生物污染

一、生物污染简介

我们周围普遍存在很多肉眼看不见的微小生物，也就是微生物。自然界中大部分微生物是有益的，只有少数微生物是有害的，会引发生物污染。

（一）生物污染的种类

室内空气生物污染因子主要包括细菌、真菌（包括真菌孢子）、病毒、藻类、原虫、螨虫及其排泄物、微小植物残体（如花粉）、生物体有机成分（如动物和人的皮屑）等。

（二）生物污染的来源

生物污染的来源包括建筑物卫生间和由冷桥引起的长期潮湿的表面，空调系统内的潮湿表面，过滤器和冷却塔，花粉及室内人员尤其是传染病患者和家庭宠物。一些典型生物污染源及其传播途径和特性如表 12-2 所示。

表 12-2 一些典型生物污染源及其传播途径和特性

名称	大小（μm）	引发病症举例	特点
病毒	0.02～0.3	流感、水痘、甲肝、乙肝、SARS 等	传染途径通常为呼吸道传染和消化道传染
细菌	0.5～3.0	痢疾、百日咳、霍乱、过敏症、肺炎、哮喘、军团菌病等	以空气作为传播媒介
真菌	1～60	湿疹性皮炎、慢性肉芽肿性炎症、溃疡等	霉菌还能产生悬浮于空气中的有机体，这些有机体常常能产生霉变和臭味

温度和湿度是微生物活性的两个重要因子，在适宜的温度范围内，温度每升高 10 ℃，反应速度将提高 1～2 倍，微生物的代谢速率和生长速率均可相应提高，而干燥能使菌体内蛋白质变性，引起代谢活动停止。大多数细菌的最适生长温度范围为 25 ℃～40 ℃，因此通常的生产、生活环境正好适合这类细菌的生存。

二、生物污染对人的影响

室内空间相对较小，受人类活动及卫生习惯的影响很大，如室内流感病人通过飞沫可使空气中的流感病毒量显著增加，并且室内温度湿度适宜，是病原微生物生存的良好环境。其他一些致病因子均能以不同的形式形成气溶胶（气溶胶是指沉降速度可以忽略的固体粒子在气体介质中的悬浮体，又称悬浮颗粒物）。人类呼吸道传染病作为人类最常见的疾病，绝大部分是在室内传播感染的，一年四季均可发生，冬春季更为多见，其症状可从隐性感染直到威胁生命。

常见的生物污染物及其带来的疾病有军团菌与军团菌病、真菌与变应性疾病、尘螨与变应性疾病及其他菌落与相应的变应性疾病。由于交通运输行业的特点，很多职业和人群容易受室内生物污染危害，生物污染因子对这些职业人群的健康影响是多方面的，主要包括：呼吸道黏膜刺激、支气管炎和慢性呼吸障碍、过敏性鼻炎和哮喘、过敏性肺炎、吸入热和有机尘中毒综合征、呼吸道传染病感染、霉菌毒素中毒等。

第四节　作业环境中的辐射

一、辐射简介

辐射是指由场源处的电磁能量中一部分脱离场源向远处传播，而后再返回场源的现象，其能量以电磁波或粒子（如α粒子、β粒子等）的形式向外扩散。

辐射环境分为电离辐射作业环境和非电离辐射作业环境。

（一）电离辐射的概念

电离辐射是指携带足以使物质原子或分子中的电子成为自由态，从而使这些原子或分子发生电离现象的能量的辐射。

电离辐射是一切能引起物质电离的辐射的总称，其种类很多，高速带电粒子有α粒子、β粒子、质子，不带电粒子有中子以及 X 射线、γ射线。

电离辐射的特点是波长短、频率高、能量高。电离辐射可以从原子、分子或其他束缚状态中放出一个或几个电子。

（二）非电离辐射的概念

非电离辐射是指能量比较低，并不能使物质原子或分子产生电离的辐射。非电离辐射包括低能量的电磁辐射，有紫外线、光线、红外线、微波及无线电波等。它们的能量不高，只会令物质内的粒子震动，温度上升。

二、辐射对人的影响

接触电离辐射的工作中，如防护措施不当，违反操作规程，人体受照射的剂量超过一定限度，则会发生有害作用。在电辐射作用下，机体的反应程度取决于电离辐射的种类、剂量、照射条件及机体的敏感性。电离辐射可引起放射病。放射病是机体的全身性反应，几乎所有器官、系统均发生病理改变，但其中以神经系统、造血器官和消化系统的改变最为明显。电离辐射对机体的损伤可分为急性放射损伤和慢性放射性损伤。短时间内接受一定剂量的照射，可引起机体的急性损伤，平时见于核事故和放射治疗病人。而较长时间内分散接受一定剂量的照射，可引起慢性放射性损伤，如皮肤损伤、造血障碍、白细胞减少、生育力受损等。另外，过量的辐射还会致癌及引起胎儿的死亡和畸形。

三、辐射的防护

（一）时间防护

不论何种照射，人体受照累计剂量的大小与受照时间呈正比。接触射线时间越长，放射危害越严重。因而应尽量缩短从事放射性工作的时间，以达到减少受照剂量的目的。

（二）距离防护

某处的辐射剂量率与距放射源距离的平方呈反比，与放射源的距离越大，该处的剂量率越小。所以在工作中要尽量远离放射源，以达到防护目的。

（三）屏蔽防护

屏蔽防护就是在人与放射源之间设置一道防护屏障。因为射线穿过原子序数大的物质，会被吸收很多，这样达到人身体部分的辐射剂量就减弱了。常用的屏蔽材料有铅、钢筋水泥、铅玻璃等。

知识点导图

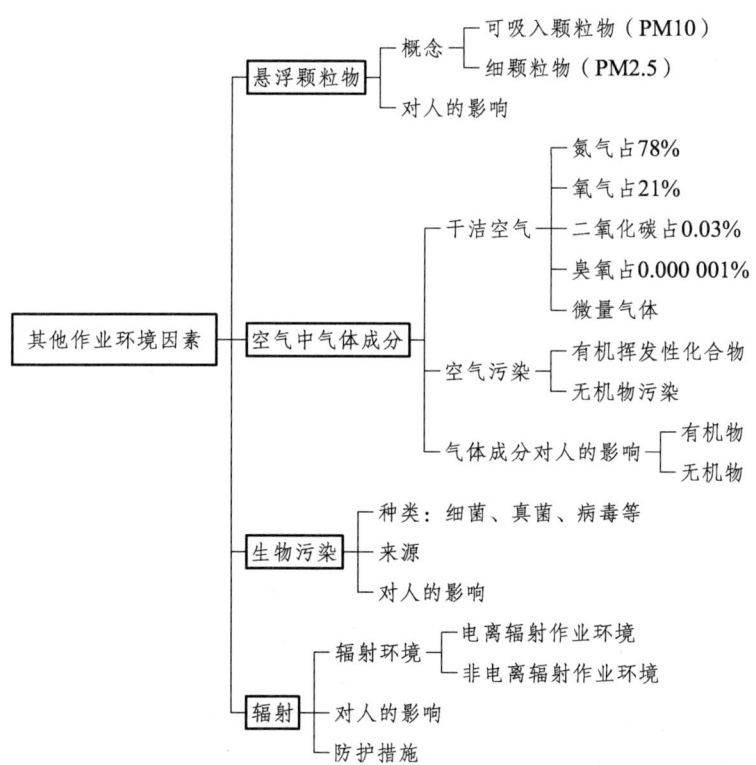

第四篇

PART FOUR

职业胜任力测评方法与技术

第十三章　基本概念与方法

第一节　胜任力的基本概念

有关"胜任力"的研究，是当代心理学、教育学、人力资源管理等学科领域研究的热点之一。其正式研究起源于 1973 年，最早可追溯至 20 世纪初泰勒关于"时间-动作"的研究。在分析工人工作中身体机械运动所能达到的最高效率时，他视机器为衡量效率的准绳。此后，智力测验的结果、人格测量和人格类型的划分都相继成了测量工作绩效的指标。本节对胜任力定义的讨论从其发展及分类展开论述。

一、胜任力定义的起源及发展

20 世纪 60 年代后期，美国国务院感到以智力因素为基础选拔外交官 FSIO（Foreign Service Information Officers）的效果并不理想。许多表面上很优秀的人才，在实际工作中的表现却令人非常失望。在这种情况下，哈佛大学的心理学家，戴维·麦克莱兰（David McClelland）博士应邀帮助美国国务院设计出一种能够有效地预测实际工作业绩的人员选拔方法。在项目过程中，McClelland 博士奠定了胜任力研究的关键性理论和技术。1973 年，McClelland 发表了一篇名为"Testing for Competency Rather Than Intelligence"（"测量胜任力而非智力"）的文章，正式提出了"胜任力"的概念，自此揭开了"胜任力运动"（Competency Movement）的序幕。他认为，人们的知识、能力、技能、特质和动机等因素都与他们从事的工作乃至工作绩效直接相联系，而且这些特征可以被测量出来。McClelland 认为，高绩效者运用了某些特定的知识、技能和行为以取得出色成绩。如果去研究高绩效者的行为，那么人们就会发现是什么造成了这种差异。该文章的发表，掀起了对胜任力研究的热潮。

长久以来，胜任力的概念在众多学科中被广泛运用，不同学科研究中的概念略有不同。职业咨询中胜任力是指与特定职位相关的知识、技能和能力；心理学中指心理能力和意识、关心他人的能力或者从事多种日常活动的能力；教育学中被用于拓展传统的"知识"的范畴。关于胜任力的定义至今尚未完全统一，不同学者从不同的角度和侧重点对胜任力的内涵进行了划分。其中具有代表性的有以下几类：

第一种，McClelland（1973）：与工作或工作绩效或生活中其他重要成果直接相似或相联系的知识、技能、能力、特质或动机。

第二种，Boyatzis（1982）：它可能是动机、特质、技能、自我形象或社会角色或它所使用的知识实体等。

第三种，Spencer（1993）：胜任力是指和参照效标有因果关联的个体的潜在基本特质。基本特质是指个人性中深层的长久不变的部分，与其所担任的职务有关的预期的或实际的反应，及影响行为与绩效的表现。

第四种，HayGroup 集团（2002）：能够把平均水平者与高绩效者区分开来的任何动机、态度、技能、知识、行为或个人特点。

可以看出，学者们关于胜任力的定义不统一，最初有学者提出胜任力是个体所具备的知识以及技能或能力，还有学者认为胜任力是优秀个体所具有的知识、技能和个性，也有学者认为胜任力包括知识、技能和态度；然而大多数学者认为胜任力不仅是某领域知识、认知或行为技能这些表层特征，也可以是动机、特质、自我形象、态度或价值观这些深层次特征。

目前，最为认可的就是1994年McClelland、Spencer提出的观点：胜任力是指动机、特质、自我概念、态度或价值观、知识或技能等能够可靠测量并能把高绩效人员与一般绩效人员区分出来的任何个体特征。虽然有关概念并不统一，但其中也都有一定的共识，也就是强调情境中工作者的价值观、动机、个性或态度、技能、知识等特征；与工作绩效有密切联系；能够区分业绩优秀者与一般者。其主要包含以下几个方面：

动机：推动个人为达到一定目标而采取行动的内驱力（如喜欢追求名誉）。

知识：某一职业领域需要的专门知识（如教师需要专门的学科知识、教学知识）。

技能：掌握和运用专门技术的能力（如多媒体设备应用能力、英语听说读些技能）。

个人特质：对于外部环境以及各种信息的反应方式、倾向与特性（如喜欢热闹）。

社会角色：个体对于社会规范的认知与理解（如认识到自己为团队或集体的领导）。

自我概念与价值观：个人对于自身的看法和评价（如认为自己是某一领域的权威）。

态度：个人自我形象、价值观以及社会角色综合作用的外化结果，根据外部环境变化而变化（如尊敬师长是对学生应有的基本的态度要求）。

由此可见，胜任力的概念强调两个关键点：一是结果，即凭借胜任力能够产生优秀的工作绩效，因此胜任力是可测的；二是驱动因素，即胜任力是可以通过行为表现的各种特征的集合，包括表象的与潜在的。

二、胜任力的分类

（一）个体胜任力

个体胜任力是产生有效绩效的个体特征。纵观胜任力研究的发展脉络可以发现，对于胜任力的内涵，即胜任特征的研究贯穿始终。国外学者对于个体胜任力的特征及要素进行了不懈的探索，并做出了如下全面系统的论述。

Boyatzis通过构建胜任力模型，评价了12个组织中41个不同管理岗位上2000个个体的21个特征。他的模型认为胜任力需要以下6方面的特质：是否有明确的目标导向；是否具有较强的个人素质和领导力；是否具有管理群体、统筹人力资源管理的能力；是否具有指导下级、培养他人的技能；是否具有客观知觉、自我控制、持久性、适应性；是否具备管理者及其特殊社会角色所应有的特殊知识。

Yukl提出，胜任力的3个特质是技术技能（Technical Skills）、人际技能（Interpersonal Skills）和概念技能（Conceptual Skills）。技术技能是指人们掌握工作方法、熟悉工作程序、使用工具和操纵设备的能力；人际技能是指人们在人际交往过程中的敏感性、交流沟通和合作能力；概念技能较为抽象，是指人们的分析问题能力、解决问题能力以及在解决问题中所表现出的创造性。他认为可以通过这3个特质对个体的胜任力加以区分（Yukl，1989）。Lyle

和 Signe Spencer 的著作 *Competency at Work：Models for Superior Performance* 对胜任力进行了全面系统的论述，提供了如何基于群体中个体特征构建胜任力模型的方法。他们认为胜任力是个体的内在特征，这些内在特征与工作绩效之间存在着一定程度的因果关系。

Nordhaug（1998）认为，个体胜任力的划分应从 3 个维度进行，这 3 个维度分别是任务具体性、行业具体性和公司具体性。Nordhaug 将任务具体性、公司具体性和行业具体性 3 个维度结合起来形成一个分类网络架构（见表 13-1）。这 6 个单元代表了不同类型的胜任力，包括元胜任力、通用行业胜任力、内部组织胜任力、标准技术胜任力、技术行业胜任力和特殊技术胜任力。

其中，任务具体性是指胜任力与完成一个具体工作任务时的相关程序。低任务具体性是指胜任力并不与任何一个具体任务有特殊的关系，而是同时与更大范围内不同的任务密切相关，如分析能力、与他人协作的能力、问题解决能力、沟通技能、委派工作的能力等。当任务的具体性越高，胜任力就与某个单一工作任务或非常少的工作任务密切相关，并且它与其他任务的完成就毫不相干，如打字就只能应用到像操作键盘这样的任务中。如果一种能力只能用于一个公司，那么这就是公司具体性。从字义上来看，对其他雇主而言，它没有潜在的价值。所有非公司具体性的胜任力是一种一般的或非具体性的，并且能够在外部劳动力市场上进行买卖。

总体来看，西方学者对个人胜任力的关注点主要聚焦于个体与岗位相关的胜任能力、个人与绩效相关的胜任力、个人在组织表现优秀的特征集合等的相关研究，进而由对个体胜任能力的描述及相关内涵的界定，逐步扩展为对个体胜任力影响因素和测评依据等的研究。

表 13-1 Nordhaug 的胜任力分类表

任务具体性	公司具体性		
	低		高
	行业具体性		
	低	高	
低	Ⅰ 元胜任力	Ⅱ 通用行业胜任力	Ⅲ 内部组织胜任力
高	Ⅳ 标准技术胜任力	Ⅴ 技术行业胜任力	Ⅵ 特殊技术胜任力

（二）管理人员胜任力

与国外学者侧重方向不同的是，国内学者对胜任力的关注则主要集中在对中层管理人员胜任力特征的研究方面。

国内对胜任力的学术研究始于 20 世纪 90 年代末，侧重于应用模型分析，即将胜任力理论和模型应用于不同的领域、不同层次的管理人员。有的研究注重从工作胜任力的角度考察并解释管理人员的基本特征（钱树刚、阎巩固，1999）。有的研究侧重于中层管理者的工作胜任力特征（李虹、张侃等，2001）。有的研究以通信行业管理干部为被试对象，尝试对胜任力特征评价技术进行实证研究，总结出了高层管理者的 11 种胜任力特征（时勘、王继承，2002）。

有的研究侧重于家族式企业高层管理者胜任力特征模型及其影响因素，提出了我国家族式企业高层管理者胜任力特征模型所包括的 11 种特征（仲理峰，2002）。有的研究聚焦国内中、高层管理人员的胜任力，研究并开发了企业高级管理人员综合素质选拔评价系统，用于选拔综合胜任力优秀的经营管理人员（王重鸣，2002）。相关的研究还包括基于胜任特征模型的反馈评价研究等（张宏云、时勘，2002）。

（三）组织核心胜任力

国内外一些学者对胜任力的另一类别——组织核心胜任力进行了如下研究。

Prahalad 和 Hamel（1990）、Ulric（1997）、Rothwell 和 Lindholm（1999）在个人绩效领域的胜任力研究之外，将胜任力研究从个体绩效领域，即个体胜任力（Individual Competency）扩展到组织绩效领域，即组织核心胜任力（Organizational Core Competency）。组织核心胜任力是指如何协调组织内不同个体的知识、技能、技术优势，形成组织的核心竞争力，产生"1+1>2"的效果。

龚瑞维等专家研究了人力资源管理系统对组织核心胜任力的影响，即人力资源管理系统对组织核心胜任力的关联性是正向的，其影响效果优于个别人力资源管理活动（龚瑞维、廖泉文等，2007）。蒋春燕等专家则通过我国香港地区企业的实证研究分析了企业特征、人力资源管理实践和组织核心胜任力之间的关系：一是企业规模是香港企业人力资源管理实践的一个重要因素；二是人力资源管理实践与组织核心胜任力并没有显著正相关（蒋春燕、赵曙明，2004）。湛珊通过因子分析、问卷调查等方法构建胜任力模型，对贵州国有企业中层管理者的招聘、选拔和培训具有重要的参考价值。同时，根据行业差异、岗位差异，因人施策，对于不同的个体采取不同的培训培养方式，能够在一定程度有效提升组织的核心竞争力（湛珊，2015）。

三、胜任力的特征

国内外学者关于胜任力的特点在学术界达成的共识，主要包括以下几个方面：

（一）胜任力由多个维度构成

Durand（1998，2000）给出的胜任力模型包括 3 个维度：知识（Knowledge，我们知道什么）、技巧（Know-how，我们用来开展工作的技能）及态度（Attitude，我们工作中的精神智力导向，即动机和价值观）。

（二）胜任力基于行动

由于胜任力的定义中包含了绩效的关系，因此可以说胜任力是根据行动来界定的。从个体角度来看，胜任力与个体职责的有效实施联系在一起（Winterton 和 Winterton，1999），被界定为观察到的行为。

（三）胜任力与标准有关

在个体层面，胜任力将工作的本质特征和个体的工作开展联系起来。在这个意义上，宣称自己的是能干的/胜任的,表明他/她能以令人满意的方式开展工作。但这不能避免通过进一步实践和获取额外的知识来改善绩效的机会。因此胜任力可以被视为一个绩效的范围,即在其中一端是达到可接受绩效要求的最低水平,在另一端是达到出色的绩效(Winterton 和 Winterton, 1999)。Solomen 和 Flores(2001)将胜任力定义为,根据合理的标准期望开展工作。胜任力与工作绩效紧密相关,是导致个体工作绩效差异的深层次原因。它与工作绩效密切相关,并在很大程度上预测未来绩效,企业可以借助适当的工具对胜任力进行测量,以此判断员工未来的工作表现。

(四)可开发性

胜任力可以在个体和组织层面得到开发。胜任力具有可习得性和可迁移性,是会改变的。胜任力的变化程度,将随着人们在不同的年龄、阶段、职业生涯层级,以及环境等的变化而变化。不同职业、岗位和任务环境所需的胜任力不同,胜任力内容会随着职业、岗位、环境的变化而发生变化,这一特点与"人岗匹配原理"充分契合。

(五)岗位匹配性

胜任力与职业类别、工作岗位及任务情景相联系,要求与任务、岗位相互匹配。它与员工工作岗位的要求息息相关,很大程度上会受到工作环境、条件和岗位特征的影响。因此,不同岗位的胜任力要求不同,同行业不同企业在相同工作岗位上的胜任力要求也各有不同。

(六)情境依赖性

不同的工作情境所需胜任力不同。胜任力是个人能力与工作情景的有效匹配,不是任何技能、知识、个性等都能称为胜任力,只有为工作所需的个人能力才能称为胜任力。

(七)可观察、可测量性

个体的行为本身不是胜任力,但个体的胜任力水平可以通过行为表现反映出来,是特定工作情境下对知识、技能、态度、动机等的综合运用。

(八)综合性

胜任力是知识、技能、态度、动机等内隐和外显特征的综合,并且可以通过行为表现出来。这些行为表现是可观察、能测度的,是特定情境下对各种特征的具体应用。

(九)区分性

胜任力将绩效优异者与绩效一般者区别开来,绩优员工和一般员工在胜任力表现上有很大差异,因此可以将胜任力作为员工考核、培训、晋升等工作的依据。

知识点导图

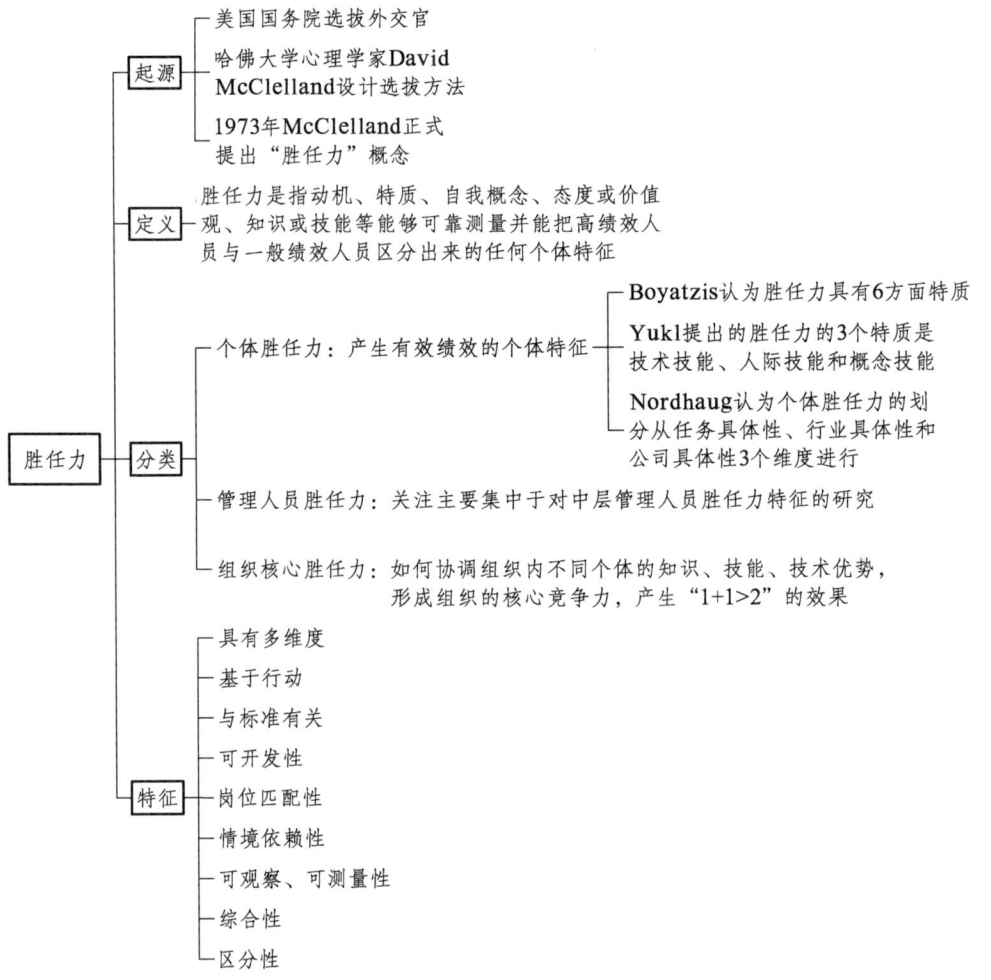

第二节　胜任力模型与理论

一、胜任力模型的概念

在工作中，企业通常会制定不同的岗位要求，安排工作时会要求员工具备相应的胜任能力，因此不同的岗位要求员工具备的胜任力内容和水平是不同的。在不同的行业及公司中，对员工的要求也不尽相同。胜任力模型是针对特定的岗位、职位表现出来的优异胜任力而组合起来的结构要素，它是指担任某一职位角色所需要具备的知识、技能、内在动机、自我形象与社会角色特征等一系列胜任力的总和。

$$M_c = \{C_i, i = 1, 2, 3, \cdots, n\}$$

式中，M_c 为胜任力模型；C_i 为第 i 个胜任特征；n 为胜任特征的数目。

一般说来，胜任力模型包含以下几个方面的特征：

（1）胜任力模型是在对绩效优异者、一般者相区别的基础上经过调查研究和统计分析建立起来的，它可采用回归、T检验等方法进行数量分析。

（2）胜任力模型是一组结构化了的胜任特征指标体系，可用数学表达式或方程式表现出来，各个因子是与绩效高度相关的胜任特征要素的有机集合。

（3）胜任力模型是建立在优秀者标准基础之上的结构模式。对那些绩效一般者的表现或工作特征，胜任力模型不太关注，甚至忽视。

（4）胜任力模型的构建是采取自上而下、不同管理角度收集信息并实现的。

麦克莱根（Mclagan）认为，胜任力模型包括能影响取得工资期望结果的关键性特质，它是一种决策工具用以描述操作一项特定工作的关键能力。

胜任力模型可以在以下3种情形下使用：识别高绩效者的潜在特征；建立一个工作所需的全面的胜任力列表并创建支持和发展它们的工作文化；识别组织内的工作和任务（McLagan，1996）。模型应该能够描述理想员工所应该具有的特质，通常描述的是"我们应该成为"的那种状态，是对员工核心能力进行不同层次的定义以及相应层次的行为描述，确定关键能力和完成特定工作所需求的熟练程度。

以"胜任力模型"为篇名在中国知网上进行检索，截至2020年2月，共2 640篇文献，其中CSSCI期刊论文和核心期刊论文共315篇，硕博士论文843篇。从2002年开始，胜任力模型这一主题受到越来越多学者的关注。其中，主题分布如下，占比比较大的主题是"胜任力""胜任力模型""企业管理""模型建构""胜任特征""人力资源管理""岗位胜任特征""教师胜任特征"等。由此可看出，纵向来看，此领域对胜任特征、胜任力模型研究、胜任力模型建构研究、胜任力模型应用研究比较多；横向来看，"胜任力模型"已成为人力资源、企业管理、教育（教师培养）等领域关注的热点问题，因为探究出一个职业或者岗位的胜任力模型，就能对症下药对从事此工作或事业的专业人员展开培养与考核，具有非常大的应用价值，但现今对高铁调度员胜任力模型构建的研究相对较少。

关于胜任力模型现在也有比较成熟的模型，如冰山模型和洋葱模型等。依据经典胜任力模型，国内外也有许多研究者建构了许多与职业相关的胜任力模型，譬如针对企业管理者（仲理峰，2004）、营销人员（张伟伟，2017）、护理人员（刘莎，2018）、教师（罗秋雪，2019）等岗位建构的胜任力模型。

对于胜任力模型的建构研究现在已基本形成范式，常用研究方法有文献分析法、工作日志法、行为事件访谈法、问卷调查法、文献分析法等。关于胜任力评估，目前已经有研究者开发出许多测量工具。譬如Hay集团开发的胜任力测评工具包括：胜任力工具包、领导胜任力调查表、管理省人力问卷等。

二、胜任力模型的类型

（一）岗位胜任力模型

岗位胜任力模型是胜任一个特定岗位或工作需要具备的个人特征组合。一个特定岗位胜任力模型包括的胜任力数量和类型取决于工作本身的性质和复杂性，以及所在组织的文化和价值观特征，该模型常用于员工选拔和晋升决策。

（二）功能性胜任力模型

功能性胜任力模型是以某个职能部门里专业水平非常高的某一类岗位人员的成功案例为依据，进而总结得出的胜任力模型。

（三）角色性胜任力模型

角色性胜任力模型是以企业员工个人的特定角色为依据，经过比较而归纳出的一种胜任力模型。它区分了某一类岗位工作人员的单一性与专业性，是基于功能性胜任力模型的更深层次的研究。因为该类模型具有非常完善的管理功能，所以它一般在以团队为基础的组织中研究建立胜任力模型。

（四）组织性胜任力模型

组织性胜任力模型是以企业的发展方向以及发展目标为依据，与企业的运营理念密切相连，并在此基础上，彻底满足公司战略部署的发展需求进而建立的胜任力模型。它在角色性胜任力模型的基础上得到了进一步提升，对企业的整体职能以及业务部门进行了涵盖，适用于企业里不同的工作领域、不同的岗位以及不同的层次中的全部人员。

三、经典胜任力理论模型

（一）冰山理论模型

哈佛大学教授 McClelland 认为，胜任力的确定过程应遵循两个原则：一是能否显著地区分工作业绩；二是以客观数据为依据。为此，McClelland 教授提出了胜任力冰山模型（见图 13-1），把员工不同胜任力的表现划分为"看得见的冰山"部分和"看不见的冰山"部分，并对胜任力组成的各要素进行了层次上的排列。

冰山水上部分包括知识和技能，是"基准性胜任力"，也就是从事某项工作应该具备的基本能力素质，是对企业员工的基础要求，但它不能把优秀员工与合格者有效区分开。基准胜任能力是可观察和易测量的，也可以通过学习获取，所以，知识和技能可以通过培训习得。而处于冰山之下的水下部分是深层次能力素质，研究认为它是能有效区别优秀绩效者与一般绩效者，是"鉴别性胜任力"，包括社会角色、自我概念、特质和动机。绩效越突出，鉴别性胜任力发挥的作用比例就越大。相对于可见的知识、技能，鉴别性胜任力较难测量，很难通过外

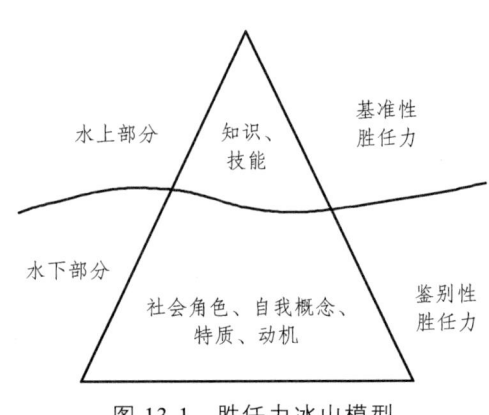

图 13-1　胜任力冰山模型

界影响进行改变，但对员工的影响是关键性的，可以通过一定的测量手段如考试、面试等在较短的时间内进行测量，也可以通过学习、训练、培训进行改变和发展。

McClelland 结合关键事件法和主题统觉测验开发出了"行为事件访谈法",以此为基础,研制了胜任力模型的开发程序。其主要步骤是:找出能鉴别绩优者和绩平者的绩效标准;选择绩优者和绩平者两组人员作为效标样本;对绩优者和绩平者相区别的胜任力进行界定;寻找并优化测量胜任力的方法;选择两组样本对胜任力进行检验。之后,Spencer 在 McClelland 的基础上对胜任力冰山模型加以完善,针对不同岗位或职业,形成了不同人员的通用胜任力模型,并在此基础上建立了胜任力模型的建构方法和程序:确定绩效有效标准→选择效标样本→收集资料→建立胜任力模型→验证胜任力模型→胜任力模型的应用。

胜任力冰山模型详细说明了担任某项工作应具备什么样的胜任特征才能发挥个体的主观能动性,高效完成工作,成为该工作岗位中的绩优者。它成为人员素质测评和作业适应性测评的重要依据,为人员测评管理和安全生产管理提供了科学基础,为提高组织绩效和促进个人事业成功做出了实质性的贡献。

(二)洋葱理论模型

美国学者 Richard Boyatzis 提出了胜任力洋葱模型(见图 13-2),他把胜任力体系描述成洋葱状,把胜任素质分解为层层包裹的结构。洋葱的核心是动机、个性,从内而外分别是自我形象、态度、价值观,再外层则是知识、技能。

知识和技能:"洋葱"最表层,类似"冰山"的水上部分。技能和知识可以培养、便于评价。通过培训学习、工作轮换等多种人力资源管理方式方法,员工的知识与技能水平相对容易提高。

自我形象、态度、价值观:"洋葱"内皮层,类似"冰山"水下浅层部分。自我形象、态度、价值观等需要长时间积累才能塑造,不易改变。

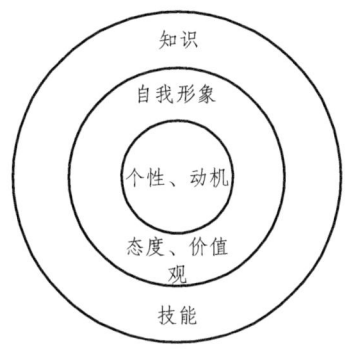

图 13-2 洋葱模型

个性和动机:"洋葱"最内核心层,类似"冰山"水下最深层的部分。动机、个性的成形与个人大脑的培育过程密切关联,达到一定年龄后相对稳定且与众不同,这是最难以评价和培养的。

洋葱模型和冰山模型两者在本质上是一致的,个人特质表现为外显和内隐,作用时间分为短暂与长远,行为表现分为可测量与不易测量、可评价与难评价。两个模型形象地描述了胜任力被挖掘与开发的难易程度——自上而下、由表及里。胜任力被挖掘与开发的难度也随之增加,最下层、里层的胜任特征最不容易改变和发展。其本质是一样的,都强调核心素质。知识与技能是最为显性的,最容易观察和培养;个性和动机属于隐性的,难以观察和改变,但对胜任力起决定性作用。

知识点导图

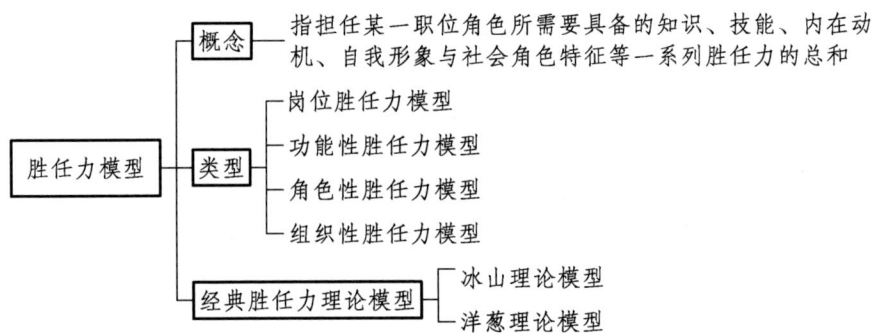

第十四章　胜任力模型在高铁调度员中的应用

为了更好地阐述胜任力模型的相关知识，本章特以高铁调度员作业安全适应性测评研究为例，介绍胜任力模型的构建与应用。

调度是铁路日常运输组织的核心部门之一，承担着确保运输安全与畅通、组织客货运输、保证重点物资运输等重要职责，是实现铁路运输安全生产的关键。经过近20年的发展，我国的高速铁路完成了从无到有再到领先的征程，经历了从自主研发的摸索前行到消化吸收再创新的全过程，其速度快、密度大、技术新、要求严等特点给调度指挥带来严峻挑战。高铁行车调度员为高速铁路运营指挥系统的核心，负责组织指挥高速铁路列车安全、正点、高效地运行，其作业安全适应性将直接影响高速铁路的运行效率和安全。

高铁行车调度员的作业能力受到自身业务素质、心理素质、综合能力的影响。因此，合理选拔高铁行车调度员，合理定期测评高铁行车调度员，并对存在的作业安全隐患予以干预矫正，是保障高铁行车调度员作业安全性的关键问题。因此，基于高铁调度员胜任力模型的构建，提出高铁调度员选拔与定期测评技术，开发选拔测评系统，搭建规范、标准的选拔与测评平台，可以实现高铁行车调度员选拔和在岗定期评测的科学化、客观化、定量化，提升其作业安全性管理水平，预防、减少人因失误、事故的发生。

第一节　调度员选拔测评的研究路径

本研究基于中国高铁行车调度员的测试数据，通过相关性分析与差异性验证，筛选出对高铁行车调度员的作业绩效有显著影响的心理品质测评指标、基本作业认知能力测评指标、应急处置能力测评指标，构建高铁行车调度员胜任力模型，并形成高铁调度员作业安全适应性选拔与定期测评的指标标准。针对影响高铁行车调度员作业安全适应性的指标因素，建立干预矫正方法体系。

在技术方案上，主要沿着"测评指标初步确定→测评指标采集系统开发及信度检验→测评指标最终确定→入职选拔与定期测评模型构建→干预矫正方案体系构建→测评系统设计与开发"的技术路线进行，具体步骤如下：

步骤1：测评指标初步确定。

通过对高铁行车调度员作业特征及其认知成分分析以及结构化访谈，初步确定高铁行车调度员选拔与定期测评的7项心理品质测评指标、20项基本认知能力测评指标、3项应急处置能力测评指标。

步骤2：测评指标采集系统开发及信度检验。

基于步骤1中初步确定的测评指标，开发测评指标采集系统。该系统中心理品质测试采用国际通用量表，基本认知能力测试采用经典的心理学实验测试方法，应急处置能力测试采用区间列车占用丢失应急处置场景。为保证测评指标采集系统的测试准确性和稳定性，所采用的测试工具均需通过信度检验。

步骤3：测评指标最终确定。

采集118名高铁行车调度员的测试数据，将采集数据与领导主观评价指标及调度员工作绩效指标进行相关性分析及差异性验证，最终确定有效的心理品质、基本认知能力、应急处置能力选拔与测评指标。

步骤4：入职选拔与定期测评模型构建。

通过回归分析，建立最终确定的测评指标与各维度评价指标的定量关系，构建调度员入职选拔与定期测评的模型，以预测高铁行车调度员的领导主观评价与工作绩效。最后通过AHP分析法赋予各维度评价指标权重系数，构建调度员入职选拔与定期测评的总模型，以预测高铁行车调度员的总评价分数。

步骤5：干预矫正方案体系构建。

综合各评价维度确定总评价阈值，当高铁行车调度员的总评分低于总阈值时，即需要进行干预。具体干预项目由去除3倍标准差后的指标均值作为阈值确定。阈值未达标项需从心理学专业人员咨询疏导、基本作业认知能力专项训练、指定应急场景专项能力训练等多方面制定干预方案。

步骤6：测评系统设计与开发。

设计开发高铁行车调度员作业安全适应性入职选拔与在岗定期测评系统。该系统包含基础能力测试系统与应急处置能力测评子系统，实现高铁行车调度员入职选拔与在岗定期评测的科学化、客观化、定量化。

第二节　调度员选拔测评方法与指标的初步确定

一、调度员作业特征及其认知成分分析

在复杂的人机交互的调度系统中，高铁行车调度员为了保证调度任务安全、高效地完成，需要从多种感觉通道接收外界信息，并对这些信息进行认知加工，最终输出特定的操作。因此，了解调度员的作业流程及要求，分析影响调度员最终操作输出的心理品质及认知加工过程对作业安全至关重要。

通过前期走访调研与高铁行车调度员作业密切相关的职能部门和岗位，在对调度员作业流程进行了深入了解的基础上，把调度员作业分为：交接班、应急处置、计划调整、施工维修、事故防范5大类。利用作业特征及其认知成分分析方法，分析各作业类型涉及的具体作业要求、信息输入通道、心理品质的影响、认知加工过程以及特定的输出方式等，初步确定高铁行车调度员选拔与定期测评指标。

（一）交接班作业

（1）了解管辖区段天气情况，检查各车站有无异常情况。该项作业需要调度员的性格特征中具有尽责性，并且具有较强的职业求胜任动机。

（2）通过电话记录列车手持机号码，并检查通话质量。该项作业需要调度员的性格具有尽责性特征，沟通过程中需要调度员性格具有宜人性特征，记录手持机号码过程需要短时记忆能力。

（3）认真填写交接班记录，查看注意事项；查看施工日计划，确定施工时间、地点、内容、影响范围；认真阅读班计划。该作业任务需要调度员有尽责性的性格特征。

（4）接班后，需要登录调度指挥系统本人 ID，放置本人上岗牌及调度合格证，鼠标不用时注意将鼠标放置于安全岛。该项操作需要调度员有尽责性及前瞻性记忆能力。

高铁行车调度员在该项作业过程中，信息输入通道为视觉通道和听觉通道，输出的方式为空间动作和言语加工。影响该作业过程的心理品质有：职业动机（求胜任性）、性格特征（宜人性和尽责性）、基本认知能力（前瞻性记忆能力、短时记忆能力）。

（二）应急处置

（1）调度员需在调监屏上注意危险紧急情况。该作业过程涉及调度员的注意力、持续性注意、空间注意定向、注意广度、视觉搜索等与注意有关的基本认知能力。

（2）发现危险情况后需和车站积极沟通，详细了解现场情况。该项作业需要调度员性格具有宜人性。

（3）简洁准确联系司机通报信息，严格按规定程序进行处置。该过程需要调度员在外界干扰下头脑清醒地作业，需要调度员职业动机具有求胜任性，性格特征中具有情绪稳定性，并具有良好的抗压能力，以及多项任务并行下的任务切换、视觉空间工作记忆广度，数字工作记忆广度等基本认知能力。

（4）预先考虑列车的停放计划。该项作业需要调度员具有良好的逻辑推理能力。

（5）通知相关部门进行抢修，通过调整运行计划便于抢修部门进入维修和离开。该项作业涉及调度员的逻辑推理能力。

（6）抢修完成后，调度员需恢复运行秩序。该过程涉及调度员的逻辑推理能力。

该作业过程的信息输入通道主要为视觉通道和听觉通道，在认知加工阶段涉及注意力、持续性注意、空间注意定向、注意广度、视觉搜索、任务切换、视觉空间工作记忆广度，数字工作记忆广度，输出方式为空间动作和言语加工。影响应急处置作业的心理品质有：抗压能力、职业动机（求胜任性）、性格特征（宜人性、尽责性、情绪稳定性）、智力水平。

（三）计划调整

（1）计划调整任务需要调度员准确铺画列车运行时间，严格遵守运行间隔时间，熟悉各站场布局，需要调度员具有良好的逻辑推理能力，工作记忆刷新能力。

（2）按列车等级合理安排会让，了解现场情况并及时与现场及邻台沟通。该过程需要调度员性格具有尽责性和宜人性特征，并且具有良好的逻辑推理能力。

该作业过程，调度员接收信息的输入通道主要为视觉通道和听觉通道。对信息进行认知加工的过程有工作记忆刷新等，输出方式为空间动作和言语加工。计划调整作业需要的心理品质为性格特征中的尽责性以及宜人性，以及良好的逻辑推理能力。

（四）施工维修

（1）施工维修前，调度员需详细了解施工维修计划，准确掌握施工维修影响范围。该过程涉及调度员性格特征中的尽责性，以及工作记忆、前瞻性记忆能力。

（2）掌握准确信息后，拟写调度命令，认真与现场核对调度命令，严格按程序做好施工前后的准备工作。该过程需要调度员的性格特征中具有尽责性和宜人性。

调度员完成该项作业过程主要从听觉通道和视觉通道接收信息，对信息进行认知加工的过程有工作记忆、前瞻性记忆，输出方式为空间动作和言语加工。影响该作业过程的心理品质有性格特征中的尽责性和宜人性。

（五）事故防范

（1）监视列车运行及线路情况，监视自然灾害报警系统，监视各站进路序列情况。该过程需要调度员具有操作广度、持续性注意、注意广度、视觉搜索、空间工作记忆更新能力。

（2）报警提示框弹出后，需认真核对提示框，为保证调度员不会误点"确定"键而错过重要信息。该过程需要调度员具有良好的反应抑制，习惯优势抑制能力，良好的性格尽责性，以及良好的抗压能力。

在进行事故防范的作业过程中，调度员接受报警信息的通道主要为视觉通道。该过程涉及的认知加工过程有注意广度、视觉搜索、持续性注意、空间工作记忆更新、反应抑制、习惯优势抑制，输出方式为空间动作。抗压能力和职业动机中的求胜任性，性格特征中的尽责性会影响该作业过程。

高铁行车调度员作业特征及其认知成分分析如表 14-1 所示。

表 14-1 高铁行车调度员作业特征及其认知成分分析

作业分类	作业要求	输入通道	认知加工	输出方式	心理品质影响
交接班	时间观念强，尽责性强，自律性强，按规定要求充分休息，注意了解新发电报文件，认真铺画下一阶段运行计划，认真核对日班计划，检查行车设备有无异常及变化，掌握重点列车及晚点列车，按规定完成交接程序	视觉、听觉	短时记忆，前瞻性记忆	空间动作、言语加工	职业动机（求胜任性），性格特征（宜人性、尽责性）
应急处置	果断拦停列车，详细了解现场情况，简洁准确地通报信息，严格按规定程序进行处置，预先拟写可能需要的调度命令，不被外界干扰，头脑清醒，安全意识清晰，反应及时，判断准确	视觉、听觉	注意力，持续性注意，空间注意定向，注意广度，视觉搜索，任务切换，视觉空间工作记忆广度，数字工作记忆广度	空间动作、言语加工	抗压能力，职业动机（求胜任性），性格特征（宜人性、尽责性、情绪稳定性），智力水平
计划调整	准确铺画列车运行时间，严格遵守运行间隔时间，熟悉各站场布局，按列车等级合理安排会让，了解现场情况并及时与现场及邻台沟通	视觉、听觉	工作记忆刷新	空间动作、言语加工	性格特征（尽责性、宜人性），智力水平
施工维修	详细了解施工维修计划，准确掌握施工维修影响范围并封锁，准确拟写调度命令，认真与现场核对调度命令，严格按程序做好施工前后的准备工作	视觉、听觉	工作记忆，前瞻性记忆	空间动作、言语加工	性格特征（尽责性、宜人性）
事故防范	认真核对报警提示框，监视列车运行及线路情况，监视自然灾害报警系统，监视各站进路序列情况	视觉	注意广度，视觉搜索，持续性注意，空间工作记忆更新，反应抑制，习惯优势抑制	空间动作	抗压能力，职业动机（求胜任性），性格特征（尽责性）

通过对调度员作业特征及其认知成分分析，初步判断高铁行车调度员选拔与测评指标包括 4 项心理品质测评指标（应激压力、职业动机、性格特征、智力水平），16 项基本认知能力测

评指标（短时记忆、前瞻性记忆、注意力、持续性注意、空间注意定向、注意广度、视觉搜索、任务切换、视觉空间工作记忆广度、数字工作记忆广度、工作记忆刷新、工作记忆、操作广度、空间工作记忆更新、反应抑制、习惯性优势抑制），2项应急处置能力测评指标（占用丢失）。

二、调度员作业能力影响因素的结构化访谈

为了更直接地了解影响调度员作业的影响因素，采用了结构化访谈的分析方法，从调度员的主观角度了解调度工作所需的基本素质。访谈要遵循自愿同意原则，被访谈的调度员平均在铁路系统工作13年，平均从事铁路调度工作5年，平均经历了4个不同的工作岗位。根据调研需求，主要从职业动机、心理压力、职业适应性、突发情况处置等几方面进行访谈。

（一）结构化访谈内容和结果

结构化访谈内容和结果如表14-2所示。

表14-2 高铁行车调度员结构化访谈

访谈内容	访谈问题描述	访谈设计目的	心理品质影响因素	基本认知能力影响因素
职业动机	你当初怎么想到进入铁路行业？怎么想到进入调度工作？如果让你再选择，你还会选择进入铁路系统，并继续从事调度工作吗？你真的喜欢这个职业吗，您觉得这个工种是不是铁路技术工种里最令人自豪的工作？	了解调度员的职业动机	职业动机	—
心理压力	在日常工作中，有哪些事情和情况让你感到压力和心情不好？你平时工作压力大不大？你平时如何缓解压力？	了解调度员日常心理健康状况与抗压能力	抑郁、焦虑、应激压力水平、社会支持水平	—
职业适应性	问题：你觉得什么性格的人适合当调度？你觉得做一个优秀的调度员，需要哪些能力？你觉得如何判断一个调度员的水平的高低？你们单位是如何考核你们的日常工作的？你觉得这些指标是否真的能客观地测出你们的水平？你有没有什么建议？	分析优秀调度员有哪些特征	性格特征，智力水平	空间记忆、言语记忆、应变能力、控制能力、行为调整能力、手眼协调、注意广度、书面表达能力、反应能力、数字记忆、口头理解、工作记忆、抗干扰能力、阅读能力、认知灵活性、危险察觉和预测、前瞻性记忆、口头表达能力、视觉搜索、多任务并行作业、学习能力
突发情况处置	你工作中遇到过突发情况吗？请举一个印象深刻的例子，并大概说说经过。在调度工作中遇到突发情况时，怎样反应，才算具有良好的应变能力？你觉得有良好应变能力的调度员，在平时有什么特别的地方？是不是前段时间的工作状态要好些，工作时间越长工作状态越差？	调度员完成应急处置工作所需的心理品质与能力	应激压力水平、性格特征	空间记忆、言语记忆、应变能力、颜色辨别、控制能力、行为调整能力、手眼协调、注意广度、反应能力、口头理解、工作记忆、抗干扰能力、危险察觉和预测、口头表达能力、视觉搜索、多任务并行作业

（二）结构化访谈指标重要性排序

采用统一自行设计的问卷表格，表格内容为结构化访谈初步确定的测评指标。请上述 200 名调度员评价每项指标对于调度工作的重要性，评分范围是 1～7 分，分值越高表明重要性越大。

计算出调度员对各结构化访谈指标评分的均值和标准差，以 5 分作为基线。各项重要指标评分均值均在 5 分以上，表明调度员认为结构化访谈所选的作业能力在一定程度上可以影响调度工作。得出反应抑制、前瞻性记忆、反应能力等均值最大，对调度工作比较重要；手眼协调、口头理解、书面表达能力等均值较低，对调度工作影响相对较小。

最终，通过对调度员作业能力影响因素结构化访谈分析，初步确定高铁行车调度员选拔与测评指标包括 7 项心理品质测评指标（抑郁水平、焦虑水平、应激压力、社会支持水平、职业动机、性格特征、智力水平），20 项基本认知能力测评指标（空间注意定向、操作广度、持续性注意、短时记忆、多目标追踪、风险决策、工作记忆刷新、工作记忆、空间工作记忆更新、视觉工作记忆广度、认知灵活性、任务切换、数字工作记忆广度、言语广度、反应抑制、习惯优势抑制、注意广度、注意力、视觉搜索、前瞻性记忆），3 项列车区间占用丢失应急处置能力测评指标（应急处置安全性、应急处置效率、应急处置合理性）。

（三）调度员选拔与定期测评指标的初步确定

通过取高铁行车调度员作业特征及其认知成分分析与结构化访谈调研结果的并集，结合相关文献，归纳总结了影响高铁行车调度员作业安全适应性的主要因素，并在此基础上初步确定了调度员选拔与测评的 7 项心理品质指标，20 项基本认知能力指标，3 项占用丢失应急处置能力指标，具体如图 14-1 所示。

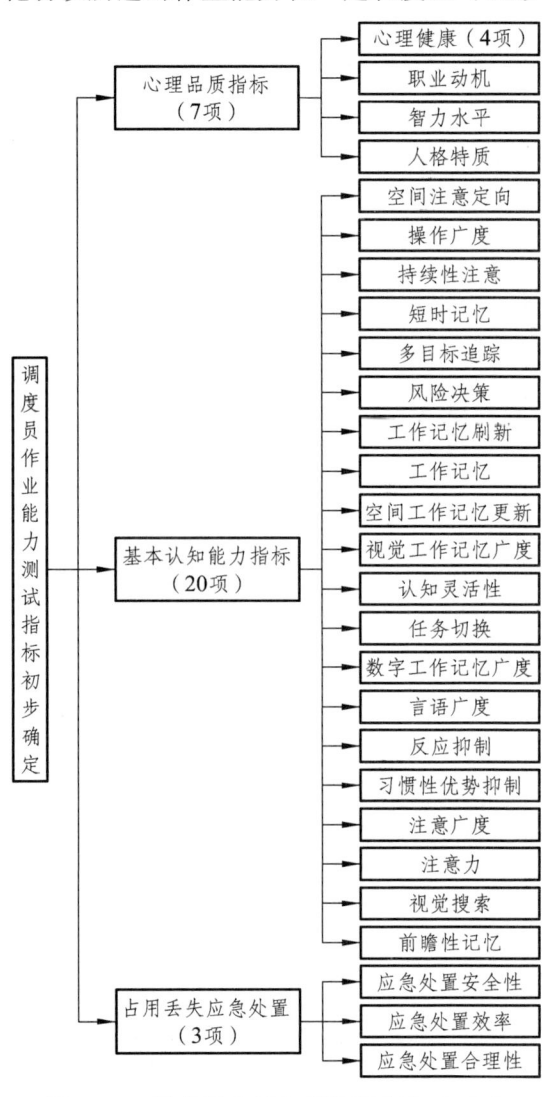

图 14-1 调度员选拔与测评指标初步确定

三、调度员作业选拔与定期测评方法确定

调度员作业选拔与定期测评方法分为心理品质选拔与定期测评方法、基本认知能力选拔与定期测评方法、应急处置选拔与定期测评方法。

（一）心理品质选拔与定期测评方法

心理品质测试的目的是测试调度员心理健康状况、职业动机、人格特征和智力水平等，其测试方法主要使用国际通用量表进行测量。具体测试方法如表 14-3 所示。

表 14-3 心理品质测试方法

测试量表名称	测试内容	因素	Cronbach's α系数	量表来源
抑郁自评量表	心理健康	抑郁水平	0.79	国际通用量表
焦虑自评量表		焦虑水平	0.82	
压力知觉量表		应激压力	0.85	
领悟社会支持量表		社会支持水平	0.92	
大五人格量表	性格特征	外向性	0.72	
		宜人性	0.72	
		尽责性	0.82	
		开放性	0.69	
		情绪稳定性	0.86	
职业动机量表	职业动机	自我决定取向	0.83	
		求胜任取向	0.87	
		良好关系取向	0.83	
		外在报酬取向	0.83	
		他人评价取向	0.73	

（二）基本认知能力选拔与定期测评方法

基本认知作业安全测试方法规定了 20 项基本认知能力测试的名称，其中挑选持续性注意、多目标追踪和工作记忆 3 项具体解释测试指导语、任务流程及测试采集指标。

1. 持续性注意

（1）测试说明：屏幕中会有字母随机出现；仅当字母 X 出现在字母 A 之后时，又快又准地用右手食指按下 M 键。

（2）测试任务流程，如图 14-2 所示。

图 14-2 持续性注意测试流程

（3）测试采集指标：正确率、错误率、正确反应的平均反应时间。

2. 多目标追踪

（1）测试说明：屏幕中会出现若干个方块，其中会有数个方块为红色，数秒后所有方块变为绿色并开始运动，要求记住红色方块并追踪它们，在所有方块运动数秒后会有一个方块变为白色，需判断这个方块是否为之前红色方块中的一个。

（2）测试任务流程，如图 14-3 所示。

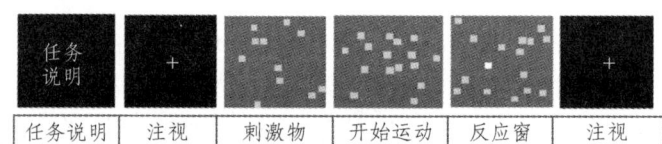

图 14-3　多目标追踪测试流程

（3）测试采集指标：正确率、反应时。

3．工作记忆

（1）测试说明：屏幕上会不断出现字母，当字母与前面隔一个位置的字母相同时，按回车（enter）键。

（2）测试任务流程，如图 14-4 所示。

图 14-4　工作记忆测试流程

（3）测试采集指标：正确率、反应时。

（三）应急处置选拔与定期测评方法

1．应急处置场景

列车区间占用丢失。

2．测试说明

被试在进入测试场景后，观察当前场景下列车的运行状况，在被试观察 5 min 之后，出现××车次列车发生区间的占用丢失，被试需对当前状况进行应急处置。

3．测试任务流程

列车区间占用丢失前观察的列车运行状况如图 14-5 所示。

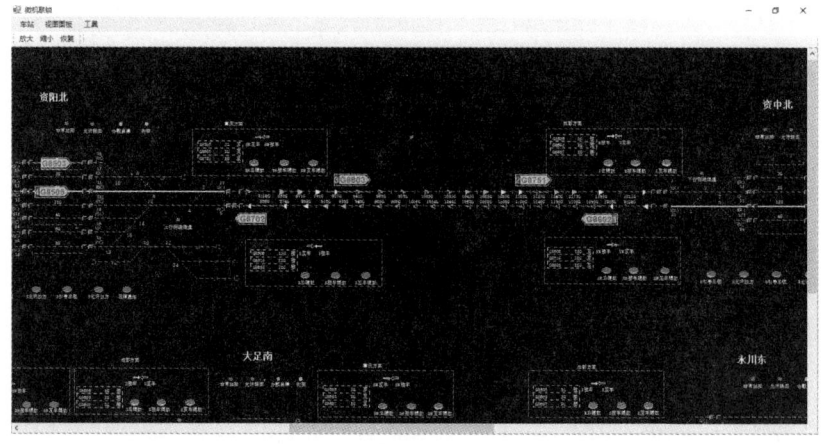

图 14-5　列车区间占用丢失前观察的列车运行状况

列车区间占用丢失后观察的列车运行状况如图 14-6 所示。

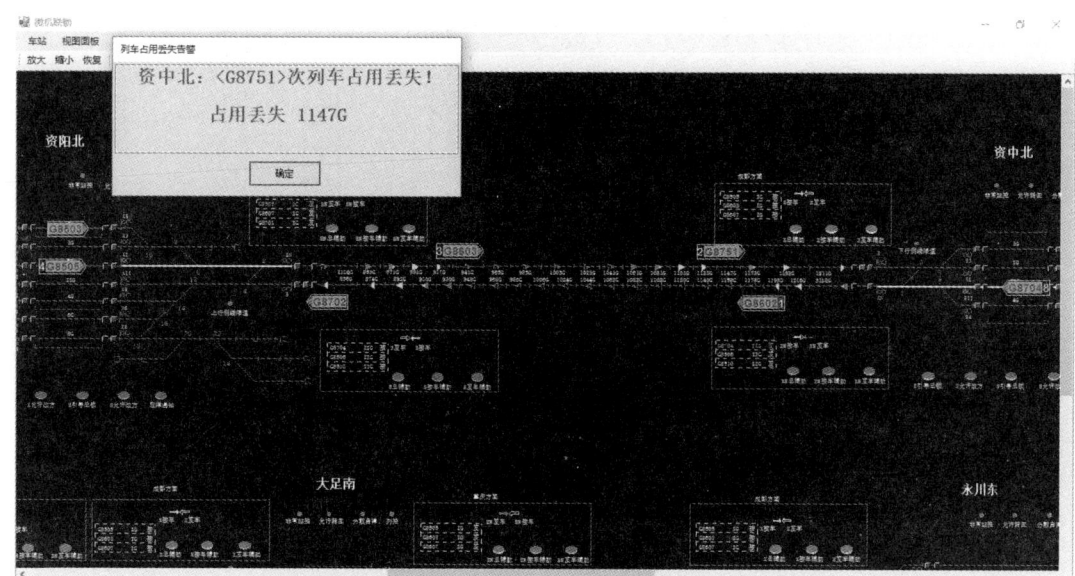

图 14-6　列车区间占用丢失后观察的列车运行状况

在占用丢失场景发生后，被试需对此应急场景做出相应应急处置。

4. 测试数据采集

（1）应急处置安全性得分；

（2）应急处置效率得分；

（3）应急处置合理性得分。

第三节　调度员选拔测评指标有效性分析

一、调度员作业选拔与测评指标采集系统开发与信度检验

调度员作业选拔与测评指标采集系统由心理品质测评指标采集系统、基本认知能力测评指标采集系统及应急处置能力测评指标采集系统构成。为了保证测试工具具有较高的一致性和可靠性，应当对测试工具进行试测，并对试测结果进行信度检验。

（一）心理品质选拔与测评指标采集系统开发及信度检验

1. 调度员心理品质测评指标采集系统开发

调度员心理品质测评指标采集系统针对测试内容，由 7 项国际通用量表组成。其测试工具及对应的测试内容如图 14-7 所示。

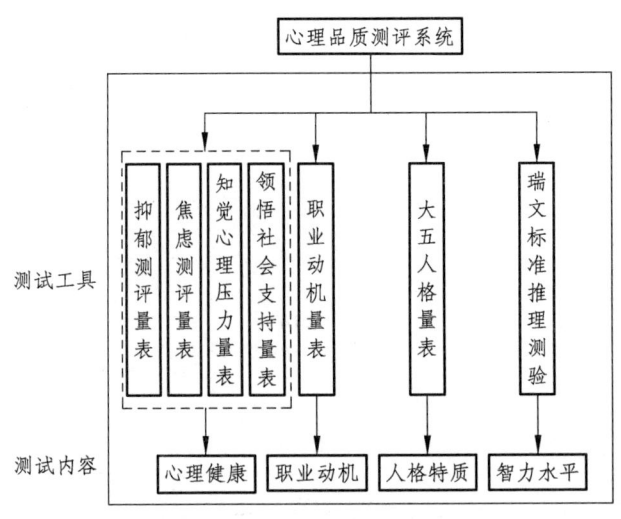

图 14-7 心理品质测评系统

2. 心理品质测评系统信度检验

心理品质测评系统的测评工具为问卷,问卷最常采用 Cronbach 的 α 信度系数表示其内部信度。α 系数取值在 0~1,α 系数越高,信度越高,问卷的内部一致性越好。α 系数为 0.65~0.70 是最小接受值,α 系数为 0.70~0.80 时信度比较好,α 系数为 0.80~0.90 时信度非常好。其计算公式为:

$$\alpha = \frac{K}{K-1}\left(1 - \frac{\sum_{i=1}^{K}\sigma_{Y_i}^2}{\sigma_X^2}\right)$$

式中,K 为量表中题项的总数,为第 i 题得分的题内方差,σ_T^2 为全部题项总得分的方差。

此次测试所选用的问卷均为国际通用问卷,因此其信度已获得验证。心理品质测评 Cronbach 的 α 信度系数在 0.69~0.87,达到了可接受的标准,说明所用问卷内部的各维度具有良好的内部一致性。

(二)调度员基本认知能力测评指标采集系统开发及信度检验

1. 调度员基本认知能力测评指标采集系统开发

调度员基本认知能力测评指标采集系统由 20 项基本认知能力测试任务构成,其具体构成内容如图 14-8 所示。

2. 基本认知能力测评系统信度检验

对于 20 项基本认知能力测评系统信度检验,主要检验其外部信度。最常使用的方法是再测信度。在本测试

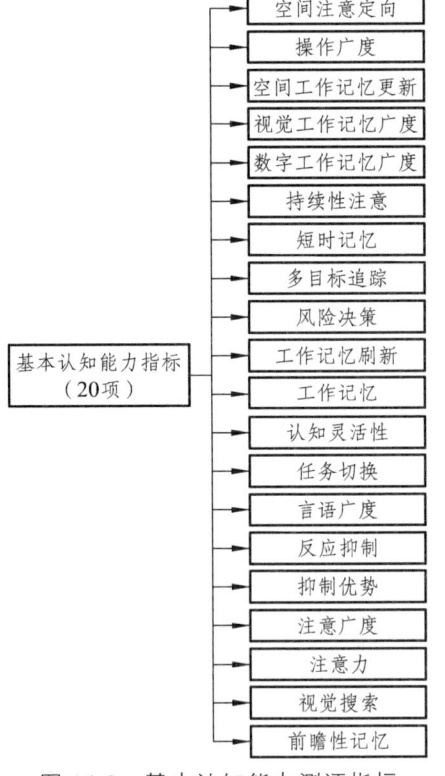

图 14-8 基本认知能力测评指标采集系统

中，首先选取 30 名测试人员对 20 项基本认知能力进行测试，在 30 天后对相同的基本认知能力测评任务再测一次。用 SPSS 软件对 2 次测试结果进行 Pearson 相关性分析。当检验结果中 p 值小于 0.05 时，表明具有显著相关性。通过相关性分析可知，相同测试人员 2 次基本认知能力测试的结果具有显著相关性，检验了基本认知能力测评系统的信度。

（三）调度员应急处置能力测评指标采集系统开发及信度检验

1. 应急处置能力测评系统开发

调度员应急处置能力测评指标采集系统由 2 项应急处置能力测试任务构成，即列车区间占用丢失应急处置，该场景包含 3 项测试指标。

2. 应急处置能力测评系统信度检验

对于应急能力测评系统信度检验，仍检验其外部信度，使用的方法为再测信度。选取 30 名测试人员对列车区间占用丢失应急场景进行测试，在 30 天后再测一次。用 SPSS 软件对 2 次测试结果进行 Pearson 相关性分析。当检验结果中 p 值小于 0.05 时，表明具有显著相关性。通过相关性分析可知，相同测试人员 2 次应急处置能力测试的结果具有显著相关性，检验了应急处置能力测评系统的信度。

二、初选调度员选拔与测评指标有效性分析

为选出能客观反映调度员作业能力的有效测评指标，对 7 项心理品质测评指标、20 项基本认知能力测评指标及 3 项应急处置能力测评指标进行有效性分析。首先，对领导主观评价、工作绩效指标与各项测评指标进行相关性分析，其中存在显著相关性的测评指标能反映调度员的作业能力，可作为调度员选拔与定期测评的初选有效指标。在此基础上，再利用领导主观评价、工作绩效指标将调度员分为优秀组和普通组，对两组调度员的测评指标进行差异性分析。具有差异性的指标可最终确定为调度员选拔与测评的有效指标。

（一）初选 7 项心理品质指标有效性分析

1. 行车组织能力

（1）行车组织能力与性格特征的尽责性得分存在显著正相关关系，调度员的尽责性得分越高，其行车组织能力越高；同时，优秀组调度员的尽责性得分显著高于普通组，表明对于行车组织能力尽责性可作为调度员选拔与定期测评的指标。

（2）行车组织能力评分与瑞文测试得分也存在显著正相关关系，调度员的瑞文测试得分越高，其行车组织能力评分越高；同时，优秀组调度员的瑞文测试得分显著高于普通组，表明对于行车组织能力，瑞文测试可作为调度员选拔与定期测评的指标。

2. 应急处置能力评分

（1）应急处置能力得分与知觉压力得分存在显著负相关关系，知觉压力得分越高，其应急处置能力得分越低；同时，优秀组调度员的知觉压力得分显著低于对照组，表明对于应急

处置能力，知觉压力可作为调度员选拔与定期测评的指标。

（2）应急处置能力得分与知觉社会支持得分存在显著正相关关系，知觉社会支持得分越高，其应急处置能力得分越高；同时，优秀组调度员的知觉社会支持得分显著高于对照组，表明对于应急处置能力，知觉社会支持可作为调度员选拔与定期测评的指标。

（3）应急处置能力得分与职业动机自我决定取向得分存在显著正相关关系，自我决定取向得分越高，其应急处置能力得分越高；同时，优秀组调度员的自我决定取向得分显著高于对照组，表明对于应急处置能力，自我决定取向可作为调度员选拔与定期测评的指标。

（4）应急处置能力得分与职业动机良好关系取向得分存在显著正相关关系，良好关系取向得分越高，应急处置能力得分越高；同时，优秀组调度员的良好关系取向得分显著高于对照组，说明对于应急处置能力，良好关系取向可作为调度员选拔与定期测评的指标。

（5）应急处置能力得分与职业动机外在报酬取向得分存在显著正相关关系，外在报酬取向得分越高，其应急处置能力得分越高；同时，优秀组调度员的外在报酬取向得分显著高于对照组，说明对于应急处置能力，外在报酬取向可作为调度员选拔与定期测评的指标。

（6）应急处置能力得分与性格特征尽责性得分存在显著正相关关系，尽责性得分越高，应急处置能力得分越高；同时，优秀组调度员的尽责性得分显著高于对照组，说明尽责性可作为调度员选拔与定期测评的指标。

3. 协调能力评分

（1）协调能力与知觉社会支持得分存在显著正相关关系，调度员的知觉社会支持得分越高，其协调能力越强；同时，优秀组调度员的知觉社会支持得分显著高于普通组，表明对于应急处置能力，知觉社会支持可作为调度员选拔与定期测评的指标。

（2）协调能力与性格特征开放性得分不存在显著负相关关系；同时，优秀组和普通组调度员的开放性得分无显著差异，表明对于协调能力，开放性得分不可作为调度员选拔与定期测评的指标。

4. 总体评价

总体评价与知觉社会支持得分存在显著正相关关系，调度员的知觉社会支持得分越高，其总体评价越高；同时，优秀组调度员的知觉社会支持得分显著高于普通组，表明对于总体评价，知觉社会支持可作为调度员选拔与定期测评的指标。

5. 问卷总分

（1）问卷总分与知觉社会支持得分存在显著正相关关系，调度员的知觉社会支持得分越高，其问卷总分越高；同时，优秀组调度员的知觉社会支持得分显著高于普通组，表明对于问卷总分，知觉社会支持得分可作为调度员选拔与定期测评的指标。

（2）问卷总分与性格特征尽责性得分存在显著正相关关系，调度员的尽责性得分越高，其问卷总分越高；同时，优秀组调度员的尽责性得分显著高于普通组，表明对于问卷总分，尽责性得分可作为调度员选拔与定期测评的指标。

6. 增晚时间

增晚时间与知觉压力得分存在显著正相关关系，调度员的知觉压力得分越高，其增晚时间越长；同时，优秀组调度员的知觉压力得分显著低于普通组，表明对于增晚时间，知觉压力得分可作为调度员选拔与定期测评的指标。

7. 竞赛成绩

竞赛成绩与职业动机他人评价取向得分存在显著正相关关系，调度员的他人评价取向得分越高，其竞赛成绩越高；同时，优秀组调度员的他人评价取向得分显著高于普通组，表明对于竞赛成绩，他人评价可作为调度员选拔与定期测评的指标。

（二）初选 23 项基本认知能力指标有效性分析

1. 劳动纪律及作业标准评分

（1）劳动纪律及作业标准评分与空间注意定向反应时存在显著负相关关系，调度员的空间注意定向反应时间越短，其劳动纪律及作业标准评分越高；同时，优秀组调度员的空间注意定向反应时间显著短于普通组，表明空间注意定向可作为调度员选拔与定期测评的指标。

（2）劳动纪律及作业标准评分与持续性注意反应时存在显著负相关关系，调度员的持续性注意反应时间越短，其劳动纪律及作业标准评分越高；同时，优秀组调度员的持续性注意反应时间显著低于普通组，表明持续性注意力可作为调度员选拔与定期测评的指标。

（3）劳动纪律及作业标准与短时记忆正确率存在显著正相关关系，调度员的短时记忆正确率越高，其劳动纪律及作业标准评分越高；同时，优秀组调度员的短时记忆正确率显著高于普通组，表明短时记忆可作为调度员选拔与定期测评的指标。

（4）劳动纪律及作业标准与多目标追踪反应时存在显著负相关关系，多目标追踪反应时间越长，其劳动纪律及作业标准评分越低；同时，优秀组调度员的多目标追踪反应时显著低于普通组，表明多目标追踪可作为调度员选拔与定期测评的指标。

（5）劳动纪律及作业标准与工作记忆正确率存在显著正相关关系，工作记忆正确率越高，劳动纪律及作业标准评分越高；但是，优秀组和普通组调度员的工作记忆正确率不存在显著差异，表明工作记忆不可作为调度员选拔与定期测评的指标。

2. 行车组织能力评分

（1）行车组织能力评分与工作记忆刷新能力得分存在显著正相关关系，调度员的工作记忆刷新能力得分越高，其行车组织能力评分越高；同时，优秀组调度员的工作记忆刷新能力得分显著高于普通组，表明工作记忆刷新能力得分可作为调度员选拔与定期测评的指标。

（2）行车组织能力评分与注意力反应时均值存在显著负相关关系，调度员的注意力反应时均值越短，其行车组织能力评分越高；同时，优秀组调度员的注意力反应时均值显著低于普通组，表明注意力反应时均值可作为调度员选拔与定期测评的指标。

（3）行车组织能力评分与视觉搜索反应时均值存在显著负相关关系，调度员的视觉搜索反应时均值越低，其行车组织能力评分越高；同时，优秀组调度员的视觉搜索反应时均值显著低于普通组，表明视觉搜索反应时均值可作为调度员选拔与定期测评的指标。

3. 学习能力

（1）学习能力与空间工作记忆更新正确率存在显著正相关关系，空间工作记忆更新正确率越大，其学习能力越强；同时，优秀组调度员的空间工作记忆更新正确率显著高于普通组，说明空间工作记忆更新任务可作为调度员选拔与定期测评的指标。

（2）学习能力与认知灵活性反应时有显著负相关关系，认知灵活性反应时间越长，学习能力越弱；同时，优秀组调度员的认知灵活性反应时间显著低于普通组，这说明认知灵活性任务可作为调度员选拔与定期测评的指标。

（3）学习能力与数字工作记忆广度正确率存在显著正相关关系，数字工作记忆广度正确率越高，其学习能力越强；同时，优秀组调度员的数字工作记忆广度正确率显著高于普通组，这说明数字工作记忆广度任务可作为调度员选拔与定期测评的指标。

（4）学习能力与注意力反应时均值存在显著负相关关系，注意力反应时均值越高，其学习能力越弱；同时，优秀组调度员的注意力反应时均值显著低于普通组，说明注意力反应时任务可作为调度员选拔与定期测评的指标。

（5）学习能力与视觉搜索反应时均值存在显著负相关关系，视觉搜索反应时均值越高，其学习能力越弱；同时，优秀组调度员的视觉搜索反应时均值显著低于普通组，说明视觉搜索反应时均值可作为调度员选拔与定期测评的指标。

（6）学习能力与前瞻性记忆正确率存在显著正相关关系，调度员的前瞻性记忆正确率越高，其学习能力越强；同时，优秀组调度员的前瞻性记忆正确率显著高于普通组，表明前瞻性记忆可作为调度员选拔与定期测评的指标。

4. 应急处置能力

（1）应急处置能力得分与空间注意定向反应时存在显著负相关关系，空间注意定向反应时越高，其应急处置能力得分越低；同时，优秀组调度员的空间注意定向反应时显著低于普通组，说明空间注意定向可作为调度员选拔与定期测评的指标。

（2）应急处置能力得分与持续性注意反应时存在显著负相关关系，持续性注意反应时越长，应急处置能力得分越低；但是，优秀组和普通组调度员不存在显著差异，说明对于应急处置能力，持续性注意反应时不可作为调度员选拔与定期测评的指标。

（3）应急处置能力得分与短时记忆正确率存在显著正相关关系，短时记忆正确率越高，应急处置能力得分越高；同时，优秀组调度员的短时记忆正确率显著高于普通组，这说明短时记忆正确率可作为调度员选拔与定期测评的指标。

（4）应急处置能力得分与多目标追踪反应时有显著负相关关系，多目标追踪反应时间越长，应急处置能力得分越低；同时，优秀组调度员的多目标追踪反应时间显著低于普通组，说明多目标追踪任务可作为调度员选拔与定期测评的指标。

（5）应急处置能力得分与工作记忆正确率有显著正相关关系，工作记忆正确率越高，其应急处置能力得分越高；同时，优秀组调度员的工作记忆正确率显著高于普通组，说明工作记忆可作为调度员选拔与定期测评的指标。

（6）应急处置能力得分与空间工作记忆更新正确率存在显著正相关关系，空间工作记忆更新正确率越高，其应急处置能力得分越高；但是，优秀组与普通组不存在显著差异，说明对于应急处置能力，空间工作记忆更新任务不可作为调度员选拔与定期测评的指标。

（7）应急处置能力得分与认知灵活性反应时存在显著负相关关系，认知灵活性反应时间越长，其应急处置能力得分越低；同时，优秀组调度员的认知灵活性反应时间显著低于普通组,说明认知灵活性任务可作为调度员选拔与定期测评的指标。

5. 协调能力

(1)协调能力与操作广度正确率存在显著正相关关系,调度员的操作广度正确率越高,其协调能力越强;同时,优秀组调度员的操作广度正确率显著高于普通组,表明操作广度可作为调度员选拔与定期测评的指标。

(2)协调能力与空间工作记忆更新正确率存在显著正相关关系,调度员的空间工作记忆更新正确率越高,其协调能力越强;同时,优秀组调度员的操作广度正确率显著高于普通组,表明空间工作记忆更新可作为调度员选拔与定期测评的指标。

(3)协调能力与认知灵活性反应时存在显著负相关关系,调度员的认知灵活性反应时越高,其协调能力越弱;同时,优秀组调度员的认知灵活性反应时显著低于普通组,表明认知灵活性可作为调度员选拔与定期测评的指标。

6. 基本情况、基础知识掌握能力

(1)基本情况掌握与操作广度正确率存在显著正相关关系,调度员的操作广度正确率越高,其基本情况掌握越强;同时,优秀组调度员的操作广度正确率显著高于普通组,表明操作广度可作为调度员选拔与定期测评的指标。

(2)基本情况掌握与持续性注意错误率存在显著负相关关系,调度员的持续性注意错误率越高,其基本情况掌握越弱;同时,优秀组调度员的持续性注意错误率显著低于普通组,表明持续性注意可作为调度员选拔与定期测评的指标。

(2)基本情况掌握与短时记忆正确率存在显著正相关关系,调度员的短时记忆正确率越高,其基本情况掌握越强;同时,优秀组调度员的短时记忆正确率显著高于普通组,表明短时记忆可作为调度员选拔与定期测评的指标。

(3)基本情况掌握与多目标追踪反应时存在显著负相关关系,调度员的多目标追踪反应时越长,其基本情况掌握越弱;同时,优秀组调度员的多目标追踪反应时显著低于普通组,表明多目标追踪可作为调度员选拔与定期测评的指标。

(4)基本情况掌握与习惯优势抑制正确率存在显著正相关关系,调度员的习惯优势抑制正确率越高,其基本情况掌握越强;但是,优秀组和普通组调度员在习惯优势抑制任务正确率指标无显著差异,表明对于基本掌握情况,习惯优势抑制不可作为调度员选拔与定期测评的指标。

(5)基本情况掌握与注意力反应时均值存在显著负相关关系,调度员的注意力反应时均值越高,其基本情况掌握越弱;同时,优秀组调度员的注意力反应时均值显著低于普通组,表明注意力可作为调度员选拔与定期测评的指标。

7. 总体评价

(1)总体评价与短时记忆正确率存在显著正相关关系,调度员的短时记忆正确率越高,其总体评价越高;同时,优秀组调度员的短时记忆正确率显著高于普通组,表明短时记忆可作为调度员选拔与定期测评的指标。

(2)总体评价与多目标追踪反应时存在显著负相关关系,调度员的多目标追踪反应时越长,其总体评价越低;同时,优秀组调度员的多目标追踪反应时显著低于普通组,表明多目标识别可作为调度员选拔与定期测评的指标。

（3）总体评价与风险决策得分存在显著负相关关系，调度员的风险决策得分越多，其总体评价越低；但是，优秀组调度员和普通组调度员的风险决策得分不存在显著差异，表明对于总体评价，风险决策得分不可作为调度员选拔与定期测评的指标。

（4）总体评价与工作记忆刷新正确总个数存在显著正相关关系，调度员的工作记忆刷新正确总个数越多，其总体评价越高；同时，优秀组调度员的工作记忆刷新正确总个数显著高于普通组，表明工作记忆刷新可作为调度员选拔与定期测评的指标。

（5）总体评价与工作记忆正确率存在显著正相关关系，调度员的工作记忆正确率越高，其总体评价越高；同时，优秀组调度员的工作记忆正确率显著高于普通组，表明工作记忆可作为调度员选拔与定期测评的指标。

（6）总体评价与空间工作记忆更新正确率存在显著正相关关系，调度员的空间工作记忆更新正确率越高，其总体评价越高；但是，优秀组调度员和普通组调度员在空间工作记忆更新任务的正确率指标上无显著差异，表明对于总体评价，空间工作记忆更新不可作为调度员选拔与定期测评的指标。

（7）总体评价与认知灵活反应时存在显著负相关关系，调度员的认知灵活性反应时越长，其总体评价越低；同时，优秀组调度员的认知灵活反应时显著低于普通组，表明认知灵活性可作为调度员选拔与定期测评的指标。

（8）总体评价与数字工作记忆广度正确率存在显著正相关关系，调度员的数字工作记忆广度正确率越高，其总体评价越高；但是，优秀组调度员和普通组调度员在数字工作记忆广度任务的正确率指标上无显著差异，表明对于总体评价，数字工作记忆广度不可作为调度员选拔与定期测评的指标。

（9）总体评价与注意力反应时均值存在显著负相关关系，调度员的注意力反应时均值越长，其总体评价越低；同时，优秀组调度员的注意力反应时均值显著低于普通组，表明注意力反应时均值可作为调度员选拔与定期测评的指标。

8. 问卷总分

（1）问卷总分与持续性注意反应时均值存在显著负相关关系，调度员的持续性注意反应时均值越低，其问卷总分越高；同时，优秀组调度员的持续性注意反应时均值显著低于普通组，表明持续性注意反应时均值可作为调度员选拔与定期测评的指标。

（2）问卷总分与短时记忆正确率存在显著正相关关系，调度员的短时记忆正确率越高，其问卷总分越高；同时，优秀组调度员的短时记忆正确率显著高于普通组，表明短时记忆正确率可作为调度员选拔与定期测评的指标。

（3）问卷总分与多目标追踪反应时存在显著负相关关系，调度员的多目标追踪反应时越低，其问卷总分越高；同时，优秀组调度员的多目标追踪反应时显著低于普通组，表明多目标追踪反应时可作为调度员选拔与定期测评的指标。

（4）问卷总分与工作记忆正确率存在显著正相关关系，调度员的工作记忆正确率越高，其问卷总分越高；但是，优秀组和普通组调度员不存在显著差异，表明对于问卷总分，工作记忆正确率不可作为调度员选拔与定期测评的指标。

（5）问卷总分与空间工作记忆更新正确率存在显著正相关关系，调度员的空间工作记忆更新正确率越高，其问卷总分越高；同时，优秀组调度员的空间工作记忆更新正确率显著高于普通组，表明空间工作记忆更新正确率可作为调度员选拔与定期测评的指标。

（6）问卷总分与认知灵活性反应时存在显著负相关关系，调度员的认知灵活性反应时越长，其问卷总分越低；但是，优秀组调度员和普通组调度员在认知灵活性任务的反应时指标上无显著差异，表明对于问卷总分，认知灵活性不可作为调度员选拔与定期测评的指标。

（7）问卷总分与注意力反应时均值存在显著负相关关系，调度员的注意力反应时均值越长，其问卷总分越低；同时，优秀组调度员的注意力反应时均值显著短于普通组，表明注意力可作为调度员选拔与定期测评的指标。

9. 增晚时间

（1）增晚时间与空间注意定向反应时存在显著正相关关系，调度员的空间注意定向反应时越长，其增晚时间越长；同时，优秀组调度员的空间注意定向反应时显著低于普通组，表明空间注意定向反应时可作为调度员选拔与定期测评的指标。

（2）增晚时间与持续性注意正确率存在显著负相关关系，调度员的持续性注意正确率越高，其增晚时间越短；但是，优秀组调度员和普通组调度员在持续性注意力任务的正确率指标上无显著差异，表明对于增晚时间，持续性注意正确率不可作为调度员选拔与定期测评的指标。

10. 竞赛成绩

竞赛成绩与视觉空间工作广度记忆正确率存在显著正相关关系，调度员的视觉空间工作广度记忆正确率越高，其竞赛成绩越高；但是，优秀组调度员和普通组调度员的视觉空间工作广度记忆正确率不存在显著差异，表明对于竞赛成绩，视觉空间工作广度不可作为调度员选拔与定期测评的指标。

11. 违章标准评分

（1）违章扣分与空间注意定向反应时存在显著正相关关系，调度员的空间注意定向反应时越长，其违章次数越多；同时，优秀组调度员的空间注意定向反应时显著低于普通组，表明空间注意定向可作为调度员选拔与定期测评的指标。

（2）违章与空间工作记忆更新正确率存在显著正相关关系，调度员的空间工作记忆更新正确率越高，其违章次数越少；同时，优秀组调度员的空间工作记忆更新正确率显著高于普通组，表明空间工作记忆更新可作为调度员选拔与定期测评的指标。

（三）初选 3 项应急处置指标有效性分析

1. 协调能力评分

协调能力与应急处置安全性得分存在显著正相关关系，调度员的应急处置安全性得分越高，其协调能力评分越高；同时，优秀组调度员的应急处置安全性得分显著高于普通组，表明应急处置安全性得分可作为调度员选拔与定期测评的指标。

2. 行车组织能力评分

（1）行车组织能力与应急处置合理性得分存在显著正相关关系，调度员的应急处置合理性得分越高，其行车组织能力评分越高；但是，优秀组调度员和普通组调度员的应急处置合理性得分不具有差异性，表明对于行车组织能力，应急处置合理性得分不可作为调度员选拔与定期测评的指标。

（2）行车组织能力与应急处置效率存在显著负相关关系，调度员的应急处置效率越低，其行车组织能力评分越高；同时，优秀组调度员的应急处置效率显著低于普通组，表明应急处置效率可作为调度员选拔与定期测评的指标。

（四）调度员选拔与测评指标的确定

对初选的 7 项心理品质测评指标、20 项基本认知能力测评指标、2 项应急处置能力测评指标进行相关性分析，排除了 2 项心理品质测评指标（抑郁水平测试、焦虑水平测试）、4 项基本认知能力测评指标（视觉工作记忆广度、任务切换、言语广度、反应抑制），初步保留了 5 项心理品质测评指标、17 项基本认知能力测评指标、2 项应急处置能力测评指标；通过

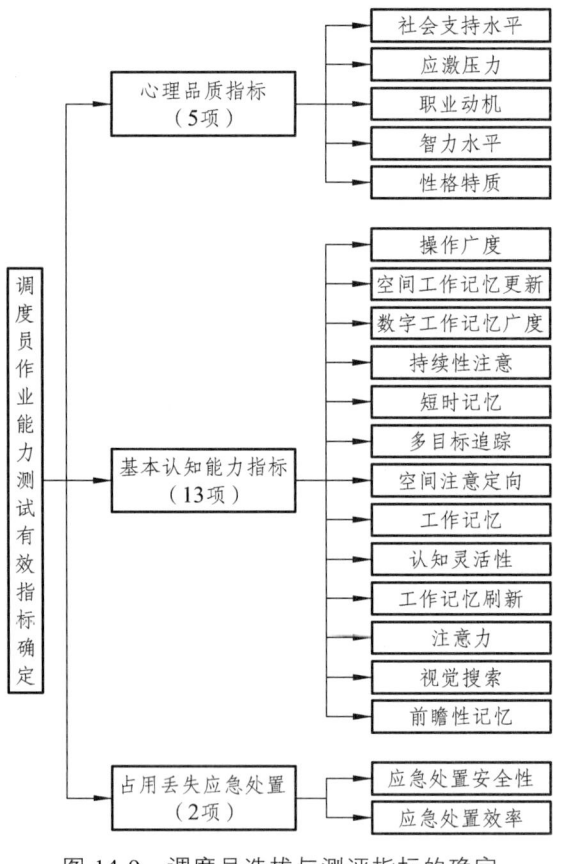

图 14-9　调度员选拔与测评指标的确定

差异性分析的验证，排除了 3 项基本认知能力测评指标（风险决策、习惯优势抑制、注意广度），最终确定了 5 项心理品质测评指标、13 项基本认知能力测评指标、2 项应急处置能力测评指标，如图 14-9 所示。

第四节　入职选拔与定期测评模型构建

回归分析是建立在对研究主题长期观察和实验的基础上，用来探索实际观察和实验现象中的统计学规律的一种方法，通过建立研究变量之间的方程模型，来反映变量之间的相关程度，实现对观测值的预测。经过相关性分析和差异性分析，筛选出一系列与调度员效标相关的问卷与心理认知指标。本节通过回归分析，研究筛选出指标与各维度效标的定量关系，构建调度员入职选拔与定期测评的模型。

一、入职选拔与定期测评各维度模型构建

（一）评测指标对劳动纪律与作业标准评分的回归分析

以空间注意定向反应时、持续性注意反应时、短时记忆正确率、多目标追踪反应时为自

变量，劳动纪律与作业标准评分为因变量，通过回归分析，得到回归方程。由方差分析表可知，回归均方为 1.71，残差的均方为 0.38，P 为 0.00，且标准化残差曲线符合正态分布，表明空间注意定向反应时（x_1）、持续性注意反应时（x_2）、短时记忆正确率（x_3）、多目标追踪反应时（x_4）与劳动纪律与作业标准评分（y_1）呈现显著的线性相关性。回归方程如下：

$$y_1 = -0.06x_1 - 0.49x_2 + 0.60x_3 - 0.45x_4$$

其中，短时记忆正确率对劳动纪律与作业标准得分的影响最大。

（二）评测指标对应急处置能力评分的回归分析

以知觉压力得分、社会支持得分、自我决定取向得分、良好关系取向得分、外在报酬取向得分、尽责性得分、空间注意定向反应时、持续性注意反应时、短时记忆正确率、多目标追踪反应时、工作记忆正确率、空间工作记忆更新正确率为自变量，应急处置能力评分为因变量，通过回归分析，得到回归方程。由方差分析表可知，回归均方为 1.84，残差的均方为 0.21，P 为 0.00，且标准化残差曲线符合正态分布，表明自我决定取向得分（x_1）、良好关系取向得分（x_2）、尽责性得分（x_3）、多目标追踪反应时（x_4）、空间工作记忆更新正确率（x_5）与应急处置能力评分（y_2）呈现显著的线性相关性。回归方程如下：

$$y_2 = 0.39x_1 + 0.41x_2 + 1.25x_3 - 1.01x_4 + 0.88x_5$$

其中，尽责性得分对应急处置能力评分的影响最大。

（三）评测指标对学习能力评分的回归分析

以空间工作记忆更新正确率、认知灵活反应时、习惯性优势抑制效应正确率、注意力反应时、视觉搜索反应时、前瞻性记忆正确率为自变量，学习能力评分为因变量，通过回归分析，得到回归方程。由方差分析表可知，回归均方为 2.07，残差的均方为 0.31，P 为 0.03，且标准化残差曲线符合正态分布，表明空间工作记忆更新正确率（x_1）、认知灵活反应时（x_2）、前瞻性记忆正确率（x_3）与学习能力评分（y_3）呈现显著的线性相关性。回归方程如下：

$$y_3 = 0.91x_1 - 0.49x_2 + 0.66x_3$$

其中，空间工作记忆更新正确率对学习能力评分的影响最大。

（四）评测指标对基本情况与基础知识掌握能力评分的回归分析

以操作广度正确率、持续性注意错误率、短时记忆正确率、多目标追踪反应时、数字工作记忆广度正确率、注意力反应时为自变量，基本情况与基础知识掌握能力评分为因变量，通过回归分析，得到回归方程。由方差分析表可知，回归均方为 2.13，残差的均方为 0.33，P 为 0.03，且标准化残差曲线符合正态分布，表明操作广度正确率（x_1）、短时记忆正确率（x_2）、多目标追踪反应时（x_3）、数字工作记忆广度正确率（x_4）与基本情况与基础知识掌握能力评分（y_2）呈现显著的线性相关性。回归方程如下：

$$y_4 = 1.02x_1 + 0.59x_2 - 0.86x_3 + 0.48x_4$$

其中，操作广度正确率对基本情况与基础知识掌握能力评分的影响最大。

（五）评测指标对协调能力评分的回归分析

以知觉社会支持得分、开放性得分、操作广度正确率、空间空座记忆更新正确率、认知灵活反应时、应急处置安全性得分为自变量，协调能力评分为因变量，通过回归分析，得到回归方程。由方差分析表可知，回归均方为 1.96，残差的均方为 0.26，P 为 0.01，且标准化残差曲线符合正态分布，知觉社会支持得分（x_1）、操作广度正确率（x_2）、认知灵活反应时（x_3）、应急处置安全性得分（x_4）与协调能力得分（y_5）呈现显著的线性相关性。回归方程如下：

$$y_5 = 0.65x_1 + 0.68x_2 - 0.34x_3 + 0.57x_4$$

其中，操作广度正确率对协调能力评分的影响最大。

（六）评测指标对行车组织能力评分的回归分析

以尽责性得分、瑞文测试得分、工作记忆刷新记忆正确总个数、注意力反应时、视觉搜索反应时、应急处置合理性得分为自变量，行车组织能力评分为因变量，通过回归分析，得到回归方程。由方差分析表可知，回归均方为 1.87，残差的均方为 0.23，P 为 0.00，且标准化残差曲线符合正态分布，表明尽责性得分（x_1）、瑞文测试得分（x_2）、工作记忆刷新记忆正确总个数（x_3）、应急处置合理性得分（x_4）与行车组织能力评分（y_6）呈现显著的线性相关性。回归方程如下：

$$y_6 = 0.75x_1 + 1.03x_2 + 0.61x_3 - 0.46x_4$$

其中，瑞文测试得分对行车组织能力评分的影响最大。

（七）评测指标对问卷总分的回归分析

以知觉社会支持得分、尽责性得分、持续性注意反应时、短时记忆正确率、多目标追踪反应时、工作记忆正确率、空间工作记忆更新正确率、认知灵活性反应时、注意力反应时为自变量，问卷总分为因变量，通过回归分析，得到回归方程。由方差分析表可知，回归均方为 1.61，残差的均方为 0.20，P 为 0.00，且标准化残差曲线符合正态分布，表明尽责性得分（x_1）、多目标追踪反应时（x_2）、工作记忆正确率（x_3）、空间工作记忆更新正确率（x_4）、注意力反应时（x_5）与问卷总分（y_7）呈现显著的线性相关性。回归方程如下：

$$y_7 = 0.38x_1 + 0.41x_2 + 1.24x_3 - 1.01x_4 + 0.87x_5$$

其中，工作记忆正确率得分问卷总分的影响最大。

（八）评测指标对总体评价的回归分析

以知觉压力得分、短时记忆正确率、多目标追踪反应时、气球被吹的平均次数、工作记忆刷新记忆正确总个数、工作记忆正确率、空间工作记忆更新正确率、认知灵活反应时、注意力反应时、数字工作记忆广度正确率为自变量，总体评价为因变量，通过回归分析，得到回归方程。由方差分析表可知，回归均方为 1.68，残差的均方为 0.17，P 为 0.00，且标准化残差曲线符合正态分布，表明多目标追踪反应时（x_1）、气球被吹的平均次数（x_2）、工作记忆正确率（x_3）、空间工作记忆更新正确率（x_4）、认知灵活反应时（x_5）、注意力反应时（x_6）与应急处置能力得分（y_8）呈现显著的线性相关性。回归方程如下：

$$y_8 = -0.47x_1 + 0.37x_2 + 0.64x_3 + 0.18x_4 - 0.41x_5 - 0.13x_6$$

其中，工作记忆正确率对总体评价的影响最大。

（九）评测指标对增晚时间的回归分析

以知觉压力得分、空间注意定向反应时、持续性注意反应时、视觉搜索反应时为自变量，增晚时间为因变量，通过回归分析，得到回归方程。由方差分析表可知，回归均方为 2.01，残差的均方为 0.23，P 为 0.02，且标准化残差曲线符合正态分布，表明知觉压力得分（x_1）、持续性注意反应时（x_2）、视觉搜索反应时（x_3）与增晚时间（y_9）呈现显著的线性相关性。回归方程如下：

$$y_9 = 0.57x_1 + 0.51x_2 + 0.77x_3$$

其中，视觉搜索正确率对增晚时间的影响最大。

（十）评测指标对竞赛成绩的回归分析

以他人评价取向得分、空间工作记忆广度正确率、注意广度正确率、视觉搜索正确率为自变量，竞赛成绩为因变量，通过回归分析，得到回归方程。由方差分析表可知，回归均方为 1.75，残差的均方为 0.21，P 为 0.01，且标准化残差曲线符合正态分布，表明空间工作记忆广度正确率（x_1）、注意广度正确率（x_2）、视觉搜索正确率（x_3）与竞赛成绩（y_{10}）呈现显著的线性相关性。回归方程如下：

$$y_{10} = 1.14x_1 + 0.52x_2 + 0.87x_3$$

其中，空间工作记忆广度正确率对竞赛成绩的影响最大。

二、入职选拔与定期测评总评价模型构建

根据高铁行车调度员各维度主观评价特征，结合专家咨询意见，运用 AHP 方法对每个维度的主观评价给出不同的权重系数，权重系数如表 14-4 所示。

表 14-4　各维度主观评价权重系数

主观评价指标（Y）	权重分值	标准化权重系数（B）
劳动纪律及作业标准得分（Y_1）	4	0.14
应急处置能力得分（Y_2）	4	0.14
学习能力得分（Y_3）	1	0.04
基本情况与基础知识掌握能力得分（Y_4）	2	0.07

续表

主观评价指标（Y）	权重分值	标准化权重系数（B）
协调能力得分（Y_5）	3	0.11
行车组织能力得分（Y_6）	3	0.11
问卷总分（Y_7）	3	0.11
总体评价得分（Y_8）	3	0.11
列车增晚时间（Y_9）	3	0.11
竞赛成绩（Y_{10}）	2	0.07

知识点导图

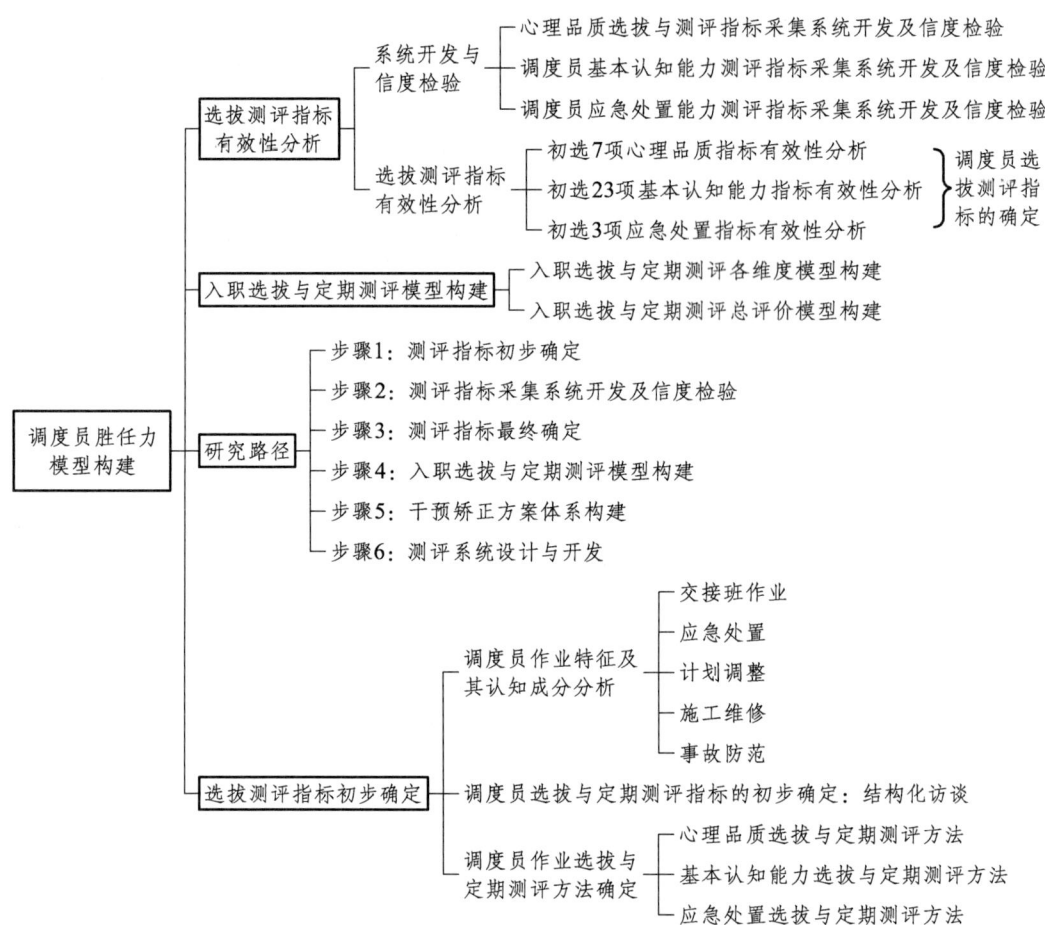

第五篇

PART FIVE

作业绩效与安全管理

第十五章 基于激励理论的绩效与安全管理

第一节 激励概述

一、激励的定义

所谓激励,就是组织通过设计适当的外部奖酬形式和工作环境,以一定的行为规范和惩罚性措施,借助信息沟通,来激发、引导、保持和归化组织成员的行为,以有效地实现组织及其成员个人目标的系统活动。

二、激励的功能

激励是安全管理的重要手段,主要包括以下几个功能。

1. 提高安全工作绩效

激励水平对安全工作绩效有相当大的影响。心理学家奥格登从事的"警觉性实验",说明了激励对工作能力的影响。实验表明,经过激励的行为和未经过激励的行为存在着明显的差距。

2. 激发人的潜能

美国哈佛大学的心理学家詹姆士在对职工的激励研究中发现,若按工作时间计酬,职工的工作能力仅发挥出 20%~30%。但是,一旦他们的动机处于被充分激励的状态,他们的能力则可以发挥到 80%~90%。可见,激励在激发人的潜能方面,具有显著的功能。

3. 激发人对安全工作的热情与兴趣

激励具有激发人对安全工作的热情与兴趣、解决安全工作态度和认识倾向的独特功能。这种对安全工作的热情和兴趣可以激发人进一步加强对业务技能和工作能力的提升。

4. 调动和提高人工作的自觉性、主动性和创造性

激励能提高人们接受和执行工作任务的自觉程度,能使职工感受到自己所从事工作的重要性与迫切性,进而更主动地、创造性地完成本职工作。

三、激励的基本原则

1. 目标结合原则

在激励机制中,设置目标是一个关键。目标设置必须同时体现组织目标和员工需要。

2. 物质激励和精神激励相结合的原则

物质激励是基础,精神激励是根本。在两者结合的基础上,逐步过渡到以精神激励为主。

3. 引导性原则

外激励措施只有转化为被激励者的自觉意愿，才能取得激励效果。因此，引导性原则是激励过程的内在要求。

4. 合理性原则

激励的合理性原则包括两层含义：其一，激励的措施要适度，要根据所实现目标本身的价值大小确定适当的激励量；其二，奖惩要公平。

5. 明确性原则

激励的明确性原则包括三层含义：其一，明确激励的目的是需要做什么和怎么做；其二，公开，特别是在处理奖金分配等大量员工关注的问题时，更为重要；其三，直观，实施物质奖励和精神奖励时都需要直观地表达它们的指标，总结和授予奖励、惩罚的方式。直观性与激励影响的心理效应呈正比。

6. 时效性原则

要把握激励的时机，"雪中送炭"和"雨后送伞"的效果是不一样的。激励越及时，越有利于将人们的激情推向高潮，使其创造力连续有效地发挥出来。

7. 正激励与负激励相结合的原则

正激励就是对员工符合组织目标的期望行为进行奖励。负激励就是对员工违背组织目的的非期望行为进行惩罚。正负激励都是必要而有效的，不仅作用于当事人，而且会间接地影响周围其他人。

8. 按需激励原则

激励的起点是满足员工的需要，但员工的需要因人而异、因时而异，并且只有满足最迫切需要（主导需要）的措施，其效价才高，其激励强度才大。

第二节 激励理论

一、需要层次理论

需要层次理论是由美国心理学家亚伯拉罕·马斯洛提出的。马斯洛把人的需要按重要性程度分为以下 5 个层次：

（1）生理需要，包括食物、水、衣着、住所、睡眠及其他生理需要。

（2）安全需要，包括免受身体和情感伤害及保护职业、财产、食物和住所不受丧失威胁的需要。

（3）归属需要，包括友谊、爱情、归属和接纳方面的需要。

（4）尊重需要，包括自尊、自主和成就感等方面的需要，以及由此而产生的权力、地位、威望等方面的需要。

（5）自我实现需要，包括发挥自身潜能、实现心中理想的需要，以追求个人能力之极限。

马斯洛认为，人的 5 个层次的需要是由低向高排列的（见图 15-1）。需要层次的排列一方面，表明需要层次由低到高的递进性，即人们最先表现为生理需要，当生理需要得到满足以后，生理需要消失，表现出安全需要，依次递进，最终表现为自我实现的需要。另一方面，越是低层次的需要，越为大多数人所拥有；越是高层次的需要，拥有的人越少。低层次的需要容易得到满足，而高层次的需要满足起来比较困难。

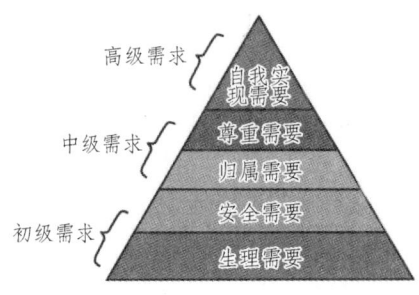

图 15-1　马斯洛需要层次理论模型

如果要按马斯洛的观点去激励人，就必须掌握人所处的需要层次，了解需要的变化，当前一层次需要满足后，必须了解其下一层次的需要是什么，从而区别于前面所采用的激励手段，使其需要得以满足。

应当指出的是，马斯洛的需要层次也会有例外现象，如需要层次的跳跃，也就是下一层次的需要没有满足而直接表现为上一层次的需要。如民族英雄，他可能在安全需要还没有满足时，就表现为自我实现的需要，以至为了民族的利益而牺牲生命。

二、X 理论和 Y 理论

道格拉斯·麦格雷戈从人性的角度，提出了两种完全不同，甚至可以说是截然相反的理论，即 X 理论和 Y 理论。

1. X 理论

X 理论，又被称为人性为恶理论。该理论对人性有如下假设：

（1）一般人天性都好逸恶劳；

（2）人都以自我为中心，对组织的需要采取消极的甚至是抵制的态度；

（3）缺乏进取心，反对变革；

（4）不愿意承担责任；

（5）易于受骗和接受煽动。

如果按 X 理论对员工进行管理，必须对员工进行说服、奖赏、惩罚和严格控制，才能迫使员工实现组织的目标。所以在管理中强制性措施是第一位的。

2. Y 理论

Y 理论又被称为人性为善理论。Y 理论对人性有如下假设：

（1）人们并不是天生就厌恶工作，他们把工作看成像休息和娱乐一样快乐、自然；

（2）人们并非天生就对组织的要求采取消极或抵制的态度，而经常是采取合作的态度，

接受组织的任务,并主动完成;

(3) 人们在适当的情况下,不仅能够承担责任,而且会主动承担责任;

(4) 大多数人都具有相当高的智力、想象力、创造力和正确做出决策的能力,却没有充分发挥出来。

根据 Y 理论,要激励员工去完成组织的任务、实现组织的目标,只需要改善员工的工作环境和条件(包括良好的群体关系、干净、整洁的环境等),让员工参与决策,为员工提供富有挑战性和责任感的工作,让员工有很高的工作积极性,从而将自身的潜能充分发挥出来。

3. X 理论和 Y 理论的选择

麦格雷戈认为,Y 理论比 X 理论更有效,因此他建议应更多地用 Y 理论而不是用 X 理论来管理员工。但后续研究更多证实了,X 理论属于人的较低层次需要支配的个人行为,具有普遍性,而 Y 理论则是属于人的较高层次需要支配的个人行为,具有特殊性。由于在企业中的大多数人可能处于较低层次,只有少部分人处于较高需要层次,所以使用 X 理论进行管理比使用 Y 理论进行管理更普遍。

三、双因素理论

双因素理论,又称激励因素、保健因素理论,是由美国心理学家弗雷德里克·赫茨伯格在马斯洛的需要层次论基础上进行了进一步研究提出来的。

1. 激励因素

激励因素是指能造成员工感到满意的因素,包括工作本身、认可、成就和责任,这些积极感情与个人过去的成就、被人认可及担负过的责任有关。因激励因素的改善而使员工感到满意的结果,能够极大地激发员工工作的热情,提高劳动生产效率;对于激励因素,即使管理层不给予其满意满足,往往也不会因此使员工感到不满意,所以就激励因素来说,"满意"的对立面应该是"没有满意"。

2. 保健因素

保健因素是指造成员工不满的因素,包括公司政策和管理、技术监督、薪水、工作条件以及人际关系等。保健因素不能得到满足,则易使员工产生不满情绪、消极怠工,甚至引起罢工等对抗行为;但在保健因素得到一定程度改善以后,无论再如何进行改善的努力往往也很难使员工感到满意,因此也就难以再由此激发员工的工作积极性,所以保健因素的"不满意"的对立面是"没有不满意"。

赫茨伯格的理论认为,满意和不满意并非共存于单一的连续体中,而是截然分开的,这种双重的连续体意味着一个人可以同时感到满意和不满意,它还暗示着工作条件和薪金等保健因素并不能影响人们对工作的满意程度,而只能影响对工作的不满意的程度。

其理论根据是:第一,不是所有的需要得到满足就能激励起人们的积极性,只有那些被称为激励因素的需要得到满足才能调动人们的积极性;第二,不具备保健因素时将引起强烈的不满,但具备时并不一定会调动强烈的积极性;第三,激励因素是以工作为核心的,主要是在职工工作时发生的。由此看出,保健因素和激励因素的巧妙使用,可以实现安全管理中的有效激励。

第三节　激励理论在绩效与安全管理中的应用

一、安全管理中的激励方式

1. 目标激励

目标是活动的未来状态,是激发人的动机、满足人的需要的重要诱因。设置的目标应从目标的价值性、挑战性和可能性3个方面来加以衡量。

(1) 目标的价值性,是以它能否满足一定的社会需要、群体的某种需要和个人的需要,以及需要满足的程度来加以衡量的。所以,目标的价值越大,就越能鼓舞人和吸引人。

(2) 目标的挑战性,主要是通过实现目标所付出的努力程度来衡量的。因此,所设置的目标要具有挑战性,使人们感到实现它不是轻而易举的事情,必须付出一定的努力,这样才能够强化目标的激励作用。

(3) 目标的可能性,是指所设置的目标经过努力实现的可能。设置的目标必须具有实现的可能性,让员工感到只要付出一定的努力,就有实现目标的可能。这样才能激励员工为实现这个安全管理目标而努力奋斗。

2. 奖罚激励

在实施奖罚激励的过程中必须注意:要善于把物质奖励与精神奖励结合起来;要创造"学先进、赶先进、超先进"的良好奖励氛围;奖励要及时,过时的奖励,不仅削弱奖励的激励作用,而且可能导致下属对奖励产生漠然视之的态度;奖励的方式要考虑到下属的贡献的大小,拉开奖励档次;奖励的方式要富于变化,惩罚的方式也是多种多样的,要做到惩罚得当,达到化消极因素为积极因素的目的。

3. 参与激励制度的制定

在安全管理的激励制度制定过程中,可以让员工参与本部门、本单位重大问题的决策与管理,并对领导者的行为进行监督。参与激励包括多种形式,包括让员工参与部门或单位目标的制定,让下级人员参与上级重大问题的讨论、研究与决策;通过员工代表大会,参与部门或单位的管理和决策;形成提案制度,让员工充分地提意见和建议;领导要听取群众的意见或回答群众的质疑,形成良性的互动氛围。

4. 主动关怀激励

主动关怀激励,是指领导主动对下属进行多方面的关怀以激发其积极性。领导经常与下属谈心,了解他们的要求,帮助他们克服工作和生活中的种种困难,支持下属的工作,帮助他们设定职业发展目标,并为他们的工作创造有利的条件。同时,领导者应当尊重下属的人格和尊严,保护他们的积极性、主动性和创造性,还要充分信任他们,鼓励他们大胆工作,给他们创造以充分施展自身才华的机会。

激励的方式还有很多,各方面的专家也在不断总结各种激励的方法,在安全管理中可以根据组织性质、管理目标和对象,进行选择、改进和应用。

二、激励实施中的注意事项

1. 激励时间点

在安全管理中选择进行激励介入的最佳时间点非常重要，一般可将激励时间划分为超前激励（期前激励）、及时激励、延时激励（期末激励）。

超前激励是在开展某项工作之前，就明确将完成预定任务与激励的形式、标准挂钩。此种激励时机的选择，一般适于内容丰富且时间较长的安全生产活动。

及时激励是在工作周期内适时地进行激励，以求及时地取得"立竿见影"的效果，如企业生产班组对职工安全行为的口头表扬、安全月奖的兑现。

延时激励是指在工作任务完成后，根据完成任务的情况给予奖励，仅对今后的工作任务起到一定的激励作用。

安全生产管理人员要善于把握激励时机，并将上述3种激励有机地结合起来，才会收到事半功倍的效果。

2. 激励程度的确定

一般而言，要视职工完成安全生产任务的大小和艰巨程度而定。也就是说，它主要受激励目标制约。单位领导和职能管理部门应善于根据激励目标的大小、企业的具体情况，恰如其分地确定激励的最佳适度，以求取得预期的激励效果。

3. 激励方式的更迭

激励方式的更迭指物质激励和精神激励的交替应用。由于这两种激励方式均具有"疲劳效应"的特点，并易于从激励因素转变为保健因素，因此有如下建议：

第一，将两种激励方式巧妙地合起来并进行更迭，在某一时期可以某种激励方式为主，并辅以另一种形式，也可根据激励目标的不同进行激励方式的更迭。

第二，采取符合职工心理要求的多样化的方式，在激励的内容和形式两个维度上丰富激励的内容，不要千篇一律地按常规方式进行。

知识点导图

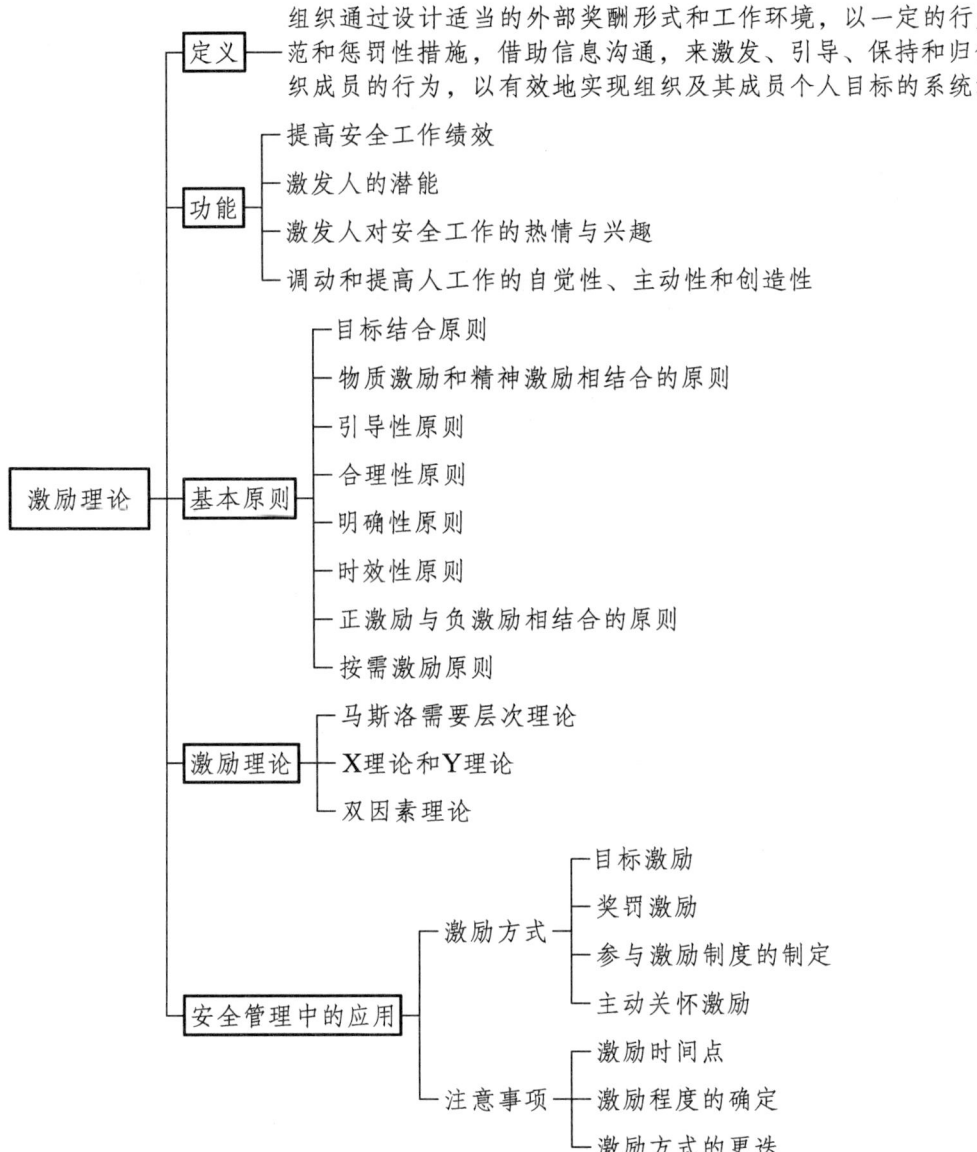

第十六章　基于动机理论的绩效与安全管理

第一节　动机概述

一、动机的定义

动机是由一种目标或对象所引导、激发和维持的个体活动的内在心理过程或内部动力。

二、动机的功能

（1）激发功能：激发个体产生某种行为。
（2）指向功能：使个体的行为指向一定目标。
（3）维持和调节功能：使个体的行为维持一定的时间，并调节行为的强度和方向。

三、动机的分类

1. 生理性动机与社会性动机

根据动机的性质，人的动机可分为生理性动机与社会性动机。生理性动机也称驱力，它以有机体自身的生物学需要为基础，如饥、渴、疼痛、母性、性欲、睡眠、排泄等动机都是生理性动机。

社会性动机有时简称动机，它以人的社会文化的需要为基础。人有权力的需要、社会交往的需要、成就的需要、认识的需要等，因而产生了相应的权力动机、交往动机、成就动机和认识性动机（即兴趣与爱好）等。

2. 原始的动机与习得的动机

根据学习在动机形成和发展中所起的作用，人的动机可分为原始的动机和习得的动机。原始的动机是与生俱来的动机，它们是以人的本能的需要为基础的。习得的动机是指后天获得的各种动机，或者说，经过学习产生和发展起来的各种动机。

3. 有意识的动机与无意识的动机

根据动机的意识水平，人的动机可分为有意识的动机和无意识的动机。人的动机有一部分发生在意识的水平上，即人能意识到自己的行为动机是什么，也有无意识的或没有清楚意识到的动机。

4. 外在的动机和内在的动机

根据动机的来源，可分为外在的动机和内在的动机。外在的动机是指人在外界的要求与外力的作用下所产生的行为动机。内在的动机是指由个体内在需要引起的动机。

第二节　动机理论

一、本能理论

动机最早是由本能的概念引入心理学的。19世纪末20世纪初，在达尔文进化论的影响下，许多心理学家相信，人的大部分行为是由本能控制的。本能是在进化过程中形成、由遗传固定下来，一种不学而能的行为模式，是人类行为的原动力。

美国心理学家麦克杜格尔（W.McDougall）系统地提出了动机的本能理论，认为人类的所有行为都是以本能为基础的；本能是人类一切思想、行为的基本源泉和动力；本能具有能量、行为和目标指向3个成分；个人和民族的性格与意志也是由本能逐渐发展而形成的。他认为人类有18种本能，如逃避、拒绝、好奇心、好斗、获取、自信、生殖、合群性、自卑、建设等。

还有弗洛伊德的精神分析理论，也是建立在本能论的基础之上的。该理论认为，人的心理活动的原动力是由人类生来固有的本能驱力决定的，这种本能驱力使人类产生一种紧张状态，驱使人采取行动，并通过消除紧张来获得满足。精神分析理论还认为，人类最基本的本能是生的本能与死亡本能，它们是人类行为的两种基本动力。另外，还有马斯洛的层次需要理论，认为人类行为是由生来固有的自我实现的潜能决定的。

本能论也受到很多批评，认为一些本能行为是在学习、经验及文化的影响下形成的。

二、驱力理论

驱力理论由霍尔（Calvin Springer Hall）提出，由伍德沃斯提出行为因果机制的驱力概念，以代替本能概念，而让驱力理论得以大力推广的是赫尔（C.L. Hull）。赫尔提出驱力减少理论。他假定个体要生存就有需要，需要产生驱力。驱力是一种动机结构，它供给机体的力量或能量，使需要得到满足，进而减少驱力。赫尔还认为，人类的行为主要是由习惯来支配的，而不是由生物驱力支配的，他强调经验和学习在驱力形成中的作用，认为学习对机体适应环境有重要意义。驱力为行为提供能量，而习惯决定着行为的方向；有些驱力来自内部刺激，不需要习得，被称为原始驱力；有些驱力来自外部刺激，是通过学习得到的，被称为获得性驱力。

三、唤醒理论

赫布和柏林等人提出了唤醒理论，认为：人们总是被唤醒，并维持着生理激活的一种最佳水平，不是太高也不是太低。对唤醒水平的偏好是决定个体行为因素之一。一般来说，个体偏好中等强度的刺激水平，能引起最佳唤醒水平。

唤醒理论提出了3个原理：① 人们偏好最佳的唤醒水平，刺激水平和偏好之间的关系是一条倒U形曲线（见图16-1）；② 简化原理，即重复进行刺激能使唤醒水平降低；③ 个人经验对于偏好的影响。研究表明，富有经验的个体偏好于复杂的刺激。

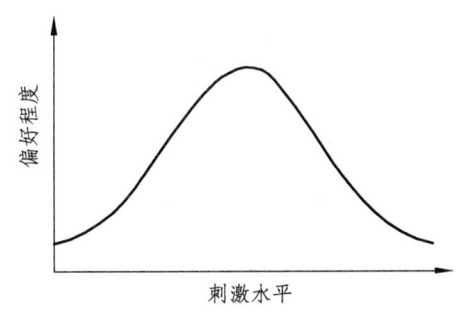

图 16-1 刺激水平与偏好的关系

四、诱因理论

诱因是指能满足个体需要的刺激物，具有激发或诱使个体朝向目标的作用。许多心理学家认为，不能用驱力降低的动机理论来解释所有的行为，外部刺激（诱因）在唤起行为时也起到重要的作用，应该用刺激和有机体的特定的生理状态之间的相互作用来说明动机。

诱因理论强调了外部刺激引起动机的重要作用，认为诱因能够唤起行为并指导行为。诱因论关注外界诱因（目标刺激、奖惩等）在行为激起中的作用，如何引导行为的发生，与驱力论相对应。诱因与驱力是不可分开的，诱因是由外在目标激发的，只有当它变成个体内在的需要时，才能推动个体的行为，并有持久的推动力。

诱因分为正诱因和负诱因。凡是个体趋向或接受它而得到满足时，这种诱因称为正诱因；凡是个体因逃离或躲避它而得到满足时，这种诱因称为负诱因。

动机是由需要与诱因共同组成的。因此，动机的强度或力量既取决于需要的性质，也取决于诱因力量的大小。

五、认知理论

现代认知理论认为，个体对来自外界的信息经过编码、贮存、提取和输出等加工过程，在头脑中形成了各种不同的观念。这些观念在刺激和行为间起中介作用，它既能引起行为，又能改变行为，从这个意义看，认知具有动机的功能。动机的认知理论主要有：期待价值理论、动机归因理论、自我功效论、成就目标论。

期待价值理论把达到目标的期待作为行为的决定因素，期待帮助个体获得目标。

动机归因理论认为动机是思维的功能，采取因果关系推论的方法从人们的行为中寻求行为内在的动力因素。积极的归因是把成功归因于能力，把失败归因于努力不够。

自我功效论的提出者班杜拉认为人对行为的决策是主动的，人的认知变量如期待、注意和评价在行为决策中起着重要的作用，期待分为结果期待和效果期待。结果期待是指个体对自己行为结果的估计；效果期待是指个体对自己是否有能力来完成某种行为的推测和判断，这种推测和判断就是个体的自我效能感。

成就目标论不同，个体对自己的能力也有不同的看法。这种对能力的潜在认识会直接影响个体对成就目标的选择。如有些个体会将成就情境看作是提高自身能力的机会，并把掌握新知识、新技能和发展能力作为自己追求的目标；而另一些个体则将成就情境看作是对自身能力的一种检验和测量，他们关心怎样去证明自己的能力，而避免得到低的成绩。

第三节　动机理论在绩效与安全管理中的应用

一、动机与安全行为的关系

动机和行为的关系十分复杂，表现在以下方面：
（1）有动机不一定有行为，因为行为的发生还需要其他因素；
（2）相同动机可能表现为不同行为；
（3）相同行为可能由不同动机引起。
因此，这告诉我们在安全管理中，需要对员工的动机进行深入了解，才能更准确地解释和预测行为。

二、动机与工作绩效的关系

人们普遍认为，动机强度对行为影响越大，效率越高；反之，动机强度越低，效率越低。但心理学研究表明，中等强度的动机有利于任务的完成，工作效率最高，一旦动机超过这个水平，反而对行为产生一定的阻碍作用。

在这里我们提出美国心理学家耶基斯和多德森的动机研究结论。

耶克斯-多德森定律：动机的最佳水平与任务性质相关。比较容易的任务中，工作效率随动机提升而上升；随着任务难度的增加，动机的最佳水平有下降的趋势，即在难度较大的任务中，较低的动机水平有利于任务的完成。（见图16-2）

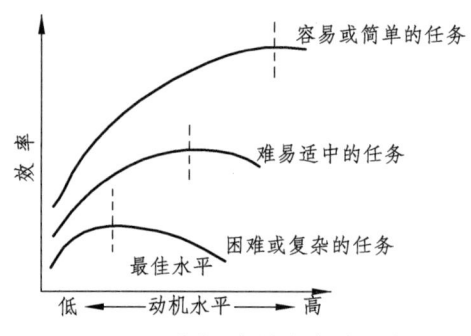

图16-2　耶克斯-多德森定律示意图

三、动机理论对安全管理的启示

工作动机是指一系列能够激发与工作绩效相关行为，并决定这些行为的方式、方向、强度和持续时间的内部与外部力量。工作动机是一种看不见、内在的、假设的结构，是工作激励的基础。

（1）认识主导动机。
引起行为的动机多种多样，占主导地位的就是主导动机。在安全管理中，要充分了解并激发组织成员的主导动机，帮助员工结合组织发展方向，确立清晰的行为目标，及时满足员工的合理需要。

（2）重视内在动机。

越来越多的研究表明，追求归属感、满足自尊、追求自我实现是工作动机的重要来源。国内很多研究表明，内在动机是主要的工作动机。内在动机是员工付出更多努力，更持久地维持行为的动力机制。

（3）利用动机的外在诱因。

外在诱因主要指在找工作中对个体的行为目标和奖赏、惩罚等。安全管理者应重视目标设置这一激发员工动机的重要方法，发挥目标的激励、引导作用，为员工设置具有较强吸引力、难度适宜的目标，调动员工努力工作的愿望和热忱。同时，对员工行为结果的奖惩也会影响其工作动机。

（4）动机方向的调适。

动机的方向主要反映动机的思想倾向。不同个体做相同事情的动机方向可能不同。管理者要进行适度的引导和调适，通过与员工共同构建企业发展的愿景，将员工的动机引导到与组织目标一致的方向上。

知识点导图

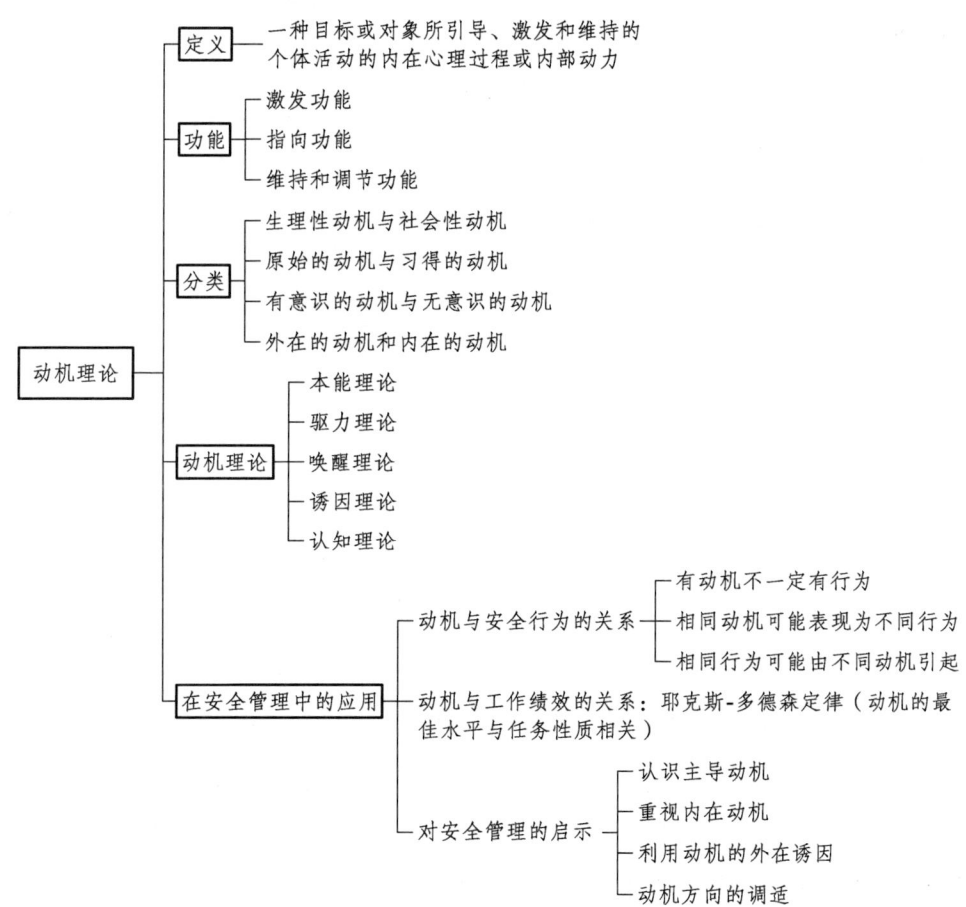

第十七章 人员协同作业与绩效安全

第一节 班组成员间的信息交流

班组成员之间的信息交流是协同作业运行管理的一个重要组成部分，是实现轨道交通企业安全高效生产的重要内容。如果班组的交流是有效的，系统运作效率将会提高，反之不良的班组交流则会削弱团队表现，甚至引起人因失误和误解，导致安全事故的发生。

一、班组信息交流概述

（一）班组信息交流的含义

班组信息交流是以令人愉快和易于理解的方式及时交换信息、思维与情感的过程。

（二）班组信息交流的载体

简洁而短暂是班组交流的重要特点，需借助于一定的符号系统作为信息的载体才能实现。

机组交流的符号系统可分为两类，即语言符号系统和非语言符号系统。口头语言和书面语言属于语言符号系统，利用这一符号系统进行的交流称为言语交流；而利用非语言符号系统进行的交流则称之非言语交流，如手势、面部表情、体态变化以及目光接触等则属于非语言符号系统，即人们常说的身体语言系统。

有一些符号是大多数人共同使用并能为大多数人理解的，而有一些符号则是只为特定的人群所熟悉，这就是专业术语。因此，对这些特定的符号必须进行仔细的考虑和谨慎的使用，以便在传输这些信息时能被接收者理解和做出正确的反应。

（三）班组交流类型

轨道交通行业中的作业人员交流的范围非常广泛，包括驾驶员与调度员的交流，调度指挥中心人员与站场值班员的交流，乘务员之间的交流等。在不同的情境下，班组交流的类型也有所不同，主要有以下几种。

1. 言语交流与非言语交流

（1）言语交流。

言语交流通常指借助语言文字符号系统所进行的交流。言语交流大致可以分成两类：

一类是书面交流，即借助于书面文字材料实现的信息交流。班组人员在作业过程中会接收到各种形式的书面信息，如检查单、标准操作程序、通告、备忘录等。书面交流的优点是表述清楚，以及有机会迅速修订内容和便于保存。缺点是这种交流是一种单向交流，容易出现模棱两可甚至误解，没办法核实信息是否被理解，也没有办法确定文档是最新的。为确保交流有效，书面材料必须组织得当，且易于使用。

另一类是口头交流，是指借助于口头语言实现的交流，即面谈、电话交谈等运用口头语言所进行的交流。口头交流是班组交流中最为常见的一种交流形式。口头交流是保持整体信息交流的最好交流方式，它可以及时得到反馈并据此对交流过程进行调节。缺点在于说话者的语速、语调和语气很容易暴露他的情感。班组成员之间出现口头交流障碍，主要原因是处于高负荷工作状态下，其正常交流会发生一定的改变，从而影响交流的顺利进行。在高负荷状态下，交流差错可能会导致事故的发生，因此班组成员必须认识到言语交流的内容以及表达方式对于顺利进行交流至关重要。

交通运输行业的班组工作特殊性要求成员在驾驶舱中更多地使用标准化的、清晰的言语交流方式，即标准操作程序交流。标准操作程序交流主要涉及一些常见的和可以预见到的情况。它为大多数的班组交流提供了一个基本的结构。

（2）非言语交流。

非言语交流是指借助语言文字之外的符号系统所进行的交流，像表情、语态、体态等方式，都会对交流效果起到积极的促进作用。这些交流方式，同样可以表达出人的情绪、态度和感情的变化，可以对交流内容表现出肯定与否定、接纳与拒绝、传达积极与消极等各种情感。

2. 单向交流与双向交流

从信息交流的方向和发送者与接收者的地位是否互相转变的角度，可以将交流分为单向交流和双向交流。

（1）单向交流。

如果信息的发送者与接收者的地位始终不变，发送者始终在发送信息，接收者始终在接收信息而不做出反馈，即为单向交流。如"填鸭式"教学、做报告、下达命令等都属于单向交流。单向交流保证了信息传递的速度，显示了信息的权威性，但并没有实现真正意义上的交流，因为单向交流只是信息的传递，没有信息的分享，信息解码的准确性也大打折扣。

（2）双向交流。

当信息的发送者与接收者的位置不断变换，发送者将信息传递给接收者，接收者要给发送者以反馈，最后双方确认对欲交换的信息有了共同的理解，这种交流方式就是双向交流。双向交流既传递信息又分享信息，提高了信息的准确性，又加强了信息传递各方的参与度，易于形成平等的交流气氛，有助于建立良好的人际关系。缺点是由于信息传递中的多次反馈会延长信息传递时间，降低信息传递的速度，同时也会给信息发送者带来一定的心理压力，因为信息发送者可能面临来自接收者的挑战。

由于单向交流的信息传递速度比较快，因此，当要完成的紧急任务或者工作任务比较简单且属于例行的事务时，可以采用单向交流的方式。而双向交流则是提高信息传递准确性的一个好方法。

二、信息交流的过程

（一）信息交流过程模型

交流是一个过程，并且这一过程的每一个步骤都非常重要。交流过程始于信息传递的需求，在产生了交流需求之后，就要确定交流的方式，然后是发送步骤。接收到信息后，信息接收方会做出行动或反馈，图 17-1 是信息交流的基本模型。

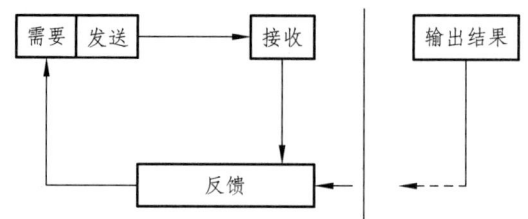

图 17-1　信息交流过程模型

1．发送

交流始于需要，需要为开始交流提供了交流的动因。在此基础上，信息发送者首先必须系统地编码和阐述所要传送的信息。他必须决定信息量大小、表达内容等。

信息发送者还必须选择传递通道和传递媒介，如是面对面，还是通过电话传递。

信息发送的第三个步骤是传递信息。该步骤需要将信息输入已选定的传播媒介中去。

2．接收

接收始于通过一个或者多个感官，如视、听、触觉器官等来觉察信息。此时，信息的接收者必须对接收到的信息进行解码，这是对信息赋予意义的一个过程。

接收信息的第二个步骤是理解。当接收者对这些信息赋予了特定意义，并对这些信息的含义进行了评估之后，才能谈得上对信息的真正理解。

3．反馈

我们可以将交流过程看作是一个环，在这个环中，信息在发送者和接收者之间进行交换，并通过反馈将信息反馈给发送者。这个环一直要持续到信息接收者完全清晰地理解了所接收到的信息，并且发送者又已确认最初的需要得到满足之后才得以结束。如果信息未能被理解、不能够被顺利解释，或者这个信息显得不恰当或者前后不一致时，接收者就可以采用反馈来予以进一步说明。这一过程可能会采取了解、确认、观察、提问、否认、回答、澄清或者解决冲突等形式进行。

4．输出结果

虽然输出可以为信息的发送者提供反馈信息，但输出始终是交流过程的结果，而不是交流过程的一部分。驾驶舱交流的目的是获得某个操作性的输出或者结果。如果需要获得某个输出或者结果，信息的接收者便会根据获得的信息采取一定的行动。这一过程可能会包括信息的接收者移动某个开关、回答某个问题、提供信息或者给予某种指导。根据不同的情境和情况，输出既可能是即时性的，也可能是延时性的。

（二）信息交流案例

在这里我们给出一个高铁行车调度员协同多岗位处理进路信号机故障的信息交流案例。案例中，调度员收到 CTC 报警，随后将信息告知电务、车站、高铁值班副主任以及动检车司机（信息发送阶段），这些岗位收到通知并进行相应处置（信息接收阶段），并将沟通处置方式（信息反馈阶段），最后告知调度处置结果并确认信息（信息输出结果阶段）。（见图 17-2）

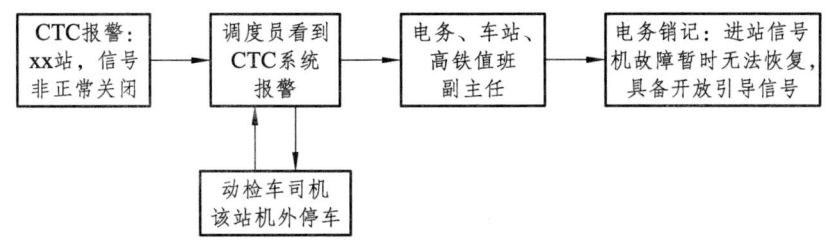

图 17-2　处理进路信号机故障的信息交流

三、虚拟团队成员间信息交互稳健性设计

（一）虚拟团队的定义

虚拟团队是指在不同地域、空间的个人通过各种各样的信息技术来进行合作。团队成员可能来自同一个组织，也可能来自多个组织，甚至成员之间可能从未见过面。

（二）虚拟团队的特点

综合相关的研究，我们可以发现虚拟团队存在以下 4 个方面的特征：
（1）团队成员具有共同的目标；
（2）团队成员地理位置的离散性；
（3）多采用电子信息沟通方式；
（4）宽泛型的组织边界。

（三）虚拟团队成员间信息交互稳健性设计

虚拟团队成员间所传递的信息是否稳定、准确和高效，是虚拟团队沟通面临的重要问题。下面我们给出铁路调度员之间信息沟通的案例，以了解调度员群体为了保证信息交流的稳健性，采取统一的调度标准联系用语进行信息交流。

在行车工作中，行车调度是绝对的指挥者，行车调度通过调度命令直接指挥车站值班员、值班站长、列车司机等行车岗位人员的工作，任何行车岗位都要听从行车调度的指挥。一般来说，调度向各行车岗位发出的一切指令性的通话都是调度命令。

1. 调度标准联系用语的意义

调度命令作为行车指挥的重要手段，常常涉及安全相关行车命令的发布。调度命令标准用语就是为了避免误解，尽量使命令内容不产生歧义而定下的标准。在行车工作中必须使用标准用语，才能尽可能减少因沟通方面的问题而产生的安全事件甚至事故的发生。

2. 调度标准联系用语的相关规定举例

调度的日常操作规范中规定：
（1）列车调度员人工操作设备时，应使用规范的基本联系用语。用语应通俗易懂、简洁明了。联系用语必须使用普通话，吐字清晰、准确，语速适当，禁拉长音。

（2）有两个及以上列车运行方向的车站（场、所），办理发车或通过，下达接发列车指令时，应以列车运行前方第一站（场、所）名为区别列车运行方向类别（"线""站"或"次列车"字可省略）；有两个及以上车场或径路时，要讲明车场或径路。

（3）操作场景举例（见表17-1）。

表17-1　列车调度和助理调度标准联系用语示例

分类	项目	列车调度	助理调度
接发列车	人工触发列车进路	（1）指令"×站×次×道接（发）车，人工触发进路"	（2）复诵"×站×次×道接（发）车，人工触发进路"
		（3）听取复诵无误后，指令"执行"	（4）调出进路序列并选中进路，口呼"×站×次×道接（发）车进路"，选中菜单后口呼"人工触发"，点击并确认光带、信号显示正确，口呼"信号好"
		（5）确认光带、信号显示正确，应答"好"	
单项操作	单操道岔	（1）指令"×站×号道岔，（办理）单操定（反）位"	（2）复诵"×站×号道岔，（办理）单操定（反）位"
		（3）听取复诵无误后，指令"执行"	（4）鼠标指向该道岔，口呼"×号道岔"，选中菜单后口呼"定（反）位"，点击并确认无误后口呼"定（反）位好"
		（5）确认无误后应答"好"	
	封锁（解封）区间	（1）指令"×站至×站间（×行线），（办理）区间封锁（解封）"	（2）复诵："×站至×站间（×行线），（办理）区间封锁（解封）"
		（3）听取复诵无误后，指令"执行"	（4）鼠标指向该区间，口呼"×站至×站间（×行线）"，选中菜单后口呼"封锁（解封）"，点击并确认无误后，口呼"封锁（解封）好"
		（5）确认无误后，应答"好"	
停电送电	设置道岔（股道）无电/有电	（1）指令"×站×号道岔（×道），设置无电（有电）"	（2）复诵："×站×号道岔（×道），设置无电（有电）"
		（3）听取复诵无误后，指令"执行"	（4）鼠标指向该道岔（股道），口呼"×号道岔（×道）"，选中菜单后口呼"设置无电（有电）"，点击并确认无误后，口呼"设置好"
		（5）确认无误后，应答"好"	

调度标准联系用语已经成为行车各岗位之间有效的沟通机制，极大地提高了沟通效率，能够在应急处理时保障信息沟通的畅通无阻、调度指令的清晰传达。

第二节　职权梯度与人因安全

一、职权梯度概述

职权梯度这个概念一开始是由对飞行驾驶舱中机长和副驾驶的匹配研究提出来的。1995年，爱德华提出，既不能将技术、资历、职位很高的机长与年轻、胆小的副驾驶匹配在一起（梯度过于陡峭），也不能将两个技术、职位、资历相当的飞行员匹配在一起（梯度过于平坦）。原因在于搭配梯度过于陡峭，副驾驶会因慑服于机长的威望而不敢提出自己的主张，起不到交互监视和检查的目的，在机长判断、操纵失误或失能时就会危及飞行安全；搭配梯度过于平坦，不利于机长决断，有可能造成相互挑剔，产生逆反心理或者反其道而行之的局面。而适宜的职权梯度应该是，机长在职位、技术、经验以及资历等方面稍高于副驾驶，差距不能太大或太小。

职权梯度的理论不但可以用在机舱中，还可以应用在许多作业场景和团队之间。在这里，我们将职权梯度做如下定义：职权梯度是指高度配合和协同作业的岗位人员在年龄结构、资历和职位以及个性上的差异程度。差异太大和差异太小都不利于团队协作与决断。

二、职权梯度理论在班组协作中的应用

根据职权梯度理论，在安排班组人员组合时候，就要充分考虑是采用"陡峭"还是"平缓"的职权梯度。

1. 职权梯度转"陡峭"为"平缓"

当学员刚进入实操训练阶段，在知识、技能方面都还很薄弱，对班组中带领自己的教员，凡事都毕恭毕敬、敬仰崇拜，这时候职权梯度都是很陡峭的。甚至很多学员自信心不足，做事缩手缩脚，如果教员形象比较严肃，更容易造成学员不敢开口提问，不敢质疑的情况。所以这个阶段，教员应当主动降低驾驶舱职权梯度，不能给学员施加过多的压力，可以创造一个宽松的氛围，使学员们能大胆地表达自己的想法，更好地与教员交流和沟通，提高教学效率。

对于性格比较内向谦虚和自卑的学生还应当以鼓励为主，增强他们的信心，给予他们表达和操纵的机会。

2. 职权梯度转"平缓"为"陡峭"

当学员逐步适应工作岗位、操作日渐熟练，尤其是对于自信心过于膨胀的学员，就应该略微提高一点舱职权梯度，对其出现的错误要及时指正，并对其提出更高的要求。还有个别学员在适应工作内容后会表现得比较随意，甚至在规程操作上不严谨，对于此类学员，就应该用较陡的舱职权梯度来使其保持认真严肃的工作态度。

除此之外，还可以在各层级领导配备上，达到职权梯度"陡峭"与"平缓"的最佳组合。如班组负责人严肃严厉，上级领导的风格可以更多采取循循善诱、语重心长的方式，化解学员的紧张焦虑和团队矛盾。总之，在实际工作中应用职权梯度理论，可以不断提高新入职人

员的专业知识水平，促进业务技能进步，提高其分析、判断、决策、处理问题的能力，改善和融洽机组成员间的关系，保障安全生产的进行。

第三节　动力定型与驾驶安全行为

一、动力定型概述

（一）动力定型的定义

动力定型又称"动型"，指有机体对一定的复合刺激物形成的完整的自动化的反应系统，是大脑皮层机能系统性的最突出的体现。人的各套熟练的动作、技巧、技能、习惯和知识经验等，都是动力定型的表现。

（二）动力定型理论

动力定型是巴甫洛夫学说中的一个概念，是通过固定程序的条件作用建立的条件反射联系系统。在这个条件反射联系系统中，各条件刺激严格按照特定的时间序列呈现出来，通过相应的定型形式获得整个条件反射系统中各条件刺激确切而稳固的效果，在大脑皮层的活动中建立起动力定型结果。

动力定型的概念为心理学研究习惯和熟练技巧的养成提供了生理学的说明。动力定型形成后可以大大节省我们的脑力和体力消耗，减轻我们的负担并提高功效。人们在生活中养成的习惯、技能以及生活方式等，在生理机制上都是动力定型的建立。

二、驾驶安全行为动力定型的形成过程

（一）驾驶安全行为动力定型形成的基本阶段

驾驶人的安全行为动力定型的形成可划分为 3 个基本阶段：泛化阶段、分化阶段、动力定型阶段。各阶段的基本特征表现为：

1. 泛化阶段

泛化阶段的基本特征是兴奋扩散、行为漂移。驾驶人在驾驶学习过程中，会伴随着很多多余动作，差错率也较高。例如，驾驶人在进行挂挡和换挡操作时，会情不自禁地低头看挡位的位置，这就极易造成危险驾驶。

2. 分化阶段

分化阶段的基本特征是兴奋逐步集中、行为不断稳定。驾驶人逐渐养成正确的驾驶方式，多余的错误动作慢慢消失，差错率不断降低。

3. 动力定型阶段

动力定型阶段的基本特征是动力定型巩固完善、条件反射自动化，一系列的驾驶动作配

合十分流畅，眼、手、脚能够协调运作，完成安全驾驶任务。

（二）动力定型阶段的心理与行为特征

动力定型阶段，大脑皮质内抑制进一步强化，大脑皮质中的兴奋与抑制稳定固化，条件反射自动化，动力定型巩固完善。安全驾驶行为的动力定型现象在感知能力、判断决策能力及操作能力等方面都得到充分展现。

1. 感知能力

驾驶人从主动地获取安全驾驶信息转变为自动化地感知安全驾驶信息，安全感知更具有针对性和目的性，安全感知能力能够长时间稳定在较高的水平。

（1）视觉感知方面。

驾驶人的动视力、动视野及视觉适应虽然并不一定都处于驾驶生命周期的最高水平，但这些驾驶行为指标一般都处于较优的范围内，使视觉感知达到"整体最优"，能够迅速、全面、准确地获取安全驾驶所需的信息，将视觉感知差错率稳定在一个较低的水平，并且能够及时消除差错。

（2）听觉感知方面。

经过长期的驾驶实践，驾驶人已经非常熟悉所处的这个复杂的声音环境，对充斥的发动机轰鸣声、车轮摩擦地面及颠簸震荡声、汽笛声、警报声等各种各样的声音特征都有了一定程度的了解，能尽可能地克服听觉掩蔽现象，解析出安全驾驶所必需的交通提示声音。

（3）空间感知方面。

驾驶人的空间距离感知变得更加精确、稳定，误差修正越来越小，方向感进一步加强。驾驶人能够准确地控制车辆的行驶轨迹，轻松地避开道路上遇到的行人、非机动车、机动车及其他障碍物。

（4）运动感知方面。

驾驶人的运动感知能力进一步完善，从原来的依靠视觉对车辆行驶速度进行感知到综合利用视觉、听觉及触觉等多种感觉系统形成对车辆行驶速度的感知。

2. 判断决策能力

安全驾驶行为动力定型形成后，驾驶人把在各种驾驶情形下做出的判断决策经过提炼，形成一个个判断决策模板，这些判断决策模板组成了安全驾驶的判断决策模板库。驾驶人再遇到同类的驾驶情形时，直接通过经验性判断决策模式对判断决策模板库进行比对，做出安全驾驶判断决策。即使遇到从未经历过的驾驶情形，按照掌握的逻辑规则，结合已有的判断决策模板，也可以成功地完成创造性的判断决策。

（1）速度判断方面。

驾驶人在动力定型阶段对速度估计更加精确。驾驶人不仅能够估计出运动物体的速度，甚至可以根据速度的变化对车辆下一步的速度增减变化进行预测。

（2）反应能力方面。

驾驶人反应能力的动力定型形成后，简单反应时在时间上基本没有变化，但更加稳定；选择反应时进一步缩短，保持相对稳定，差错率得到有效控制。驾驶人在遇到紧急突发情形时，不自觉就会做出反应，即使出现了错误反应也能够进行及时纠正，避免事故的发生。

（3）注意力方面。

驾驶人在驾驶过程中注意能力进一步提升，能够长时间地集中注意力专心驾驶，注意力的转移更加机动灵活，注意力分配也更加合理，注意力广度稳定在一定的范围内。驾驶人对驾驶所需的信息形成有意后注意，摆脱了依靠驾驶人坚强的意志力才能保持注意力集中，注意显得更加随机、灵活而又不缺乏自觉性和目的性。

3. 操作能力

（1）操作准确性方面。

驾驶人发出的动作得到精确的控制，差错率降到最低水准，驾驶动作的自动化程度更高。例如，动车司机、地铁司机在入站时的对标停车，在形成动力定型后其准确率大大提高。

（2）操作稳定性方面。

驾驶人在动力定型阶段的操作稳定性进一步提高，驾驶人能够稳定地控制车速和行驶方向，即使在转弯和加减速过程中也尽最大可能保持车辆行驶平稳，这都是驾驶人操作稳定性的切实体现。

三、轨道交通应急处置动力定型的训练

动力定型理论告诉我们，身体外边和内部的条件刺激，按照一定的顺序不变地重复多次后，大脑皮质上的兴奋和抑制过程在空间和时间上的关系逐渐固定下来。此时神经通路变得更通畅，因而条件反射的出现愈来愈恒定和精确，而且时间本身和前面的一种活动，都成为条件一般途径，使神经细胞能以最经济的损耗收到最大的工作效果。一切技能和习惯的训练与培养就是动力定型的形成过程。

当作业人员的操作模式进入动力定型阶段后，在心理、认知和行为上达到最佳状态，在遇到紧急情况时更能做到自动化、高效而精准地处理危机事件，化解安全事故。因而对于轨道交通从业人员，如司机、调度员和值班员等需要进行操作上的动力定型训练。

目前，对于动力定型训练最安全有效的方式是在仿真模拟器（模拟台）上进行。在此过程中，结合认知科学、心理学、生理学和行为理论，采用虚拟技术和传感技术设计应急处置动力定型训练系统，加载各种不同复杂程度的应急场景，并利用虚拟现实技术实现场景的视景仿真。训练系统根据学员的生理和心理数据反馈，制订层次化的动力定型训练计划，帮助学员有针对性地、系统地、科学地进行训练。

动力定型训练计划可以是系统性的训练，面对的是该岗位的全体作业人员；也可以是针对个别作业人员在某方面的操作问题进行单独、反复的训练，直到此问题在作业人员大脑中形成自动化的神经连接。

第十七章 人员协同作业与绩效安全

知识点导图

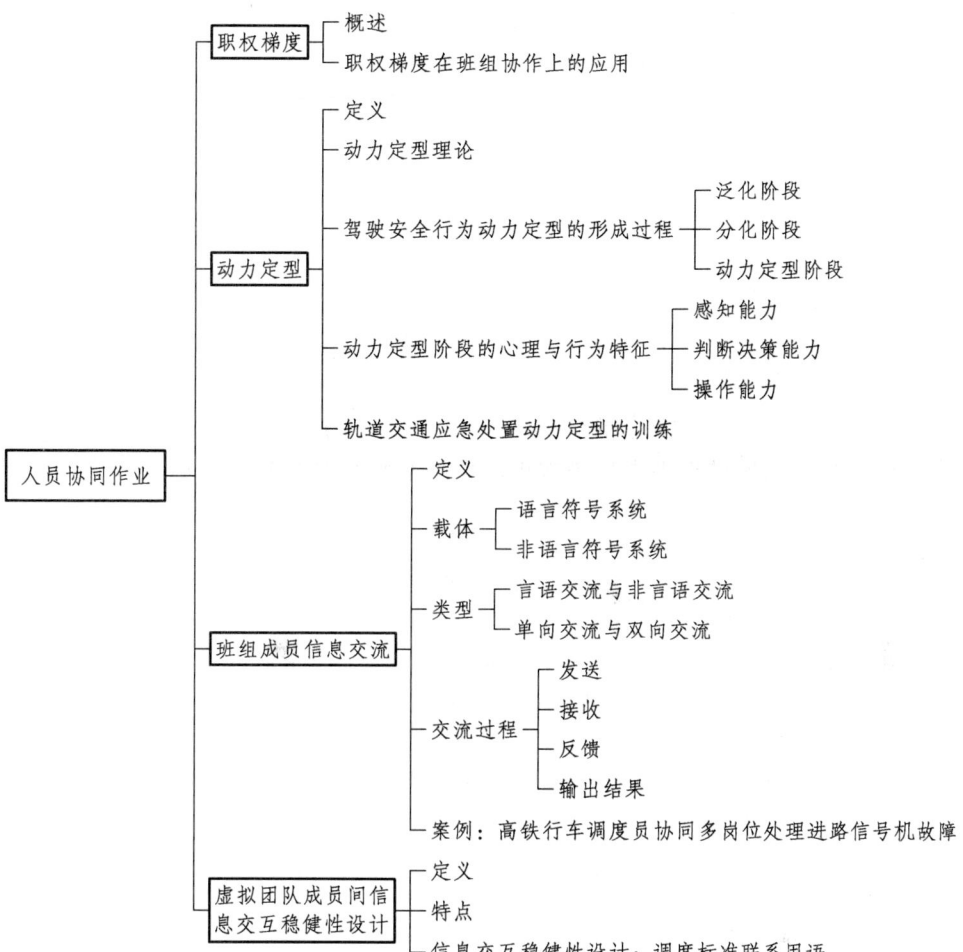

第十八章 企业安全文化与安全管理

第一节 安全文化概述

一、安全文化的概念

安全文化的概念最先是由国际核安全咨询组（INSAG）于1986年针对切尔诺贝利事故，在INSAG-1（后更新为INSAG-7）报告提出的。1991年出版的INSAG-4报告给出了安全文化的定义：安全文化是存在于单位、个人中的种种素质和态度的总和。文化是人类精神财富和物质财富的总称，安全文化和其他文化一样，是人类文明的产物，企业安全文化是为企业在生产、生活、生存活动提供安全生产的保证。

因此，我们可以理解为，安全文化就是安全理念、安全意识以及在其指导下的各项行为的总称，主要包括安全观念、行为安全、系统安全、工艺安全等。

二、安全文化的功能

安全文化的核心是以人为本，这就需要将安全责任落实到企业全员的具体工作中，通过培育员工共同认可的安全价值观和安全行为规范，在企业内部营造自我约束、自主管理和团队管理的安全文化氛围，最终实现持续改善安全业绩、建立安全生产长效机制的目标。具体来说，安全文化有以下几项功能：

1. 安全认识的导向功能

对安全生产的认识，必须通过企业安全文化建设，通过不断地安全文化宣传和教育，使广大员工树立科学的安全道德、理想、目标、行为准则等，为企业的安全生产提供正确的指导思想和精神力量，是企业和员工的安全行为导向。

2. 安全观念的更新功能

安全文化给人民大众及企业员工提供安全新观念和新意识，使其对安全的价值、作用有正确的认识和理解，树立科学的安全人生观和现代安全价值观，从而用新的安全意识和新的安全观点，指导自身的活动，规范自己的行为，从而更有效地推动安全生产。

3. 安全文化的凝聚功能

安全文化是以人为本，尊重人权、关爱生命的大众文化，体现尊重人、爱护人、信任人，建立平等、互尊、互敬的人际关系，树立一种共同的安全价值观，形成共同遵守的安全行为规范。

4. 以人为本的激励功能

正确的安全文化机制和强大的安全文化氛围，使安全价值得到最大限度的尊重和保护，安全是企业员工最基本的需求，人的安全行为和活动将从被动、消极的状态，变成一种自觉、积极的行动。

5. 安全行为的规范功能

安全文化的宣传和教育，使员工加深对安全规章的理解和认识，从而对员工生产过程的安全操作和行为起到规范的作用，或在功能上形成自觉的、持久的约束性。

6. 安全生产的动力功能

安全文化建设的目的之一，是树立正确的安全文明生产的思想、观念及行为准则，使员工具有强烈的安全使命感，并产生巨大的工作推动力。心理学表明：越能认识行为的意义，行为的社会意义越明显，越能产生行为的推动力。

7. 安全知识的传播功能

通过安全文化的教育功能，采用各种传统和现代的安全文化教育方式，对员工进行各种传统和现代的安全文化教育，包括各种安全常识、安全技能、安全态度、安全意识、安全法规等的教育，从而广泛地宣传、传播安全文化知识和安全科学技术。

当然，安全文化还具有融合功能、示范功能、信誉功能和辐射功能。充分发挥和有效利用这些功能，对企业安全文化的建设将会发挥极为重要的作用。

三、安全文化的研究目标和对象

安全文化的研究目标：以辩证、历史、唯物的文化观，研究人类生存、繁衍和发展的历程，在生产、生活及实践活动的一切领域内，为保障人类身心安全与健康并使其能安全、健康、舒适、高效地从事一切活动，预防、避免、控制、消除事故灾害（人为灾害及自然灾害）和风险所创造的安全物质财富、安全精神财富。研究和发展人类的安全文化，就是要通过确立"以人为本、安全第一"的安全理念，实现人们生存权、劳动权、生命权的维护和保障。

安全文化研究的具体对象包括：安全观念文化、安全行为文化、安全管理文化和安全物态文化。

第二节　安全文化的理论模型

一、事故致因"2-4"模型

事故致因理论是阐明事故为什么会发生，事故是怎样发生的，及如何预防事故发生的理论。人的不安全行为或物的不安全状态是事故的直接原因，防止事故的基本原理就是对人和物的管理。人有自由意志，容易受环境的干扰和影响，生理、心理状态不稳定、安全可靠性比较差的，应该加强对人的不安全行为的研究。为了消除物的不安全状态，应该把落脚点放在提高技术装备的安全水平上，推行本质安全技术。本质安全是指设备、设施或技术工艺具有包含在内部的能够从根本上防止事故发生的功能。

在事故致因"2-4"模型中,组织的安全文化属于组织行为层面的事故因素。(见图18-1)

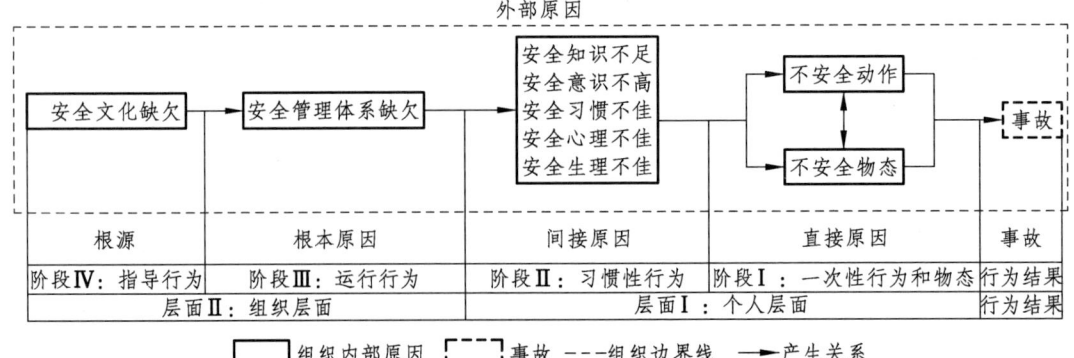

图18-1 事故致因"2-4"模型结构图

二、组织文化理论

组织文化建设是指组织有意识地发扬其积极的、优良的文化,克服其消极的、劣性的文化过程,即使组织文化不断优化的过程。

1. 组织文化建设的原则

一是与时俱进的原则。文化既具有稳定性,又具有流变性、创新性。文化建设是一种新型管理机制,需要不断探索和实践。二是以人为本的原则。人不仅是文化建设的主体,也是客体,文化建设的最终目的就是全面提高人们的素质。三是全员参与的原则。文化是成员价值观和行为准则的集中体现,是对成员共同意志的提炼与升华,也是全体成员的共同任务。四是常抓不懈的原则。要靠大家长期追求和不断健全制度来培养。

2. 组织文化建设的步骤

(1) 制定组织文化系统的核心内容。

组织价值观和组织精神是组织文化的核心内容。首先,组织价值观体系的确立应结合企业自身的性质、规模、技术特点、人员构成等因素;其次,良好的价值观应从组织整体利益的角度来考虑问题,更好地融合全体成员的行为;再次,一个组织的价值观应该凝聚全体成员的理想和信念,体现组织发展的方向和目标,成为鼓励成员努力工作的精神力量;最后,组织的价值观中应包含强烈的社会责任感,使社会公众对组织产生良好的印象。

(2) 进行组织文化表层的建设。

进行组织文化表层的建设主要指组织文化的物质层和制度层的建设。组织文化的表层建设主要是从企业的硬件设施和环境因素方面入手,包括制定相应的规章制度、行为准则,设计公司旗帜、徽章、歌曲,建造一定的硬件设施等,为组织文化精神层的建设提供物质上的保障。

(3) 组织文化核心观念的贯彻和渗透:一是员工的选聘和教育;二是英雄人物的榜样作用;三是礼节和仪式的安排、设计;四是组织宣传口号的设计传播。

(4) 组织文化建设的方法:① 正面灌输法;② 规范法;③ 激励法;④ 示范法;⑤ 实

践法；⑥ 暗示法；⑦ 感染法。

三、安全文化发展阶段模型

1. 安全文化杜邦模型（见图 18-2）

杜邦公司自成立以来就逐渐形成了一种独特的企业文化：安全是企业一切工作的首要条件。杜邦认为安全文化建设从初级到高级要经历以下 4 个阶段：

第一阶段，自然本能阶段。此阶段，企业和员工对安全的重视仅仅是一种自然本能保护的反应，缺少高级管理层的参与，安全承诺仅仅是口头上的，将职责委派给安全经理，完全依靠人的本能。以服从为目标，不遵守安全规程要罚款，所以不得不遵守。这一阶段的事故率很高，事故减少是不可能的。

第二阶段，严格监督阶段。此阶段，企业已经建立了必要的安全管理系统和规章制度，各级管理层知道自己的安全责任，并做出安全承诺。但没有重视对员工安全意识的培养，员工处于从属和被动的状态，害怕被纪律处分而遵守规章制度，执行制度没有自觉性，只能依靠严格的监督管理。此阶段，安全业绩会有所提高，但要实现零目标，还缺乏员工的主动意识。

第三阶段，独立自主管理阶段。此阶段，企业已经具备很好的安全管理系统，各级管理层对安全负责，员工已经具备良好的安全意识，对每个方面的安全隐患都十分了解，员工已经具备了安全知识，对安全做出承诺，按规章制度进行生产，安全意识深入内心，员工把安全作为自己行为的一个部分，视为自身生存的需要和价值的实现，员工人人都注重自身的安全，集合实现了企业的安全目标。

第四阶段，互助团队管理阶段。此阶段，企业员工不但自己注意安全，还帮助别人遵守安全规则，留心他人，帮助别人提高安全业绩，实现经验分享，进入安全管理的最高境界。

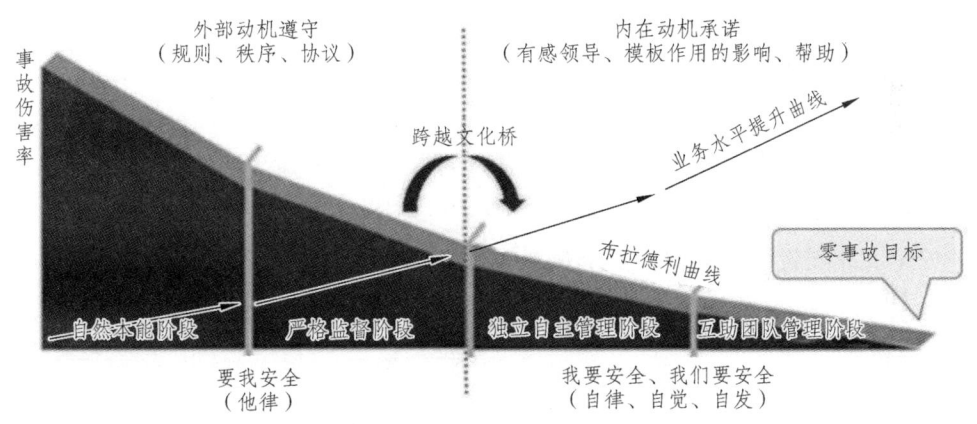

图 18-2　安全文化杜邦模型示意图

2. 企业安全文化系统建设模型

企业安全文化系统建设模型（Establishing an Enterprise Safety Culture System，EESCS），是一套以人和人的可靠度为对象，切实可行的组织安全态度、安全行为和个人安全态度与安全行为的管理式。EESCS 将安全文化建设分为以下 4 个阶段：

第一阶段：原始无序阶段——自由自发式；
第二阶段：被动依赖阶段——应付被迫式；
第三阶段：独立主动阶段——自律表现式；
第四阶段：安全文化阶段——能动互助式。

3. INSAG安全文化阶段特征模型

在安全文化的定义中说到，核安全文化是安全文化的起源。国际核安全咨询组（INSAG）提出安全文化的概念，并把安全文化的发展划分为3个阶段。每个阶段具有不同的特征。

第一阶段：自律阶段，以规则和条例为基础的安全；
第二阶段：自觉阶段，良好的安全绩效成为组织的一个目标；
第三阶段：自为阶段，安全绩效总是能够改进的。

4. 安全文化评价准则的阶段模型

国内安全标准《企业安全文化建设评价准则》（AQ/T9005—2008）将安全文化建设水平划分为以下6个阶段：

第一阶段：本能反应阶段；
第二阶段：被动管理阶段；
第三阶段：主动管理阶段；
第四阶段：员工参与阶段；
第五阶段：团队互助阶段；
第六阶段：持续改进阶段。

第三节　企业安全文化的建设

一、企业安全文化建设的内涵

企业安全文化建设是指根据企业内外部安全管理环境及实际需要制定安全文化发展战略及计划，以保证企业在安全文化建设中的主动性，从而塑造更为可行的适合企业安全发展需要的安全文化体系。

企业安全文化建设的内涵包括安全观念文化、安全行为文化、安全制度文化和安全物态文化。

1. 安全观念文化

观念是文化建设的核心，是指企业员工共同接受的安全意识、安全理念、安全价值标准。当代，一些基本的安全观念如"安全第一""预防为主""安全也是生产力点""以人为本""红线意识"等是必须建立的。此外，还应当结合自身特点，根据实际的生产、日常活动情况，发展符合企业特色的安全文化观点。

2. 安全行为文化

安全行为文化指在安全文化观念的指导下，人们在生活和生产过程中的安全行为准则、思维方式、行为模式的表现。安全行为文化与安全观念文化是相互作用的，行为是观念的具体表现，反过来，行为又可以对观念起到改变的作用。安全行为不仅仅是一种形式，安全文化建设还应当以如何有效地避免人的不安全行为为出发点，以如何能够让所有人都进行安全行为为目的地。企业需要发展的安全行为文化是：建设"学习型组织"，具有科学的安全思维方式；进行科学的安全领导和指挥，提高安全执行力；掌握必需的应急自救技能，进行合理的安全决策和操作等。

3. 安全制度文化

安全制度文化指通过规范、方法对各类社会组织和组织内部成员产生约束，它是使安全观念文化能够产生结果和物化体现的工具。这就要求企业能够科学地制定法规、标准和规章并严格执行。此外，安全制度文化建设还包括行政、经济手段的建立与强化，科学管理方法的普及等。

4. 安全物态文化

安全物态文化是安全文化的表层部分，指各类社会组织生产经营、日常活动涉及的环境状态和器物条件，它是形成观念文化、行为文化、制度文化的条件和载体。物质是文化的体现，又是文化发展的基础。安全物态文化能够反映出企业领导层在安全文化方面的理念和哲学，折射出安全行为文化的成效。物态安全文化体现在各类文化载体的设计、运用，各类文化活动的举办，安全文化的宣教，各类文化重点的工程建设等方面。

二、企业安全文化建设的评价因素

为了对一个企业安全文化的状况进行分析评价，首先应该确定评价的因素集合，然后给出各因素的评价等级，再对照企业的现状，给出企业安全文化当前所处的状态或发展阶段。对企业安全文化进行评价首先要确定从哪些方面对安全文化进行衡量，可将每一个衡量的方面看成一个因素，一个因素应该代表安全文化的一个特征。下面就组织承诺、管理参与、员工授权、奖惩系统、报告系统和培训教育6个评价因素进行讨论。

1. 安全文化中的组织承诺

安全文化中的组织承诺就是企业组织的高层管理者对安全所表明的态度。组织高层领导应将安全视作组织的核心价值和指导原则，有效激发全体员工持续改善安全的能力。只有高层管理者做出安全承诺，才会提供足够的资源并支持安全活动的开展和实施。

2. 安全文化中的管理参与

安全文化中的管理参与是指高层和中层管理者亲自积极参与组织内部的关键性安全活动。高层和中层管理者通过参加安全运作，与一般员工交流注重安全的理念，表明自己对安全重视的态度，这将会在很大程度上促使员工自觉遵守安全操作规程。

3. 安全文化中的员工授权

安全文化中的员工授权是指组织有一个良好的授权给员工的安全文化，并且确信员工十分明确自己在改进安全方面所起的关键作用。授权就是将高层管理者的职责和权力以下级员工的个人行为、观念或态度表现出来。在组织内部，失误可以发生在任何层次的管理者身上，然而，第一线员工常常是防止这些失误的最后屏障，从而防止伤亡事故发生。根据安全文化的含义，员工授权意味着员工在安全决策上有充分的发言权，可以发起并实施对安全的改进，为了自己和他人的安全对自己的行为负责，并且为自己组织的安全绩效感到骄傲。

4. 安全文化中的奖惩系统

安全文化中的奖惩系统就是指组织需要建立一个公正的评价和奖惩系统，以促进安全行为，抑制或改正不安全行为。一个组织用于强化安全行为、抑制或改正不安全行为的奖惩系统，可以反映出该组织安全文化的情况。但是，一个组织的奖惩系统并不等同于安全文化或安全文化的一部分，从文化的角度说，奖惩系统是否被正式文件化、奖惩政策是否稳定、是否传达到全体员工和被全体员工所理解等才更属于文化的范畴。

5. 安全文化中的报告系统

安全文化中的报告系统是指组织内部所建立的、能够有效地对安全管理上存在的薄弱环节在事故发生之前就被识别并由员工向管理者报考的系统。一个组织在工伤事故发生之前，就能积极有效地通过意外事件和险肇事故取得经验并改正自己的运作，这对于提高安全来说，是至关重要的。一个良好的报告系统的重要性还体现在：对安全问题可以自愿地、不受约束地向上级报告，可导致员工在日常的工作中对安全问题的关注；另外要有一个反馈系统告诉员工，他们的建议或关注的问题已经被处理。

6. 安全文化中的培训教育

评价安全文化的重要因素就是培训教育。安全文化所指的培训教育，既包括培训教育的内容和形式，也包括安全培训教育在企业重视的程度、参与的主动性和广泛性，以及员工在工作中通过传帮带自觉传递安全知识和技能的状况等。

三、企业安全文化建设的措施

1. 安全工作坚持以人为本

安全文化是安全生产的灵魂，安全文化的核心是人的安全素质。安全文化建设的出发点在于提高全员的安全文化素质，形成"关爱生命、关注安全"的浓厚氛围；安全文化建设的根本任务在于灌输科学的安全生产知识，提高安全技术水平和安全防范能力；安全文化的最终目标在于保障全体职工的生命健康安全。人是实现自己和企业真正安全的主要因素，因而在安全文化建设中，要始终坚持以人为本的原则，充分发挥每个人的主观能动性，使他们自身的潜能得到充分的发挥，从而构筑和谐的企业安全文化氛围。

2. 加强全员安全培训教育

落实好各项具有针对性和实效性的安全教育培训工作,利用一切可以利用的时间和方式，以操作规程、职业健康安全管理体系标准为主要教育内容，以提高广大干部职工的安全操作水平、强化其自主安全意识、全面提升全员安全素质为最终目的，建立严格的学习、考核制度，教育职工充分认识到"安全就是效益、安全就是政治、安全就是稳定、安全就是发展"

的思想，最大限度地减少人的不安全行为，推行自主安全管理，实现由"强迫型"向"自主型"管理模式的转变。在企业内形成一个互相监督、互相制约、互相指导的安全管理体系，为企业的安全生产奠定坚实的基础。

3. 落实安全生产责任制

安全生产责任制是企业保障安全生产的最基本、最重要的管理制度。只有明确安全生产责任，分清责任，各尽其责，才能形成科学严密的安全生产责任体系。深化安全生产"一岗一则"制考核细则，推行违章行为、隐患治理连带责任制，建立安全责任追究制度，定期检查安全责任的落实情况，奖惩兑现。

4. 制定安全技术措施方案

充分利用科技进步，积极推广新技术、新工艺，加强安全信息化建设，提高科技在安全工作中的贡献率。运用工程技术手段消除物的不安全状态，消除事故隐患，减轻劳动强度，改善工作环境，实现生产工艺和机械设备等生产条件的本质安全。

5. 树立"预防为主"的安全理念

企业安全管理人员必须树立超前、预防、科学的安全风险理念，推广、应用安全科学技术和现代高新技术，对事故进行评价、预测、预报；提倡减灾、防灾、预防文化，培养和树立超前、探索、预防的安全风险意识，以主动、科学、系统的方法来保障企业的安全生产。

第四节 轨道交通企业安全文化建设

一、我国轨道交通安全管理面临的形势

随着轨道交通建设和运营的不断发展，我国轨道交通行业的客流量冲击进一步加剧、运力与运量矛盾更加突出、管理跨度更广、运营组织难度进一步加大等。在安全管理方面主要面临着以下形势：

（1）政府及社会各界对轨道交通安全的要求不断提高。随着全社会安全意识的普遍提高，轨道交通安全已经成为政府、市民、媒体和社会各界关注的热点，政府部门的安全监管力度进一步加大，安全生产工作必须更加规范化、制度化。

（2）交通网络化安全控制难度增大。目前，我国交通网络安全和运营体系初步形成，尤其是城市轨道交通，安全控制因线路间的相互影响而变得复杂，一旦发生事故，可能通过网络效应扩大，轻则造成停运晚点、乘客滞留；重则造成路网瘫痪或重大设备毁坏、经济损失和人员伤亡。

（3）大客流影响进一步加剧，运能与运力矛盾更加突出。随着路网规模的增大，客运量、换乘量、换乘系数也将不断增大，安全运营风险亦随之增大。最高客流量达到571万人次，部分车站换乘量高达30万人次，超过设备设施允许通行能力，高峰时段在楼梯、扶梯、换乘通道及进出口等瓶颈部位频现拥堵现象。

（4）轨道交通安全失控的严重性。可供纠正和避免事故的时间很短，可供选择的应急方

式也很有限；机车、车辆等硬件成本极高；列车对旅客和货物承载量很大，事故造成巨大的财产损失、人员伤亡和环境破坏；运输中断将波及路网，打乱运输秩序，影响社会生产和运输的全局。

（5）安全管理观念和体制相对滞后。

当前，轨道交通管理部门习惯于恪守成规地落实管理工作，这种管理手段虽然更加方便实施，但是往往存在诸多弊端。除此之外，安全管理观念相对陈旧，管理往往是局部的、静止的，管理的机制弱化，工作人员的安全意识不强，管理的激励和约束机制不够完善，安全检查和考核制度不够有效，安全监督制度不够健全。这些管理上存在的漏洞和疏忽很容易导致事故的发生。

（6）安全文化基础较弱。

我国安全文化方面存在传统安全文化基础薄弱，安全教育不到位，安全宣传流于形式、收效甚微等问题，这使我国总体的社会安全文化体系不够健全，极大地影响了企业对安全的重视程度，也使个人的安全知识储备较少、安全意识不强、安全习惯较差、安全心理不佳，进而引发事故。

二、轨道交通企业安全文化建设的建议

（一）轨道交通企业安全文化建设的总体原则

轨道交通企业在各个城市、各个站段都有各自不同的业务性质和地域性文化背景，安全文化的建设也应结合自身特点来展开，并不断探索创新。总体建设原则如下：

（1）单位领导管理层对本单位安全管理工作和安全文化建设要有切合实际的思路，既要有长远发展的战略眼光，又要有实际可行的近期目标，切实做到长远规划与近期目标相统一，长远利益与当前利益相统一，企业追求与职工追求相统一。

（2）紧紧围绕企业实际，推进安全文化建设。可以按照"先简单后复杂、先启动后完善、先见效后提高"的原则，统一规划，分步实施，切实抓好企业安全文化建设。

（3）不断创新安全文化的培育手段和方式。在坚持已有的行之有效的管理制度和措施的同时，要根据企业的发展和生产情况，根据员工的思想状况，及时创新工作方法和机制，吸收国内外先进的管理理念，引入职业安全健康管理体系思想，有针对性地加强对员工安全意识、安全知识和安全技能的培训。

（4）要利用一切宣传和教育形式传播安全文化，充分发挥安全文化建设的渗透力和影响力，达到启发人、教育人、约束人的目的。同时，在安全文化建设中只有紧紧依靠职工，时刻尊重职工的需求，以人为本，才能充分发动职工群众参与安全文化建设的积极性与主动性，调动他们确保安全生产的内驱动力，激发职工的无穷智慧。

（5）不断加大投入，发挥硬件的保证作用。企业要预防事故，除了抓好安全文化建设外，还需要不断加大投入，依靠技术进步和技术改造，依靠不断采用新技术、新产品、新装备来不断提高安全化的程度，即保证工艺过程的本质安全（主要指对生产操作、质量等方面的控制过程），保证设备控制过程的本质安全（加强对生产设备、安全防护设施的管理），保证整体环境的本质安全（主要是为作业环境创造安全、良好的条件）。生产场所中都有不同程度的

风险，应将其控制在规定的标准范围之内。

（二）轨道交通企业安全文化建设的具体做法

（1）要避免将安全文化建设搞成主要管理者自行制定或者由专门团队闭门设计的"精英文化"，在内容和形式上力戒"高大上"，一定要质朴形象、表达准确、接地气。

（2）坚持不懈地开展安全培训工作。培训是文化建设的重要基础，通过培训，可以增强职工的文化认同、安全自觉和技能提高。培训工作要形式多样、经常进行，可以聘请专家授课、开展岗位练兵、进行案例教育、实施亲情提醒、外出观摩学习、班组分析讨论、落实预案演练等，总之要结合具体情况，激发职工兴趣，增强培训效果。

（3）结合各岗位作业特点，针对容易造成事故的因素，提炼安全警句，制作成安全警示标牌悬挂在工作场所，用视觉效果警示员工。

（4）开展亲情教育活动。让每位职工的亲人给上岗作业人员写嘱咐语。他们的亲情叮咛，往往感人肺腑、触动心灵，让职工班前会上念一念，上岗之前看一看，作业间隙想一想，安全警钟长鸣。如通过安全文化长廊、事故案例展示区、劳模一条街、温情通道、全家福上墙等，安全文化建设能体现在企业方方面面、各个角落。

（5）建立"互控联锁"制度。同一岗位上的职工，结成对子，工作时互相提示、互相监督、互相帮助。你安全、我光荣，你违章、我有责。

（6）经常开展各种安全教育活动，如安全演讲、安全知识竞赛、安全文艺演出、安全漫画展示、安全征文活动、安全微信推送等，人人参与，文化渗透。

总之，安全文化建设内容丰富、形式多样，只有坚持不懈地探索和创新，才能摸索出一条具有本单位特色的安全文化建设之路，对于落实轨道交通行业"强基达标、提质增效"主题，提高现场安全生产水平产生极大的促进作用。

知识点导图

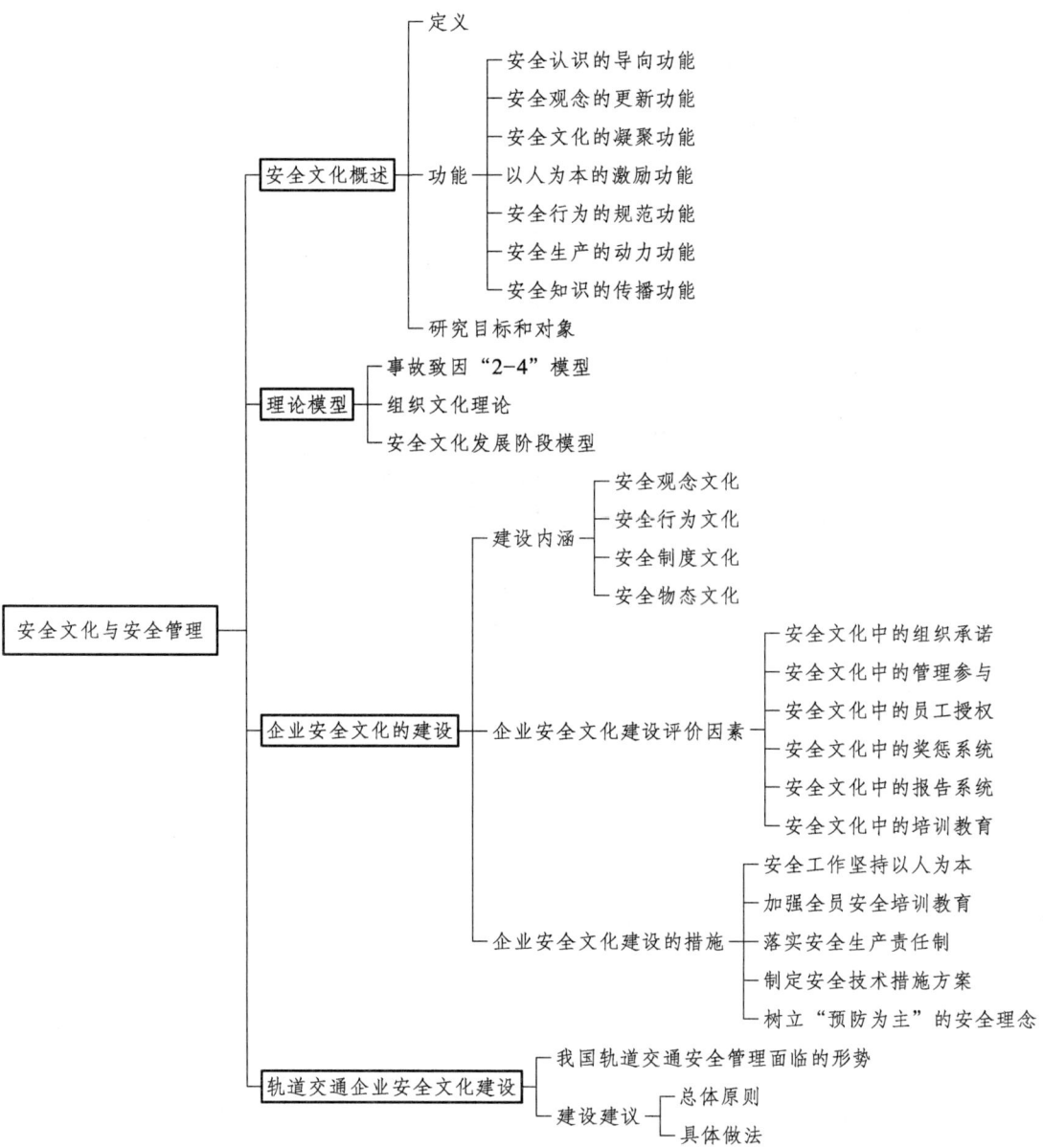

参考文献

[1] 孟祥旭. 人机交互基础教程[M]. 北京：清华大学出版社，2010.
[2] ENNIFERPREECE，普里斯，刘晓晖. 交互设计：超越人机交互[M]. 北京：电子工业出版社，2003.
[3] 陈建华，崔东华，罗荣，等. 军事指控系统多通道人机交互技术[J]. 指挥控制与仿真，2019（4）.
[4] 姜振兴. 基于Kinect的人体康复系统研究与设计[D]. 青岛：中国海洋大学，2015.
[5] 谷元元，崔麟. 人机交互模式下人工智能教育系统教学资源设计与开发[J]. 科技经济导论，2020（25）.
[6] 杨炎涛，熊世琛，葛海松. 互动竞技游戏与科普教育的结合——以上海科技馆"能源挑战之旅"展项为例[J]. 科学教育与博物馆，2020，6（4）.
[7] 乔金. 视线追踪技术在公共图书馆数字阅读服务中的应用价值和可行性研究[J]. 图书馆学刊，2018，40（12）.
[8] 林金莉. 现代家具产品人机交互的研究[J]. 湖北农机化，2019（21）.
[9] 唐纳德 A 诺曼. 设计心理学：日常的设计[M]. 北京：中信出版社，2015.
[10] 李君，支锦亦，李然，等. 基于认知任务分析的智能系统交互设计路径研究[J]. 包装工程，2020，41（18）.
[11] 杨海波. 认知神经科学与人机交互的融合：人机交互研究的新趋势[J]. 包装工程，2019（22）.
[12] 王慧莉，李雪娇. 现象学视域下人机交互的主体间性分析[J]. 东北大学学报（社会科学版），2020，22（5）.
[13] 陈巍，赵者羽. 社会机器人何以可能？——朝向一种具身卷入的人工智能设计[J]. 自然辩证法通讯，2018，233（1）.
[14] 李伟湛，杨先英. 基于Pathfinder软件平台的轨道交通环境人机交互分析方法[J]. 包装工程，2019，392（2）.
[15] 王诚华. 情感化设计下的交互产品设计程序方法探究[J]. 艺术中国，2015（11）.
[16] 戬晓峰，崔梅，陈方. 关于高速铁路人因安全保障体系的研究[J]. 铁道运输与经济，2013，35（8）.
[17] 马广韬. 人因工程学与设计应用[M]. 北京：化学工业出版社，2013.
[18] 李星，谭麟，高凌云，等. 系统安全领域人因错误理论研究进展[J]. 中国电子科学研究院学报，2020，15（7）.
[19] 周刚，程卫民，诸葛福民，等. 人因失误与人不安全行为相关原理的分析与探讨[J]. 中国安全科学学报，2008（3）.
[20] 吴金金，邓铸，张琪. 驾驶可靠性的人因分析及其管控[J]. 汽车实用技术，2020（7）.
[21] 马清宝，王立晨，段春玲. 仝安（TM）：开启铁路行车"智能安全"新时代——工业

4.0时代的人因安全管理系统解决方案[J]. 中国铁路，2015（7）.

[22] 贾佳. 探讨城市轨道交通网络运营安全风险评估理论与方法[J]. 科技风，2020（14）.

[23] 吴刚，宁得春，陈兰芳，等. 高速铁路旅客满意度研究：服务接触理论视角[J]. 运筹与管理，2020，29（3）.

[24] MCCLELLAND，PSYCHOL D C J A. Testing for competence rather than for "intelligence"[J]. 1973, 28（1）: 1-14.

[25] 饶惠霞，吴海燕. 国外胜任力研究新进展述评[J]. 科技管理研究，2010（16）.

[26] BOYATZIS R E. Competence and job performance [J]. Competence and Performance, 1982.

[27] 时勘，王继承，李超平. 企业高层管理者胜任特征模型评价的研究 [J]. 心理学报，2002，34（3）.

[28] 王重鸣，陈民科. 管理胜任力特征分析：结构方程模型检验[J]. 心理科学，2002（5）.

[29] SPENCER L M, SPENCER S M, WILEY. Competence at work: models for superior performance[J]. Wiley, 1993.

[30] BOYATZIS R E. Rendering unto competence the things that are competent [J]. American Psychologist, 1994, 49（1）.